BOLA DE NIEVE

Si me pudieras querer

Ramón Fajardo Estrada

Library of Congress Control Number:

© 2019 Ramón Fajardo Estrada

©De la presente edición: Unos&OtrosEdiciones, 2019
Bola de Nieve: Si me pudieras querer
ISBN-13: 978-1-950424-04-7
ISBN-10: 1-950424-04-9
©Ramón Fajardo Estrada

Edición ampliada
Edición: Dulce Sotolongo
Maquetación: Armando Nuviola
Diseño de portada: Reynaldo Duret

www.unosotrosculturalproject.com
Prohibida la reproducción total o parcial, de este libro,
sin la autorización previa del autor.

Queda prohibido bajo las sanciones establecidas por las leyes escanear, reproducir total o parcialmente esta obra por cualquier medio o procedimiento así como la distribución de ejemplares mendiante alquiler o préstamo público sin previa autorización.

Gracias por comprar una edición autorizada.

infoeditorialunosotros@gmail.com
Hecho en USA, 2019

A Luis Enrique Ramos Guadalupe

Agradecimientos

Quiero dejar constancia de la generosa ayuda que, en distintos aspectos, me ofrecieron algunas personas para la realización de este libro. Ellas son: Esther Borja, María de los Ángeles Santana, Luis Enrique Ramos Guadalupe y Ramón Cabrales.

RAMÓN FAJARDO ESTRADA

ÍNDICE

Retrato y pálpito de Bola de Nieve / 11

Yo soy de Guabanacoa y me cuidan Santa Bárbara, que protege de rayos y centellas; Eleguá, que abre los caminos e… ¡Ignacio Villa!» / 51

Yo soy la canción que canto / 111

¡Cantaré hasta la eternidad! / 187

Bibliografía / 285

Retrato y pálpito de Bola de Nieve

Al fin Bola de Nieve tiene su libro, el que la intelectualidad cubana le debía y el que escribió él acariciando las teclas de su piano. Sus pasos, desde la natal Guanabacoa de babalaos y cabildos ñáñigos hasta las grandes capitales del mundo, quedan recogidos en esta biografía. Estas páginas reconstruyen su nacimiento en una casa de humilde generosidad y de bullicio callejero, los esfuerzos de la pobreza que se empina y no cede ante la inercia tropical, y la formación rigurosa de una personalidad única, forjada a golpes de sensibilidad y maestría.

Se nos entrega un fresco documentadísimo sobre un hombre que acompañó nuestros días, voluntariamenrte atado al mástil de un país del que tomó la savia nutricia para animar la gracia que siempre llevó consigo. Bola de Nieve, hombre flor, dignidad del arte y de la persona, erguido sobre obstáculos que lo convirtieron, como él mismo se calificó, en «un hombre triste que siempre está alegre».

El autor, Ramón Fajardo, ha entrado en archivos públicos y privados, en libros y documentos de rara ubicación, ha hurgado en los intersticios de la memoria para emerger con una información riquísima, una información severa, y cumplir su propósito de entregarnos la vida y la trayectoria de Ignacio Jacinto Villa Fernández, Bola de Nieve. Se sirvió de los instrumentos de investigación tradicionales y de los más modernos, pero sobre todo de su pasión para culminar su búsqueda con éxito. De su talento en estas disciplinas tuvimos pruebas en volumenes, que tradujeron similar esfuerzo: Rita Montaner: testimonio de una época, premiado por la Casa de las Américas, y Yo seré la tentación: María de los Ángeles Santana, publicado por la editorial Plaza Mayor, de Puerto Rico. Con el que hoy presentamos, y el que ya lo ocupa, sobre Ernesto Lecuona, redondea una trayectoria que la cultura cubana debe agradecer porque rescata del olvido y de la ingratitud hitos de una historia musical y social que siempre corre el peligro de perderse.

Son atributos de Fajardo una laboriosidad ilimitada, el respeto a la verdad y el placer de informarse para informar, confrontar datos que otros repiten sin confirmarlos y extender su búsqueda a los aspectos sociales y epocales que retratan el entorno, la época, las motivaciones y razones que le dieron relieve y existencia al artista que estudia. El periodista Fajardo ha dedicado más de treinta años a escribir para espacios radiofónicos en los que también aplicó los rigores investigativos que despliega en sus libros. Su esfuerzo lo ha convertido en un especialista insoslayable cuando se trata de abordar estos asuntos. Su rigor y meticulosidad le han merecido la Distinción por la Cultura Nacional y el Micrófono de la Radio Cubana. Gracias a su meticulosidad informativa los lectores tenemos el privilegio de entrar en las casas y en las vidas de sus biografiados y apreciar la coyuntura única que generó un movimiento extraordinario, como para dejar huella definitoria: las conquistas que desde los años treinta del siglo pasado se expandieron hasta hoy, columna nutricia de la sensibilidad de un país entre cuyas conquistas está una música inigualable.

La lectura es placentera y a un tiempo enriquecedora. Nos sitúa en los momentos más altos de la trayectoria de Bola de Nieve, desde que en 1933, con solamente veintidós años y sin experiencia, fuera literalmente empujado por Rita Montaner a enfrentarse como solista a un público de cuatro mil personas en el teatro Politeama de Ciudad de México. Allí se inició el estilo Bola de Nieve, diseñado con esmerado refinamiento, su rigor para «decir» canciones, «a media voz, casi recitadas» —como lo sintió Nicolás Guillén— para sumarse en una misma palpitación con el piano y explayar su gracia, su simpatía, su ternura de niño grande y de artista inigualable. «Lo hice y gustó», diría Bola como ante una travesura, como si aquella multitud estuviera en la sala de su casa de Guanabacoa, bajo la mirada de la madre Inés y de la abuela Tomasa, Mamaquica. En las páginas de este libro están, también, amorosamente contados, los pasos del niño animador de películas silentes, y los del joven que debió afrontar la hostilidad de una sociedad entumecida y férrea ante el diverso, a quien suele despreciar antes que comprender, y la apropiación que el artista va haciendo de sus propias dotes, «nutrido de esencias cubanas, de sensibilidades nuestras», como lo vio Alejo Carpentier. Nada es ajeno a un texto que sigue con celo los vaivenes que le impone el entorno, la savia proteica de la familia, la admirable genialidad artística que coincidió con un pedazo de Cuba y se lanzó a conquistar el mundo.

Esta biografía eminentemente documentada de Bola de Nieve se levanta como un panorama donde entran sus familiares, sus creencias, sus gustos, sus ansiedades y preferencias, al tiempo que dedicaba a perfeccionar las interpretaciones que le dieron fama internacional y lo convirtieron en auténtico embajador de la cultura cubana. Para quienes lo conocimos y disfrutamos de su arte resulta un estimulador de la nostalgia. Para quienes, por su juventud, a través de la lectura se acercan a un artista de la talla de Bola de Nieve, resultará una sorpresa conocer circunstancias y anécdotas irrepetibles, personalidades, ciudades, escenarios, una vida colmada de interès y una trayectora ejemplar. Para todos será un motivo de orgullo y reafirmación nacional, porque será como volver a escuchar interpretaciones de factura delicadísima y a acercarnos a un inigualable artista cubano.[1]

REYNALDO GONZÁLEZ

---

[1]. Palabras que Reynaldo González lee el 12 de febrero del 2006, cuando presenta *Déjame que te cuente de Bola* en la XV Feria Internacional del Libro de La Habana.

HABRÁ QUE ESPERAR

*Con el eco del adiós de Guillén a
Bola de Nieve, Ignacio Villa*

*Redondo
en la corchea de su frac,
todo él comunicaba.
(Por su cara supe
que la luna es negra.)
¡Mesié Julián!*

*Repudió Hiltons e Himalayas
para alcayatas de su hamaca cancionera:
prefirió
los soles de la Guanabacoa de sus bombachos
—vivero de Rita;
tecla de Lecuona—
en donde se da el piano dialogal,
único,
bisnieto de Marímbula Bandola.*

*Iba a seguir sembrando simpatías sonoras
cuando,
inesperadamente,
se quedaron solos los silencios en las partituras:*

*Quieto su frac risueño.
Quietos
los diez elefantes de asfalto
que domesticaban sus marfiles.
En falta su sal fina.
Ni mínima la voz mínima tan bien administrada.*

*Ya chivo no rompe tambó,
se ahorcó en sus raíces la flor de la canela:
(Parpa—
dos menos dos luces,
lágrimas de la ecuación.)
Drumi, Mobila.*

Habrá que esperar
—habla el Diloggún*—*
nazca niño
engendrado por Clave Sol
en vientre de Semifusa;
bañarlo
siete noches blancas con sudor de alacrán en siete
jícaras de gracia;
quien, jugando en las cumbres de los geniofraguas,
amasará el frío de la ausencia para que ruede
—habrá que esperar—
para que ruede otro Bola de Nieve *hasta nosotros.*

¡Habrá que esperar!

MARCELINO AROZARENA

Yo soy de Guanabacoa y me cuidan Santa Bárbara,
que protege de rayos y centellas; Eleguá, que abre los
caminos e... ¡Ignacio Villa!

Conforme a su deseo de ser enterrado en su natal «[...] Guanabacoa, aunque sea de colecta»,[2] a las 9: 00 a.m. del 5 de octubre de 1971 parte de la funeraria Rivero, en El Vedado, la comitiva con los restos mortales del pianista, compositor y cantante Ignacio Jacinto Villa y Fernández, Bola de Nieve, quien fallece tres días antes en la Ciudad de México, en viaje de tránsito a Lima, la capital peruana.

Inmerso en el más largo sueño de los hombres vuelve a ese terruño uno de sus hijos de más renombre internacional. Le sigue una caravana de automóviles que, en busca de la carretera Monumental, recorre un extenso trayecto del Malecón, donde las cintas de las coronas enviadas por amigos, admiradores e instituciones flotan sin cesar a causa de un viento carente de la fuerza necesaria para alterar la serenidad marina en tan espléndida mañana.

Numerosos obreros abandonan sus labores para ver el cortejo a su paso frente a fábricas de Guanabacoa, en cuyo pequeño cementerio apenas cabe la multitud reunida para recibir el cadáver de Bola de Nieve, mientras se escucha su grabación discográfica del vals «La flor de la canela», de Chabuca Granda. Minutos después, a los acordes de su «Drume negrita», de Ernesto Grenet, se procede a darle sepultura en el panteón Hijos de San Antonio de Padua, del santero Arcadio Calvo. El poeta Nicolás Guillén, presidente de la Uneac —Unión de Escritores y Artistas de Cuba— despide el duelo de un artista que a lo largo de cuatro decenios es un símbolo de irrepetible criollismo.

Queridos amigos:

Nunca pensé que fuera yo la persona escogida para decir estas palabras finales junto a la tumba recién

---

2. Fernando G. Campoamor: «Bola de Nieve o la Sinfonía de Guanabacoa». Revista *Bohemia*, La Habana, 15 de octubre de 1971, p. 37.

abierta de Ignacio Villa, la tumba del gran artista que fue Bola de Nieve. No estoy inventando con esto uno de esos asombros mentirosos que pertenecen a la retórica, es decir, a la manera de componer en literatura, antes que a la sinceridad, esto es, a la manera de sentir en la vida. Es que yo desconocía hasta qué punto era frágil la salud del artista, y alimentaba mi juicio con un optimismo en el que nada tenía que ver la experiencia, y por ello la verdad. Esta era bien distinta, porque Bola de Nieve andaba ya con el pecho atravesado por una flecha mortal. Dos grandes azotes de nuestra época, que cobran más víctimas que una epidemia, iban a apagar aquella voz, abolir aquella inteligencia y sensibilidad; y como nadie tampoco estaba en lo cierto, o casi nadie, la noticia, traída de pronto por el cable, susurrada primero y lanzada a pleno pulmón después, anonadó a nuestro pueblo, que veía en Bola el intérprete de su alma, de su criolla condición. O para decirlo con mayor seriedad: el intérprete de una música que era nacional porque expresaba un proceso de siglos, y con él la dramática convivencia y aun connivencia de dos corrientes sociales que, al fundirse en una sola, serían la síntesis del modo de ser de Cuba.

A la posesión de un dominio artístico de primer plano, Bola de Nieve unía en su cristalina personalidad (y ese fue también el caso de Rita Montaner) entrambas categorías históricas, y era espejo en que se miraban y veían así el culto como el profano, con tal de que fueran hijos de estas islas, de este Mediterrráneo nuestro que es el mar Caribe. ¿Lo afrocubano, como han dicho y dicen todavía críticos urgentes y apresurados? No, lo afroespañol, que es nuestro sello y carácter. ¿Y qué mucho, pues, que él, que era culto y estudioso, se sintiera y supiera dueño de ese tesoro, y tuviera conciencia del papel que le había tocado desempeñar en su patria? Bola de Nieve fue un intérprete nacional de creadores nacionales, un creador nacional él mismo en sus interpretaciones arrancadas dolorosamente a nuestra más íntima raíz. No en balde por ello, a lo largo de cuarenta años de presencia artística ante nuestro público y ante públicos extranjeros, supo entregar siempre un mensaje auténtico, un mensaje universal a fuer de ser nacional, criollo, mestizo, mulato, nuestro.

El decir de Martí, según el cual nuestra América pedía peso a la prosa y condición al verso, ya a fines del XIX, es más urgente que nunca en este casi moribundo siglo XX. Y no solo en cuanto a aquellas dos virtudes maestras a que alude el Apóstol, sino también en lo que sostiene nuestra autenticidad nacional, prístina, la cual nos pone a salvo del sometimiento a formas extranjeras, con olvido o desdén de las propias, e imbuye al creador en su responsabilidad política, haciéndole ver que el arte no es un ejercicio superficial para la distracción de una sola clase, sino la profunda manifestación de un vasto proceso histórico que a todos envuelve, que a todos atañe, al pueblo en primer término. ¿Qué decir del pintor, del escultor, del músico, del poeta, del artista, en fin, que adopta otra ciudadanía espiritual, y, sin perder el acento nativo con que habla la lengua de sus padres, trata de expresarse sin frescura ni autoridad en la lengua de sus amos? Martí vería, de estar junto a nosotros, que la batalla contra esos simuladores ha comenzado en todos los frentes, como una guerra de independencia que faltaba por librar, la guerra de independencia artística, más aún, la guerra de independencia cultural.

Pues bien, en ese campo hallábase Bola de Nieve con toda su esencial cubanía. Desde 1930 su nombre fue una enseña victoriosa, y en la riquísima década nacional que culmina en aquel año, la cual nos ofrece nombres de resplandor alto y fijo, anunciadores del despertar o del nacimiento de una nueva conciencia cubana, Bola de Nieve, junto a Rita (no porque la acompañaba al piano, sino porque estaba acompañándola en la historia), es ya una figura popular, tomando esta palabra en su sentido más decoroso, más sobrio y más digno.

Conocedor de la música en sus misterios técnicos, interpretó a nuestros autores más contradictorios entre sí, sin traicionarlos ni desfigurarlos, y ello muy lejos de todo empaque, sino más bien con esa humildad de buena ley, sonriente, limpia y sin hipocresía tan de ver en los artistas verdaderos, que son como grandes niños.

Bola de Nieve sirvió siempre de fino enlace entre el alma popular cubana y los pueblos de América. Fue volando hacia un país de nuestro idioma, de paso también por otro de la misma lengua, donde se echó a reposar para siempre. Viaje y muerte simbólicos en un hombre como éste, el polvo de cuyos zapatos no había acabado de desprenderse todavía de ellos cuando ya se lanzaba a recorrer nuevos caminos, firme el bordón y clara la inteligencia.

Queridos amigos: para mí personalmente, la extinción de Bola de Nieve ha sido una catástrofe sentimental, tan ligada a su presencia y a su arte como me hallé siempre durante más de cuarenta años. Estoy seguro de que la sacudida no ha sido menor para el pueblo en cuyo seno vivió y ha muerto. No hace sino unos meses, cuatro o cinco, que le vi en el hospital, primero, y luego en la calle, ya recobrado al parecer. De haberlo contemplado con esa desconfianza inquisitiva que los enfermos últimos suelen suscitar en los que temen su muerte, habría notado que no era el Bola de antes en el color de la piel, de un negro apagado, y en la luz menos brillante de sus ojos, y en una sonrisa triste que denunciaba tal vez el conocimiento prelógico que tenía de su cercana desaparición, su nuncio de ella por sueños, avisos misteriosos, coincidencias, amagos y tribulaciones, como dicen ahora que él decía entre sus allegados.

De todas suertes, su naturaleza y ser artístico se realizaron a plenitud; su arte fue servidor e instructor del pueblo, y en tiempo y forma devolvió a éste cuanto le había tomado en préstamo, y ello en obra nueva, poderosa, original, a la que jamás faltó el sello propio con que Bola supo marcar cuanto material trabajó en su taller. Porque Bola era él mismo, y nadie más que él, de tal manera que, al morir, su trono quedará vacante por muchos años, su arte no encontrará parangón en mucho tiempo.

Con todo, no le lloremos. La muerte fracasa siempre, allí donde tiene que enfrentarse a la gestión vital de sus víctimas, si esta gestión ha sido generosa y útil, y sobre la sustancia perecedera y floja, ella persiste en recuerdo activo, vencedor del tiempo. ¿Acaso no es vivir este quedarse en la memoria de nuestros amigos, en el temor de nuestros adversarios, en el reconocimiento amoroso de nuestros conciudadanos? A estas horas, no solo eres tú, generosa y grave Guanabacoa que le viste nacer, la única que sufre ante la muerte de su preclaro hijo. Le conocían y adoraban México y Lima —tránsito y destino de una visita imposible—, Buenos Aires y Bogotá, Santiago y Río, Caracas y Montevideo. Todo el mapa de nuestra América le pertenecía, y en cada país era fiesta el día de su llegada, y aun todos los que duraba su presencia. Europa le tuvo más de una vez en su seno, pero él salió incólume de esa tremenda prueba. Ni París, que lo aplaudió con frenesí, pudo vencerle o conquistarle. Ahora helo aquí de nuevo entre su gente, para ocupar su sitio al lado de la madre Inés, tan hacendosa como ella fue y tan hacedora del carácter y vocación del vástago genial, y al lado también de la hermana Berta, a quien lo unía aún más una misma vocación artística, y junto a Domingo, el padre silencioso, el padre orgulloso de su hijo, que no aguardó sino días, acaso horas, para seguir a la esposa y alcanzarla en la tumba: todos lo esperan y sonríen, felices de verle triunfador. Triunfador será como siempre le veremos. Bola con su piano, Bola con su frac en las grandes noches de mundana etiqueta. Bola con su sonrisa y su canción...].[3]

Nicolás Guillén lee su discurso fúnebre dedicado a Bola de Nieve. A su derecha, Alfredo Guevara y Luis Pavón

---

3. Transcripción del discurso que pronuncia Nicolás Guillén al despedir el duelo de Bola de Nieve. Cinta magnetofónica del Departamento de Sonido del Icaic.

¿De dónde procede la inspiración que posibilita a Ignacio Villa alcanzar la celebridad en América, Europa y Asia? ¿Cómo bebe la savia con que dentro y fuera de su Isla expresaría, a través de cantos negros, composiciones románticas y pregones, «[...] un torrente de sensaciones: desde lo erótico a lo ingenuo, desde el entusiasmo a la desesperación?».[4] ¿Cuál es el origen del éxtasis provocado siempre en un auditorio al tocar sus dedos ágiles y negros las teclas del piano y oírse su voz ronca, percibida a veces patética y en otras con esa «alegría terrestre» de que hablara el poeta chileno Pablo Neruda?

Cualquier respuesta a tales interrogantes debe buscarse en la Guanabacoa en que nace a las 6:30 de la mañana del 11 de septiembre de 1911, en la calle Máximo Gómez número 32,[5] lo inscriben en el Registro Civil el 12 de octubre del mismo año y cinco días más tarde el presbítero Mariano Osinalde lo bautiza en la parroquia de Nuestra Señora de la Asunción con los nombres de Ignacio, escogido por los padres, y el de Jacinto, correspondiente al santoral en la fecha de su natalicio.

Todas las consideraciones primarias deben partir de la vivienda familiar, que cambiará de calle, según los apuros económicos de los inquilinos y las exigencias de sus propietarios: Cadenas, Corralfalso, Maceo, Palo Blanco, Candelaria, Lebredo y División, entre otras. Porque desde la casona natal Ignacio Jacinto recibe enseñanzas fundamentales de sus progenitores: el mestizo Domingo Esteban de la Merced Villa, cocinero de restaurantes y fondas, y la negra Eusebia Inés Fernández,[6] dedicada a las faenas hogareñas, a la educación de los seis hijos sobrevivientes a trece partos, sin por ello perder el entusiasmo para cultivar la amistad de músicos, escritores y pintores, bailar la rumba de cajón, el danzón, el son o el toque de Yemayá, aclamar en los teatros Albisu, Payret o Nacional a la vedette mexicana Esperanza Iris, *La Emperatriz de la Opereta*, preparar deliciosos y complicados platos de la cocina criolla y cantar frente a la batea llena de ropa familiar o ajena.

---

4. Ada Oramas: «Bola de Nieve». *Cuba,* La Habana, 30 de noviembre de 1965, p. 57.
5. En la actualidad está numerada con el 101.
6. Los padres de Ignacio Villa se casan el 29 de abril de 1907 ante el licenciado Dionisio de los Santos, entonces juez municipal de Guanabacoa, según consta en el Tomo 85, folio 356, de la Sección de Matrimonios del Registro Civil de la villa. En abril de 1930 efectúan su matrimonio religioso en la parroquia de Nuestra Señora de la Asunción.

Y en cada anochecer, esta mujer de espíritu sandunguero y vientre fértil, es la responsable de desbordar la imaginación del pequeño Ignacio con la costumbre de dormir a su prole narrándole una serie de leyendas transmitidas por tradición oral en un poblado devenido durante cierta etapa centro de potencias *ñáñigas*, que exhiben sus «diablitos» bailarines en los festejos del 6 de enero, Día de Reyes, causando la admiración del público.

Indagaciones en torno al árbol genealógico del artista revelan que su abuela paterna, la mestiza Matilde Villa, procede de La Habana y se une al blanco Mariano Acosta, con el que tiene a sus hijos Mercedes y Domingo. Inés posee su tronco familiar en la negra Emilia Fernández, natural del municipio Agramonte, en Matanzas, y Estanislao Bertemati, capataz del puerto habanero, mayombero y sabio en yerbas.

Pero, además de nunca celebrar el matrimonio religioso que entonces formaliza los vínculos maritales, los padres —en cada uno de los casos anteriores— no reconocen más tarde a sus descendientes.[7] Por lo tanto, Ignacio Jacinto y sus hermanos no reciben los convenientes apellidos de Acosta y Bertemati, sino los de Villa y Fernández.

> Nosotros éramos una familia pobre y bastante numerosa. Nuestra madre dio a luz trece hijos, pero solo seis sobrepasamos la adolescencia, los demás murieron pequeños, casi siempre por enfermedades infecciosas incurables en la época. A adultos llegamos Juliana, quien falleció a los 17 años; Berta, que también cantaba; Ignacito; Isidro Rolando, al que llamábamos Orlando, Raquel, la menor de todos, y yo [rememora Domingo Villa].
>
> Aunque la vieja era la que principalmente luchaba con nosotros, la ayudó a criarnos la tía-abuela Tomasa Bertemati, Mamaquica, hermana de mi abuelo materno: Estanislao. Ella y su esposo, José López, un español de seis pies de estatura y dueño en Guanabacoa de la famosa Bodega de Sella, se habían ocupado de criar a mi madre, y por eso vivimos con ambos hasta que dejaron de existir.
>
> Por ende, siempre consideramos a Mamaquica nuestra

---

7. El Registro Civil, en sus respectivas Secciones de Nacimiento y Matrimonio, comienza en Cuba durante 1885.

abuela. Era muy exigente, se encargó de hacernos estudiar algo útil, pues insistía: «Aquí cada uno va a aprender un oficio, va a estudiar, la única analfabeta solo puedo ser yo». Porque si bien no sabía leer ni escribir, tuvo una gran inteligencia natural y mientras permaneció al mando de la casa nos obligó a interesarnos en una profesión.
A ella se debió la decisión de que Ignacito estudiara música. Nunca suspendió y aún niño, en un viejo piano que Mamaquica le compró y sonaba como una bandurria destemplada, ya tocaba con las partituras delante. Empezó a arrancarle secretos al teclado, sin saber que la música iba a ser la razón de su vida.[8]

Gracias al pago de una peseta semanal, en el aula de la maestra particular Juanita Benette, aprende Ignacio el alfabeto. Después lo matriculan en la Escuela Pública número 1 José Martí, donde Mamaquica funge como conserje y sus condiscípulos lo llaman con el paradójico calificativo de Bola de Nieve, tras el bautizo por uno de ellos: Carlos Guerrero Costales, quien cursaría la carrera de Medicina.

> [...] En el colegio, los muchachos —para molestarme— me decían Bola de Nieve, porque había un personaje en cine, en mi juventud, [...] que le llamaban Bola de Nieve y llegaron al colegio un día diciéndome Bola de Nieve y yo al que me lo decía le pegaba.[9]

En ese contexto, al verlo imitar con frecuencia en el alféizar de una ventana «[...] a los que cantaban y tocaban el piano [...]»,[10] Mamaquica decide encauzar tan espontánea vocación y provoca un viraje en el destino de aquel niño de cuerpo rollizo, color azabache, siempre sonriente y cuya incontrolable predilección hacia los frijoles negros le provoca crisis de asma que obligan a Inés y a la tía-abuela a frotarle la espalda con un cepillo e instarlo a inhalar el humo de cigarros de chamico.

---

8. Testimonio que el autor graba a Domingo Villa en 1998.
9. Declaraciones formuladas por Bola de Nieve el 18 de abril de 1958 durante la transmisión del programa *Pablo y sus amigos*, de la emisora Radio Panamericana, de Lima, el cual tiene como conductor al maestro de ceremonias Pablo de Madalegoltía.
10. Revista *Revolución*. La Habana, 8 de julio de 1964.

Estanislao Bertemati con sus nietos Domingo (a la izquierda) e Ignacio Jacinto

Aunque las necesidades internas del hogar lo inducen a abandonar los juegos infantiles para repartir a domicilio cantinas de comida criolla preparada por la madre, él sabe aprovechar el tiempo compartido entre la enseñanza primaria y las lecciones de Solfeo y Teoría de la música que a los ocho años de edad comienza a impartirle en la Escuela y Banda Municipal de Música de Guanabacoa, en el Callejón de los Barberos, el clarinetista Gerardo Guanche Valdés, garante de la formación de músicos a lo largo de más de medio siglo.

La adolescencia lo sorprende en medio de las clases en el Conservatorio del maestro José Mateu, ubicado en la calle Adolfo del Castillo, entre Bertemati y Nazareno, donde estudia piano algunos años. Ya lo seduce una incontrolable pasión por este instrumento. Le gusta hablar de pedales fuerte y suave, de teclados, martillos, cuerdas y de marcas prestigiosas: las francesas Pleyel y Gaveau, las alemanas Bechstein y Blüthner, la austríaca Bösendorfer, las norteamericanas Steinway, Baldwin y Chickering...

«[...] la infancia y la juventud de Bola transcurrieron [...] en Guanabacoa bajo la tutela del caserón de su madre Inés, que no solo lo educó en la más exquisita necesidad del saber, sino en el universo sonoro y plástico de Guanabacoa». Nancy Morejón

Ante la política del gobierno de Alfredo Zayas (1921-1924) y su negativa repercusión en el pueblo, Bola de Nieve no puede finalizar los estudios en el Conservatorio Mateu. En esos días de crisis y escaseces, a punto de cumplir trece años de edad —aún con bombachos y botas—, empieza a aportar a la economía doméstica al estrenarse como pianista, primero en el hoy desaparecido cine Fausto, frente a la iglesia parroquial, y luego en el Carral, poco después de la inauguración de este coliseo, el 1º de junio de 1924, sobre el solar antes ocupado por el teatro Las Ilusiones.[11] «Debe haber mostrado mi rostro palideces níveas, de verdad, en aquella ocasión»,[12] según recuerda mucho tiempo después.

En ambos inmuebles improvisa música adecuada en el piano para acompañar los movimientos en películas silentes que protagonizan Charles Chaplin, Rodolfo Valentino, Mary Pickford, Douglas Fairbanks, Pola Negri, Tom Mix, Stan Laurel y Oliver Hardy. Por otra parte, en aquel entonces le interesa el canto y empieza «[...] a aprender a cantar... cantando».[13] Eso sí, todavía no se atreve a entonar canciones públicamente con su áspera voz; las reserva para el deleite de mamá Inés, del padre, los hermanos y Mamaquica en *sui géneris* veladas hogareñas.

Pero el comienzo resulta brusco. Algunos asistentes a su debut y funciones sucesivas le tiran huevos y tomates, y —desde la tertulia— la muchachada exclama a grito pelado: «¡Bola de Nieve, loca!, ¡Negro gordo!».[14] Sufre en silencio las ofensas con que un medio social hostil, machista, juzga su homosexualidad y la de otros, sin mostrar un ápice de comprensión hacia su preferencia sexual.

El amor sin contacto físico que ciertos hombres despiertan en el adolescente Bola de Nieve tal vez lo reprime hasta cerca de los dieciséis años de edad, cuando fracasa en un intento de noviazgo con una joven destinado a encubrir su verdadera complacencia erótica y acallar rumores. Quizás en medio de aquel trance comprende la importancia de una realización plena en su intimidad, la cual únicamente le propician relaciones fortuitas. Solo pueden ocurrir de ese modo. No por avergonzarse de pretender a un semejante, sino a causa de su profundo respeto a Inés Fernández, quien gravita en sus pensamientos «[...] como un hada señorial»[15] y para la que Ignacio Jacinto es el mejor hijo del mundo. Constan-

---
11. El teatro Las Ilusiones cierra sus puertas en 1922. Llega ser un importante punto de reunión en Guanabacoa a lo largo de más de setenta años.
12. Ramiro Sarteur: «Una personalidad sorprendente. Bola de Nieve». *Carteles*, La Habana, 14 de agosto de 1949.
13. *Revolución*. La Habana, 8 de julio de 1964.
14. Entrevista que Ignacio Villa concede en 1962 al cineasta cubano Octavio Cortázar para un documental sobre Rita Montaner, el cual nunca se llega a realizar. Pertenece al Departamento de Sonido del Instituto Cubano del Arte e Industria Cinematográficos (Icaic).
15. Ada Oramas. Art. cit., p. 55.

temente trata de honrarla a ella, a la tía-abuela Mamaquica, a sus maestros, y sigue al dedillo los principios de la buena educación inculcada desde la cuna.

Consciente de su carencia de atractivos físicos, nunca antepone los deseos carnales al amor filial. La familia es una razón clave en sus ansias de vivir, aunque etapas de insatisfacciones íntimas —sumadas a la ingratitud de individuos con que se relaciona y se aprovechan sin escrúpulos de su ilimitada generosidad hacia ellos— provocarán en Ignacio Villa una melancolía oculta, capaz de inducirlo a expresar: «[...] yo soy un hombre triste que me paso la vida muy alegre».[16]

Llegado el momento, lo más notable en su caso consiste en lograr el primordial maridaje de su existencia: el piano y la canción. «La música y yo somos uno. Es lo único que me gusta. El único gran placer que experimento es hacer o sentir música».[17] Por eso Neruda no se equivoca al decir en décadas posteriores: «Bola de Nieve se casó con la música y vive con ella en su intimidad, llena de pianos y cascabeles, tirándose por la cabeza los teclados del cielo. ¡Viva su alegría terrestre! ¡Salud a su corazón sonoro!».[18]

Cuenta con dieciséis años al matricular en 1927 en la Escuela Normal para Maestros, sita entonces en el cuartel de San Ambrosio, cerca del antiguo muelle de Tallapiedra, en La Habana Vieja. A pesar de no poder graduarse, a punto de concluir los estudios, ante la decisión del tirano Gerardo Machado de cerrar en 1930 los centros docentes por la efervescencia revolucionaria en la Isla, los cursos que Bola de Nieve realiza en las aulas de la vetusta edificación —opina el intelectual cubano Miguel Barnet— lo dotan de «[...] una cultura integral y de una visión del mundo muy personal y lejos de la meramente farandulera».[19]

A partir de esa época, profundiza en su interés hacia las tradiciones y la arquitectura del terruño natal: Guanabacoa, término que en el lenguaje de sus primitivos habitantes indígenas significa «lugar de muchas aguas», dada la abundancia de manantiales en la región. Poblado de indios es al poner sus pies en la Isla los con-

---

16. Ibídem.
17. Ciro Bianchi Ross: «Con Bola de Nieve». *La Gaceta de Cuba*, La Habana, diciembre de 1970.
18. Ada Oramas. Art. cit., p. 56.
19. Miguel Barnet: «Bola de Nieve: su universal cubanía». Revista *Bohemia*, La Habana, 29 de septiembre de 1978, p. 12.

quistadores españoles y aún se le conoce así tras la fundación de la villa de San Cristóbal de La Habana, en 1515, y de su ubicación definitiva, cuatro años más tarde, junto al puerto de Carenas.

Como sucede en otras zonas de nuestra patria, los pacíficos aborígenes dueños de las tierras son exterminados mediante la espada, el arcabuz, la ballesta, la lanza y perros amaestrados, aparte de los rigores del trabajo a que los somete el hispano colonizador. Los sobrevivientes se sumarán a negros africanos y a españoles que, entre otros grupos étnicos, permiten elaborar al sabio Fernando Ortiz el metafórico símil de que «Cuba es un ajiaco»,[20] aunque «[...] su pueblo no es guiso hecho, sino una constante cocedura».[21]

Nace de esa mescolanza otra Guanabacoa, donde en los primeros tiempos la mayoría de las construcciones son de madera, barro, techos de caballete y guano, y que, desde mediados del siglo XVI, sirve de refugio en ocasiones al cabildo de San Cristóbal de La Habana, como acontece cuando el pirata francés Jacques de Sores ataca a la estratégica plaza portuaria y exige una cuantiosa suma de dinero a los vecinos.

Doscientos años pasarán antes de que el rey Felipe V le conceda el título de Villa de la Asunción de Guanabacoa, después de autorizar al Ayuntamiento de la localidad el uso del Pendón Real, que encabezaría las procesiones durante los festejos en honor a la patrona y virgen tutelar: Nuestra Señora de la Asunción. En esta etapa ya existen numerosas residencias de acaudaladas familias habaneras que disfrutan de largas temporadas en busca de las bondades climáticas del territorio y de sus famosos baños, a cuyas aguas se atribuyen propiedades medicinales. Con sus puertas de madera claveteadas en hierro y bronce, no se trata de significativas edificaciones debido a su arquitectura o belleza externa o interna, sino por sus numerosos aposentos y patios llenos de árboles.

Diferentes crónicas relatan el heroísmo del regidor de la Villa, José Antonio Gómez de Bullones, el legendario Pepe Antonio, quien al frente de un grupo de guerrilleros defiende a Guanabacoa de las fuerzas militares inglesas que el 8 de junio de 1762 irrumpen allí, luego de la toma de La Habana. Recuperada la autoridad de España en Cuba, la historia guanabacoense prosigue su ritmo normal

---

20. Fernando Ortiz: «Los factores humanos de la cubanidad». Revista *Bimestre Cubana*, La Habana, marzo-abril de 1940, p. 167.
21. Ibídem.

hasta que en el siglo XIX explora sus rocas serpentinas el científico alemán Alejandro de Humboldt y abre sus puertas el Liceo Artístico y Literario, de gran repercusión en la cultura cubana al incorporar como socios a ilustres intelectuales y patriotas, y escucharse en sus salones, más de una vez, la vibrante oratoria de José Martí.

Guanabacoa no permanece ajena a la revolución iniciada en 1895 por Martí y el Partido Revolucionario Cubano, y tres años más tarde celebra jubilosa la definitiva salida de las unidades del ejército de España, que pierde a Cuba al cabo de cuatro siglos de dominio. Más allá de los cambios experimentados con el advenimiento de la siguiente centuria y el inicio de la república, en 1902, a lo largo de décadas mantendrá el transitar de pregoneros en sus estrechas y alargadas calles, las retretas dominicales en su principal parque, las academias de música, las sonoridades de guitarras, violines, clarinetes e incontables pianos que se escuchan por doquier y mezclan sus notas con el trepidante toque de los tambores africanos en los bembés; la leyenda de la milagrosa cruz del indio Jusepe Bichat en la ermita del Potosí, sus viejas casonas, conventos e iglesias y la Loma de la Cruz, donde se contempla uno de los más hermosos paisajes de la bahía capitalina.

Ignacio Jacinto Villa y Fernández se deleita en conocer detalles de tan estimulante panorama. Esa satisfacción se intensifica en cada agosto, cuando parientes o amigos de La Habana abarrotan la vivienda paterna al celebrarse las fiestas de la Virgen de la Asunción y tanto en la suya, como en las restantes moradas de Guanabacoa, sirven un característico plato de la Villa: papas rellenas, acompañadas del rico ciruelón, licor sano y digestivo que preparan las amas de casa. Son inolvidables para él esos días en que la procesión de la patrona local, engalanada con sus joyas y regio manto, recorre varias calles en una carroza, seguida de una legión de fieles, mientras que otros prefieren ver el solemne desfile desde los balcones de sus domicilios y lanzar flores a su paso.

Tales recuerdos nada más puede compararlos, en ciertos aspectos, con el esplendor de las jornadas en que, a partir de 1923, asiste al lado de su madre y hermanos en el vecino suelo reglano a los desfiles públicos de los cabildos de las santeras Susana Cantero y Pepa Herrero, rivales en arrastrar la mayor cantidad de devotos tras la imagen de Nuestra Señora de Regla, proclamada patrona de la bahía habanera en 1741.

Para Bola de Nieve lo primero siempre será Guanabacoa, la que disputa el título de mejor hija a otras villas y poblados de la Isla. Su «guanabacoaísmo», vocablo procedente de su inventiva, no acepta parangones. Desde la década de los años veinte del pasado siglo, sus amplios conocimientos acerca de la historia y el folclore de la patria chica lo toman en cuenta prestigiosos intelectuales, de lo cual deja evidencias la periodista Mariblanca Sabas Alomá:

> Era un muchachón fuerte, cordial, jacarandoso, cuando lo conocimos, allá, en su Guanabacoa nuestra, la criolla [...]. Lo necesitábamos. Llegamos a su casa inolvidable y la tomamos por asalto: Berta Singerman,[22] José Zacarías Tallet, Rubén Martínez Villena, Juan Marinello, Tana de Gámez, José Antonio Fernández de Castro, Emilio Roig de Leuchsenring, Alejo Carpentier y yo. [...]. Bola de Nieve tendría que constituirse en nuestro guía en una suerte de "exploración folklórica" de Guanabacoa. ¡Cómo relucieron sobre su piel de ébano los dientes de marfil y coco, cuando refutó, a carcajada limpia, mi afirmación rotunda: "En música negra y en tradiciones folklóricas, Santiago de Cuba es primera. Gritaba, muerto de risa: "¡Guanabacoa admite iguales, pero no superiores! ¡No es segunda de nadie!"... Nos sentíamos felices...
> Tallet, en su plenitud poética, había compuesto para Berta Singerman el poema "La Rumba". La gran artista de la recitación necesitaba ambientarse. Le contaba a Bola cómo había estudiado «La negra Fuló» en auténticas fuentes de arte popular en el Brasil. Alejo Carpentier, José Antonio Fernández de Castro y Bola de Nieve conocían todos los "cotenes" de la Villa de Pepe Antonio. En honor de Berta se operaron verdaderos milagros: se nos recibió, inclusive, en "centros de trabajo" cuya accesibilidad estaba vedada a las mujeres. Y, desde luego, en aquellos "templos"

---

22. La actriz y recitadora Berta Singerman, *La Maga de la Declamación* o *La Dama del Verso*, se presenta en varias ocasiones en Cuba desde comienzos del decenio del 20, del siglo XX. Si bien Sabas Alomá anota en este artículo que para la artista argentina José Zacarías Tallet compone el poema «La rumba» —el cual se publica en *Atuei*, en agosto de 1928—, tal afirmación no se consigna en la referida revista literaria. Asimismo, no se precisa en el libro *Antología de la poesía negra hispanoamericana*, de Emilio Ballagas, en el que aparece «La rumba», y se citan los nombres de las personalidades y las correspondientes dedicatorias de los textos por los autores. Solo al final de la obra, al ofrecer datos sobre ellos, Ballagas apunta que en 1934 «La rumba» es llevada al cine sonoro por la Singerman. Se trata del filme *Nada más que una mujer*.

donde las mujeres constituían, precisamente, el elemento básico, principal, y, en ocasiones, exclusivo. Ritmos, giros, ceremonias, instrumentos sagrados, prácticas rituales, melodías primitivas en que se mezclaban aires hispánicos, morunos, africanos y criollos. Bola de Nieve, en la esplendidez generosa de su casa pobre, cantaba para Berta Singerman y para nuestro grupo; improvisaba, creaba, hacía maravillas con su piano. Porque Bola, como Ernesto Lecuona, era un magnífico pianista. Y un excelente profesor.

Berta Singerman, ya se sabe, inmortalizó "La Rumba". Bola supo ganarse nuestra amistad entrañable y nuestra emocionada gratitud.[23]

«*Bola supo ganarse nuestra amistad entrañable y nuestra emocionada gratitud*».

Mariblanca Sabas Alomá

El fracaso que en los meses finales de 1929 sufre en un espectáculo de aficionados, en el teatro Nacional, con una imitación de José Bohr, aprovechando la primera visita a Cuba del actor, cantante y director de cine alemán, frena temporalmente otra faceta que Bola de Nieve pretende desarrollar en su etapa de pinitos artísticos. Pero al siguiente año, cuando se cierra la Escuela Normal para Maestros y se frustra su anhelo de «[...] ser Dr. en Pedagogía, en Filosofía y Letras, ser profesor»,[24] la vacía despensa hogareña lo obliga a retomar sus faenas en el arte, como le insinúa un profesor de Lógica: «Usted ha equivocado el camino, Villa. Este no es su camino. Usted es artista, usted debía hacer otra cosa, aunque usted es muy buen estudiante».[25]

Vuelve entonces al sendero antes iniciado. En el rotativo *El Mundo* queda constancia de ello el 13 de agosto de 1931, cuando —ante los micrófonos de la radioemisora CMK— acompaña des-

---

23. Mariblanca Sabas Alomá: «Bola de Nieve. Adiós a un corazón sonoro». *Romances*, La Habana, noviembre de 1971, p. 30.
24. De las declaraciones formuladas por Ignacio Villa al citado programa de la emisora Radio Panamericana, en 1958. Vid nota 9.
25. Ibídem.

de el piano al cantante estadounidense Bobby Duncan durante una transmisión en la cual participan también la pianista y compositora Sara Jústiz y la mezzosoprano Tomaita Núñez. El 17 de agosto de 1932 la vocalista española Maria Tubau agrega a su repertorio una pieza que Bola de Nieve le dedica: «Ven mi amor»; y, posteriormente, por el pago de cinco pesos diarios, el maestro Gilberto Valdés lo contrata como pianista de su orquesta, que a la sazón actúa en el cabaret La Verbena, de la Avenida 41 y 30, en Marianao.

La gran artista de origen mexicano María Tubau, quien alcanzara celebridad en escenarios de España, y es la primera personalidad extranjera en interpretar composiciones de Bola de Nieve

Un capítulo irrepetible en los anales de la cultura criolla marca el decenio del treinta, al implantarse, en las dos Américas, el interés que los temas negros despiertan en la Europa de la postguerra, frente a un cierto agotamiento del arte y la literatura occidentales. Aunque con anterioridad don Fernando Ortiz inicia en Cuba sus estudios sobre los aportes africanos a nuestra nacionalidad y los compositores Ernesto Lecuona, primero, y Amadeo Roldán y Alejandro García Caturla, después, crean partituras inspiradas por musas negras, en 1928, bajo la influencia de esa moda, surge en la Isla la indistintamente calificada poesía negrista o afrocubana. Sus principales exponentes serán los bardos blancos Ramón Guirao, Emilio Ballagas y José Zacarías Tallet y, con un acento e intención diferentes, la cultiva el mulato Nicolás Guillén, en cuyo caso la temática responde a las esencias de su creación poética, al ver la luz, en 1930, sus *Motivos de son* en la página «Ideales de una raza», de la edición dominical del *Diario de la Marina*.

Influidos por interpretaciones del trío Matamoros y el Sexteto Habanero, esos ocho breves poemas de Guillén introducen el género instrumental, vocal y bailable denominado son, como nueva forma métrica, en la poesía cubana, en la que empiezan a aparecer, con su lenguaje e idiosincrasia, tipos y modalidades de hombres y mujeres de los solares y casas de vecindad. «Que no se trataba de un mero problema literario de importación [asevera el escritor e investigador Ángel Augier], iba a demostrarlo el poeta al siguiente año con sus poemas del cuaderno *Sóngoro cosongo* (1931), título tomado de uno de los *Motivos de son*, los cuales integraron la parte final de la nueva obra [...]».[26]

Casi de inmediato, Amadeo Roldán musicaliza la totalidad de esos *Motivos de son*; Alejandro García Caturla solo lleva al pentagrama uno y los hermanos Eliseo y Emilio Grenet se los reparten, junto con algunos poemas de *Sóngoro cosongo*, para lograr los máximos aciertos en la creación de piezas musicales llenas del gracejo de los textos guillenianos que más tarde, dentro de su vasto repertorio de poesía negra, declama la voz aguda de Eusebia Cosme.

En los días de éxito de tales piezas de los Grenet, que estrena la cantante y actriz Rita Montaner, en los días de Roldán, Caturla, Guillén, Guirao, Tallet y Ballagas, de Alejo Carpentier y su novela *Ecue-Yamba-O*, Ignacio Villa se suma a la experiencia revalorizadora de lo negro, mulato, afrocubano o antillano, según determine calificársele, al recibir su primer triunfo como compositor con la nana negra *Drumi, Mobila*,[27] la cual sintetiza en sus versos una de las tantas escenas de la vida doméstica en los tiempos de la esclavitud, transmitidas por tradición oral de padres a hijos:

> *No llora, Mobila,*
> *que tu mama ta la campo,*
> *y·orita ta bení pa cá.*
>
> *Si nene drumi,*
> *cuando mama sale*
> *e' trae regalito pa ti...*
> *e' trae tolo nunie pa ti.*
> *Y si nene no drumi,*

---

26. Nicolás Guillén: *Obra poética 1920 -1972*. Ed. Letras Cubanas, La Habana, 1974, p. 28.
27. Con esta obra, en la fecha del 4 de marzo de 1932, Bola de Nieve inicia su código como compositor (número 321), en el Registro de la Propiedad Intelectual de la República de Cuba.

¡Chimbilicó!
Cheche Calunga
lo 'ranca la patica
¡y lo come!

Drumi, drumi, drumi,
Mobila;
tu mamá tá la campo,
Mobila.
E' va a traé pajarito
pa ti;
e' va a traé coronise
pa ti.

Drumi, drumi, drumi,
Mobila;
tu mamá ta la campo.
Mobila,
e' fue buccá la duse
pa' que tú mañana come,
Mobila.

Drumi, Mobila...
Calla, Mobila...
No llora, Mobila...
Drumi... Mobila...

El estreno de la *berceuse* de Ignacio Villa durante 1933 en el Alhambra, será evocado tres lustros después en la sección «Viejas postales descoloridas», del *Diario de la Marina*, por el periodista y escritor Federico Villoch (1868-1954), a quien denominan *El Lope de Vega Criollo*, pues crearía más de cuatrocientas obras representadas en coliseos de La Habana, fundamentalmente el mencionado, donde en los tres primeros decenios del siglo XX se efectúa la más extensa temporada de teatro criollo:

> Se han cumplido ya quince años de aquella tarde de enero de 1933 en que conocimos personalmente al famoso chansonista y monologuista cubano Ignacio Villa,

popularizado con el sobrenombre de Bola de Nieve, en una de aquellas reuniones que organizaba en su elegante mansión del Tulipán, allá en el Cerro, el malogrado poeta Gustavo Sánchez Galarraga, maestro inolvidable y queridísimo amigo. El poeta tenía gusto especial en recibir en su casa a sus mejores amistades. En aquellas inolvidables tertulias se recitaban versos, se leían cuentos y crónicas próximas a ser publicadas y se rendía culto fervoroso a Nuestra Señora de la Santa Murmuración. Aquella tarde nos encontrábamos reunidos allí, el famoso recitador español Marín,[28] que por aquel entonces recorría los teatros capitalinos ganando honra y provecho; el periodista Ruy de Lugo Viña, víctima pocos años después del trágico vuelo Columbia a Cali; Jorge Anckermann, nuestro inolvidable colaborador alhambresco; Eusebia Cosme, la aplaudida recitadora cubana, hoy en la Universidad de Yale recibiendo aplausos; el citado Bola de Nieve y el postalista. Jorge Anckermann tocó al piano su bellísimo canto *Flor de Yumurí* y otra de sus lindas claves. Eusebia Cosme recitó, con la pasión que pone en sus números, la sugestiva composición poética del trovador astur Camín titulada *Macorina* (pónme la mano aquí Macorina, pon, pon), y a instancias de los amigos, nosotros recitamos el monólogo de *El Negrito Domingo y la Mulata María*, del cual Bola de Nieve nos pidió una copia para incluirla en el número de sus recitados a piano... Bola de Nieve nos dio a conocer una preciosa canción de cuna llamada *Drumi, Mobila* y tanto le agradó al maestro Anckermann y al postalista que le pedimos copia de ella para incluirla en el *sainete* que estábamos escribiendo titulado *La gloria del solar*, próximo a ser estrenado en Alhambra y que sería interpretado por la genial artista Blanquita Becerra, quien desempeñaría en la obra el papel de la negra Silvia [...].[29]

Emilio Ballagas incluye «Drumi, Mobila» en su Antología de la

---

28. Se trata del declamador José González Marín, a quien anuncian como El Faraón de los Decires.
29. Federico Villoch: «Bola de Nieve». *Diario de la Marina*, La Habana, 17 de octubre de 1948, p. 53.

poesía negra hispanoamericana (1935), con la siguiente acotación en las páginas finales: «Villa es un joven compositor de color negro macizo [...]. La sencillez y ternura de su *nana Drumi, Mobila* lo traen al lado de la poesía, a la que debe venir con la simplicidad e ingenio primitivísimo que dan carácter a sus composiciones».[30] La introduce, además, en su *Mapa de la poesía negra americana* (1946), y el escritor e investigador español Federico Saínz de Robles la plasma en una miniatura de Ediciones Aguilar titulada *Lira negra*.

Presentar el texto de Bola de Nieve en esas tres antologías abarcadoras de un reconocido grupo de autores —entre ellos Federico García Lorca, el puertorriqueño Luis Palés Matos y los cubanos Nicolás Guillén, Marcelino Arozarena, Regino Pedroso, Ramón Guirao y José Zacarías Tallet— significa un reconocimiento al esmero de Ignacio Villa en la creación de las letras de sus obras. Esos textos permiten calificarlo desde entonces como un poeta de la canción, a pesar de no considerarse un genuino cultivador de la poesía, que para el artista se encuentra en todas las cosas de la existencia humana. En tal sentido afirma: «A todo el mundo le tiene que gustar la poesía. Hablar, caminar, cantar. Todo lo que se hace es poesía. ¿O es que solo los versos se llaman poesía? ¿En mi mirada no hay poesía?».[31]

Muy notoria es la calidad que Ignacio Villa intenta dar a los versos de su inspiración, si determina integrarlos a algunas de las músicas de su quehacer como compositor, aunque hasta su último aliento insiste en asegurar:

> No creo que soy compositor, ni me respeto como tal. Yo no creo en Bola de Nieve compositor. De las cosas que así me salieron, cancioncitas baratas de esas que yo hago, hay algunas que me han gustado. [...]. Pero yo no creo que soy alguien para tocar la campanilla del gran éxito como compositor. Creo que la palabra compositor es demasiado seria y demasiado respetable. Yo he hecho cancioncitas.[32]

---

30. Emilio Ballagas: *Antología de la poesía negra hispanoamericana*. Ediciones Aguilar, Madrid, 1935, p. 182.
31. Ada Oramas: Art. cit., p. 57.
32. Orlando Castellanos: *Palabras grabadas*. Ediciones Unión, La Habana, 1996, p. 40.

Sin embargo, contradicen su opinión más de cuarenta títulos de una cosecha autoral imposible de precisar en cuanto a cantidad se refiere, pues algunas obras no las traslada al pentagrama, ni las inscribe en el Registro de la Propiedad Intelectual de la República de Cuba. Aparte de «Drumi, Mobila», a la coyuntura primaria de su tarea como compositor pertenece «No dejes que te olvide»,[33] canción que aún rezuma modernidad en el tratamiento armónico, acompañada de una sencilla, pero emotiva letra: *Para alejar las penas de mí,/ para vivir la vida sin ti,/ son las maracas y el bongó/ amigas que me dan valor./ Yo quiero que tú sepas que yo/ muy pronto me he olvidado de ti/ y al recordarte mi alma/ solo te dice así: // No me dejes olvidar tu nombre,/ yo te quiero recordar,/ no dejes que te olvide, por favor./ De rodillas, esperando siempre tus palabras, he de estar,/ no dejes que te olvide, por favor.// Yo sé que tú me has olvidado ya,/ pero en mi afán tu nombre he de guardar,/ No me dejes olvidar tu nombre,/ yo te quiero recordar./ No dejes que olvide, por favor.*

Un memorable giro en el destino de Ignacio Villa también ocurre en 1932. Comienzan sus presentaciones como pianista acompañante de Rita Montaner, quien —tras graduarse como profesora de piano, canto y solfeo— renuncia a sus primeras aspiraciones inclinadas hacia al concierto y la ópera e inicia los capítulos de una excepcional trayectoria artística. Como eslabones de ella pone su talento al servicio de la música cubana en audiciones de Eduardo Sánchez de Fuentes, Jorge Anckermann, Gonzalo Roig y Ernesto Lecuona; su voz se escucha en la radio al ofrecerse el primer programa de variedades transmitido en la Isla, el 10 de octubre de 1922; participa durante el siguiente lustro en la fundación de un arte lírico nacional de envergadura; y luego reafirma su gestión de embajadora de los ritmos criollos en Estados Unidos de Norteamérica, Francia y España.

¿Cómo se conocen estos dos talentos que al unirse en la escena marcarán hitos en el arte de la interpretación pianística y vocal? En varias entrevistas que concede a lo largo de su vida, Bola de Nieve ubica el preludio de esta unión en Guanabacoa, donde la Montaner nace en 1900 y en su niñez a veces la lleva al colegio Inés Fernández, amiga de sus padres. En medio del ajetreo de los estu-

---

33. Esta obra también la dedica Ignacio Villa a la vocalista y actriz española María Tubau en 1932. Sin embargo, hasta el 11 de mayo de 1966 no la inscribe en el Centro Nacional de Derechos de Autor.

dios musicales, le gusta visitar a esta simpática negra y en varias ocasiones arrulla en su regazo al recién nacido Ignacio Jacinto.

Pero el ulterior traslado de Rita hacia el área central de La Habana, debido a su matrimonio con el abogado Alberto Fernández Díaz, el nacimiento de sus dos hijos, las dificultades que afronta a raíz de un escandaloso divorcio por su concubinato con el actor Paco Lara y su intensa labor profesional, establecen un distanciamiento de años entre la artista y el suelo natal y asimismo del matrimonio Villa-Fernández y de su primer vástago varón.

Mediante sus recuerdos, Ignacio Jacinto reconstruye su adolescencia en Guanabacoa para evocar las primeras impresiones sobre Rita Montaner, cuando en 1924 abre sus puertas el Carral y ella canta en un programa de la Orquesta Sinfónica de La Habana, dirigida por Gonzalo Roig, y meses más tarde en un concierto de Ernesto Lecuona, en el cual sobreviene el primer acercamiento personal:

> [...] Ya era doña Rita Montaner [...] me acerqué, porque yo no sé por qué, si alguna ilusión grande hubo en el mundo, fue para mí Rita Montaner. Creo que fue a quien más amé en mi vida. No puedo resignarme a que haya muerto. Aunque si estuviera viva quizás ni nos hubiéramos mirado a la cara nunca más. Pero como gente y como artista, nadie me ha ilusionado tanto jamás. [...] Y ahí, al conocerme y hablar conmigo, me dice: «¡Ah, tú eres hijo de Fulana!», y esas cosas que se hablan. Entonces yo fui con mi mamá a su casa. [...].
> [...] a partir de ese momento, fui su fanático, admirador, el adorador, el todo [...]. Y caí de pie, como dice ella, porque al regreso de un viaje, el pianista de ella, que era Rafael Betancourt, maravilloso pianista, se separó de ella. Él por enfermedad o no sé qué, se separó de ella, y vino Charlie Chase a La Habana, el actor de cine, y él daba una comedia. Yo era pianista de La Verbena, del cabaret, de una orquesta que tenía Gilberto Valdés, y ella necesitó un pianista esa noche. Y, como me había oído ya en su casa, porque ella me iba a empezar a dar lecciones de piano, porque era muy buena profesora de piano, y era lo más a mano que tenía, pues fue a buscarme a mí para que la acompañara esa noche.

[...] Vinimos a tocar en el Roof del Hotel Sevilla. Fue la primera vez que toqué con ella. La acompañé en El manisero y en Siboney.³⁴

«[...] si alguna ilusión grande hubo en el mundo, fue para mí Rita Montaner».
Bola de Nieve

El 27 de octubre de 1932 se anuncia en periódicos habaneros la presentación, en el cine Fausto, de Rita Montaner e Ignacio Villa con los pianistas Vicente Lanz y Carmelina Delfín, el Septeto Anacaona y la orquesta del cabaret Casino Nacional. Eso sucede en un homenaje a la cantante, pianista y compositora María Cervantes, que desde su debut, en 1929, se destaca acompañándose a si misma al piano. Y son precisos los enjuiciamientos de Bola con respecto a lo que en esos tiempos ya representa la Montaner para la escena cubana y una serie de enseñanzas recibidas de ella:

> [...] todo lo tuvo. No se puede decir que no tuvo dinero. La única artista cubana que en esa época, 1927 y 1933, ganaba 400 y 500 dólares diarios. Cuando eso tenía de pianista a Rafaelito. En mi época fue la de dinero, y ganó mucho. [...]. Rita llenaba los cines de La Habana

---
34. Bola de Nieve. Entrevista con el cineasta Octavio Cortázar. Vid nota 14.

y trabajaba en dos o tres, con el 50 % de la película, y ella de varietés solamente. Tenía que ser muy buena para hacer eso. [...] Ella hacía eso porque la naturaleza la dotó de una cosa de genio, que sin pensarlo levantaba una mano y era más rumba, sin ser bailadora de rumba [...]. La Montaner era artista [...], al ir al escenario iba a eso, pero con todas sus fuerzas.

[...] Rita Montaner jamás se aprendió una canción en tres días pa' estrenarla mañana por la tarde. Nosotros, el tiempo que trabajé con ella, nunca estrenó una cosa si no teníamos dos o tres semanas de ensayar a diario.

[...]

Además, si el ensayo era a la una de la tarde, llegaba a las doce y quince minutos, o a las menos cuarto. Se sentaba ahí a ver eso, y cuando se le daba un papel, llegaba con su papel aprendido, y si era posible, como era pianista, le ensayaba a los demás que no sabían. Le daban una partitura y la leía, que esto te beneficia mucho.[35]

Aparte de revelarle un prolijo repertorio, de suma riqueza en páginas de la música criolla, el vínculo profesional con Rita Montaner permite a Ignacio Jacinto Villa y Fernández ahondar en la importancia del estudio cotidiano del piano, la limpieza de las ejecuciones, el rechazo a la improvisación y el riguroso aprendizaje de cualquier obra por estrenar, lo cual crea entre ambos una afinidad artística que engendra uno de los binomios de mejor acoplamiento en la historia del arte musical cubano.

[...] El otro pianista que tuvo era mejor que yo... Traté de copiarlo, y al tratar de copiarlo busqué una manera original. Yo canto y toco el piano, porque yo de niño no jugué más que a tocar [...]. Yo no jugué a los trompos ni nada, y hay gente que me dice: «Ese tipo ronco, tan caretúo, cómo lo dejan cantar». Yo no tengo fanáticos, devotos es lo que tengo yo. ¿Por qué? Porque yo soy la canción, yo no canto canciones, ni las interpreto. Yo soy la canción. Y se me hace más fuerte cuando acompaño a la Montaner. Porque ella era nerviosa en la escena para las letras y yo

---

35. Ibídem

me hice el propósito de ser su apuntador desde el piano. [...] todas las canciones se las iba apuntando, dictando desde el piano y tocando. Eso me dio la práctica para que yo pueda decir (mirando hacia el público): «¿Cómo están? Buenas noches... ¿Bien? [...].[36]

Con tales explicaciones, no es de extrañar que Ignacio Villa sea escogido como pianista acompañante por la Montaner en 1933, año en que acepta un contrato en México debido a la difícil situación política, económica y social de Cuba bajo el régimen machadista. La elección entraña para él abandonar la plácida Guanabacoa, separarse por primera vez de sus padres, de los recuerdos de la ya fallecida e inolvidable Mamaquica y renunciar al intenso cariño depositado desde unos dos años atrás en su pequeña hermana Raquel, a quien prohija. No obstante, prepara las maletas y sigue a la ingeniosa mulata a la nación azteca.

[... mi viaje a México surge porque aquí las cosas estaban muy mal, y era el año 33 y se le presentó un contrato en que ella me invita de pianista y yo accedo. Mi familia también, porque yo era un nene de mi mamá y muy bien vestidito siempre, porque mi mamá lavaba, planchaba para la calle, mi mamá tenía un tren de cantina en mi casa. [...] salimos de aquí [...] el 19 de enero de 1933 rumbo a Yucatán, donde trabajamos en cine con varieté. Allí me estreno como Bola de Nieve, sin previo aviso [...].
Ella me decía a mí Ignacio, siempre. A Guanabacoa iban siempre Mariano Meléndez, Julio Richard y sabían que me decían Bola de Nieve los muchachos del teatro [...] todo eso ocurría con la película. [...] llegó a México y sin consultar conmigo previamente, cosa que es el gran favor que me hizo en mi vida, puso «Rita Montaner con su pianista Bola de Nieve». Y un óleo que le hicieron a ella que está en su casa, muy bonito, con una chaqueta blanca así, y me hicieron otro a mí, una cabeza negra que la tengo en mi casa también, y eso lo pusieron a la entrada del teatro: «Rita Montaner y Bola de Nieve». Yo vi aquello y me quedé así...

---

36. Ibídem.

[...] Estuvimos allí quince o veinte días, y un día que ella no se sentía muy bien y el espectáculo resultaba corto con ella sola, yo toqué unas cosas y se alargó el espectáculo. [...] terminamos en Mérida y vino un empresario. De Mérida no teníamos contrato para México, nada más hasta Yucatán y de ahí volver a La Habana. Entonces, vino Campillo, un revistero muy famoso que había en México, tenía una compañía que se llamaba Campillo. Era un mexicano que venía mucho a Cuba. Pues nos contrató y nos llevó a México. [...] en febrero o marzo debutamos en el teatro Iris. [...].³⁷

Procedentes de Progreso, Yucatán, el 5 de marzo de 1933 arriban a Veracruz —a bordo del vapor Siboney—, Ignacio Villa, Rita Montaner y el deportista cubano Ernesto Estévez Navarro, con el que ella se casará unas semanas después. En esa urbe portuaria toman un tren nocturno que los traslada hasta Ciudad de México, donde al siguiente día les dan una emotiva bienvenida, entre otras personalidades, el Encargado de Negocios de Cuba, Ramón de Castro Palomino, y el poeta y periodista Vicente Garrido Alfaro, así como representantes de diversas agrupaciones teatrales y artísticas del Distrito Federal.

> **EL CORRESPONSAL**
>
> **RITA MONTANER, FAMOSA ARTISTA CUBANA, LLEGO AYER A VERACRUZ, VER.**
>
> Hoy Llegará a Esta Capital en la Mañana.—Envía un Saludo al Público
>
> VERACRUZ, Ver., marzo 5.— A bordo del vapor americano "Siboney", llegó hoy a este puerto, procedente de Progreso, Yucatán, la famosa artista cubana Rita Montaner, a quien se reconoce el mérito de haber sido la introductora de la música cubana en París.
> La renombrada artista viene acompañada del pianista Ignacio Villa y del señor Ernesto Estévez.
> La entrevisté a bordo a nombre de EL NACIONAL, y con toda la gentileza y simpatía que la caracterizan, me pidió enviar por su conducto un afectuoso saludo al público de México.
> Hoy salió por el tren nocturno del Mexicano rumbo a esa metrópoli.

En una información con detalles de la llegada, el rotativo *El Universal* puntualiza el 7 de marzo de 1933: «Rita Montaner, la eminente artista cubana, llegó ayer en la noche por el tren de Veracruz a esta capital. Vino acompañada de su pianista, el profesor

---

37. Ibídem.

Al arribar a la capital de México con Rita Montaner

Acompañada al piano por Bola de Nieve, el 10 de marzo la Montaner debuta con la Compañía de Revistas Originales, de José (Pepe) Campillo, en el teatro Iris, propiedad de Esperanza Iris. Entre otros nombres atractivos del elenco aparecen la actriz Gloria Marín, en los albores de su trayectoria profesional, el bailarín excéntrico don Catarino, el tenor Néstor Mesta Chayres, el trío Garnica-Ascencio, los Trovadores Tamaulipecos y el actor cubano Mario Martínez–Casado Adams.

> [...] E insertado en la revista el número de Rita Montaner, con un grupo de señores rítmicos, y conmigo al piano. Se proyectó un gran cuadro. Ella con una bata blanca muy linda, y yo con una camisa de guarachero. La única vez que me he puesto camisa de guarachero en mi vida. Y allí estuvo la fanática número uno que iba. Trabajaba en un teatro en la otra cuadra y con el traje de la revista, se ponía un abrigo de visón para verla desde la última fila, de rodillas. Nada más que iba todas las noches a eso, a arrodillarse a ver a Rita Montaner. Se llama Toña la Negra. Porque la adoró como artista toda la vida. [...] Y

---

38. Amendolla: «¡Rita Montaner, la creadora del pregón popular ¡se ha casao!». La Prensa, Ciudad de México, 4 de abril de 1933.

en ese mismo momento, la Montaner hizo una imitación de Toña la Negra. ¡Cruel! Cosa que Toña la Negra no le tomó en cuenta.[39]

Pero no será esa caracterización de la cancionera veracruzana María Antonia del Carmen Peregrino Álvarez (1912-1982) —que como intérprete predilecta de Agustín Lara debuta en 1932 con el sobrenombre de Toña la Negra—, el verdadero origen de la animadversión surgida entre ambas artistas, la cual se extenderá a tres lustros y en su fase inicial lleva al famoso compositor, pianista y director de orquesta a impedirle cantar obras de su autoría en México a la Montaner, incluida Hay en ese mirar, que un año antes le dedica durante una visita a La Habana. La causa real está en los elogiosos comentarios prodigados por la prensa mexicana a Rita, devenidos una fuerte campaña publicitaria que en los comienzos de su transitar en la radio y teatros pone en un orden secundario a la fiel intérprete de Lara, criticado también porque:

> [...] Rita Montaner haciendo un honor a nuestro Tin, cantó mejor que nadie Palmeras y Tin vio la oportunidad de armar un escándalo en el público pensando que redundaría en beneficio suyo, mas fue todo lo contrario. Prohibió a la Montaner que cantara su canción. La Asociación de Autores Mexicanos se hizo cómplice de Lara y llevó a Rita un papelito multándola en cien pesos.[40]

Teniendo como telón de fondo ese ambiente de desavenencias y tensiones, Rita Montaner firma un contrato con el empresario Juan Toledo el 3 de abril de 1933, para presentarse en el Politeama en un espectáculo que asimismo anuncia entre sus principales figuras a Toña la Negra y Agustín Lara. Ante ambos y los espectadores, la Montaner, secundada al piano por Ignacio Villa, reitera una calidad pulida por la escuela de las tablas, donde entona, como nadie, la canción criolla; expresa la cadencia dulce y profunda del son, y revive «[...] la herencia africana en los ritmos *ñáñigos*, con la voz, con la expresión, con el gesto, con la intención, con el distorsionado agitarse de su cuerpo al marcar la rumba caliente,

---
39. Bola de Nieve. Entrevista con el cineasta Octavio Cortázar. Vid nota 14.
40. *Diversiones*. Ciudad de México, 1º de abril de 1933.

con su reír y su accionar y su balancearse suave, lento, con pereza de palmera que abanica el coco para conservar en él, fresca, el agua dulce y clara... y sabrosa».[41]

> [...] fue la cosa más grandiosa que yo he visto en mi vida. [...] llegó el momento en que el público [...] se paraba sobre las plateas, había cuatro mil personas, en el teatro Politeama, de Ciudad de México, que ya no sabían cómo iban a aplaudir y daban así con los asientos. No cantó jamás con una orquesta, pero su debut fue conmigo en el piano solo, en una revista en que había tres orquestas. Éramos como ciento cincuenta personas la compañía. De los éxitos más grandes que yo le he visto en mi vida a una artista se los conozco a Rita Montaner en esa temporada. [...].[42]

Ante la magnitud del éxito de Rita Montaner en el Politeama, la empresa de ese coliseo le organiza un homenaje el 3 de mayo. Pero la noche del agasajo una repentina disfonía le impide cantar. En la búsqueda de una urgente solución al problema de estar vendidas las cuatro mil localidades del teatro, ella menciona el nombre del mejor sustituto: Ignacio Villa, que con su canción «No dejes que te olvide» acaba de triunfar en un certamen de aficionados en la radio. En medio de una clamorosa ovación, la Montaner sale al escenario. Sin apenas poder hablar, explica a los asistentes la afección padecida, y lo presenta con el calificativo que en los años infantiles recibe en Guanabacoa: Bola de Nieve.

> Yo fui a un concurso de aficionados de radio y canté una canción que aún está de moda en México. Se llama «No dejes que te olvide», que yo canto muy poco en Cuba, una canción que yo compuse, sobre todo, para María Tubau, que era la más grande cupletera que yo vi en aquella época. [...] canté aquella canción en la audición de aficionados de Pedro de Lille, se llamaba *La Hora Azul*, a las cinco de la tarde, y quedé contratado desde ese momento por la XEW, de México. Me pusieron un

---
41. Amendolla: Art. cit.
42. Bola de Nieve. Entrevista con el cineasta Octavio Cortázar. Vid nota 14.

contrato de una hora diaria, a las doce del día. Cuando las campanas de la iglesia sonaban salía una cosa así de un piano y una voz decía: «Allí viene Bola de Nieve». Me volví muy popular en diez minutos.

Esa noche en que ella se enronqueció, dijo: «Bueno, ¿tú no dices que eres artista? Pues sal y canta». [...] Toledo, el empresario, [...] había reunido unos ocho o diez músicos cubanos que cuando Lecuona fue en 1928[43] se quedaron allí viviendo. Los pusieron para que acompañaran a la Montaner, conmigo al piano, y me volvieron a poner la camisa de guarachero y un micrófono así de grande arriba del piano. Y yo salí con tal nervio, que dije: «Toquen como puedan, porque yo no sé ni lo que voy a hacer». Y eso, como yo no sabía que el micrófono lo captaba, lo oyó el público y le hizo mucha gracia. Y la gente se puso de pie, y yo sin saber na'. Aturdido, sin saber lo que iba a hacer, canté «Bito Manué, tú no sabe inglé» y me aplaudireron mucho.

Con tanto inglé que tú sabía,
Bito Manué,
con tanto inglé, no sabe ahora
desí ye.

La mericana te buca,
y tú le tiene que huí:
tu inglé era de etrái guan,
de etrái guan y guan tu tri.

Bito Manué, tú no sabe inglé,
tú no sabe inglé,
tú no sabe inglé.

No te namore ma nunca,
Bito Manué,
si no sabe inglé,

---

43. En realidad, el primer viaje de Ernesto Lecuona a México es en 1931. Entre otros, lleva a su hermana Ernestina, a los cantantes Caridad Suárez, Adolfo Utrera, Carmen Burguete, Nena Plana y a la orquesta Caribe, integrada por unos diez músicos criollos, como el eminente violinista Virgilio Diago y los pianistas Mario Álvarez y Absalón Pérez. Esta agrupación permanecerá luego en ese país, con excepción de Diago, quien regresa a La Habana en enero de 1935.

> *si no sabe inglé.*
>
> [...] luego canté mi canción, que ya el público conocía, que ya estaba en la calle, y fue un gran éxito. Me dejaron en la revista porque yo, aparte de ser el pianista de la Montaner, pues cantaba. Así empecé mi labor teatral. Esa temporada fue maravillosa.[44] [...] Y me llamé Bola de Nieve desde entonces y me tocó tomar suerte y creo que en esos días nací al teatro en México. En Cuba no me conocía nadie.[45]

Si bien en esas circunstancias comienza el bregar escénico de Ignacio Jacinto Villa y Fernández y su personaje Bola de Nieve, él determina seguir a Rita en su negativa de aceptar la prórroga del contrato en el Politeama, tan pronto se respira una atmósfera hostil hacia ella que fomentan Agustín Lara y otros miembros de la agrupación artística y prosiguen en periódicos mexicanos las comparaciones tendentes a situarla en un peldaño superior con respecto a Toña la Negra.

Como pianista, aparece en una pequeña compañía que funda la Montaner e integran, entre otros, Mario Martínez-Casado y el debutante tenor Pedro Vargas (1906-1989), quien desde niño canta en la parroquia de su natal San Miguel de Allende, en Guanajuato, educa su voz con el maestro José Pierson y estructura un repertorio basado en clásicos del cancionero popular de su patria, fundamentalmente de Lara, de cuya amistad y admiración siempre gozaría.

Sin embargo, al iniciar una gira en El Paso, una vez que recibe su salario Vargas acusa ante las autoridades locales a la artista cubana de expresarse mal de México, con la premeditada intención de romper el contrato suscrito por los dos y separarla del colectivo.

> [...] en la frontera, en la bronca con Pedro Vargas [...] aproveché porque ella se fue esa noche en el tren para México, y me dejó mi pasaje para que yo fuera a seguirla, porque esa noche había función. Pedro había hecho un truco de decir que Rita estaba hablando mal de México, que eso es muy bajo, para separarla de la compañía.

---

44. Bola de Nieve. Entrevista con el cineasta Octavio Cortázar. Vid nota 14.
45. Orlando Castellanos: Ob. cit., p. 39.

Entonces, Rita le cayó a piñazos y le dijo: «Tú, maricón de curas, que tienes el culo gordo de dárselo a los curas en el colegio». [...] Y se fue. Me pagó el pasaje en tercera. Cincuenta y ocho horas de viaje. Yo, que le tenía aquel terror y no tenía valor para decirle: «¡No toco más contigo!», pues ahí me la puso difícil. Se fue, y me quedé de pianista de Pedro Vargas.[46]

La inexperiencia derivada de la crianza materna, de sus veintidós años de edad y el desconocimiento de complejos aspectos de la farándula, quizás influyen en una decisión de Ignacio Jacinto que jamás le disculparía Rita Montaner. En otros períodos de su transitar en las tablas o la radio en Cuba, ella volverá a coincidir con Agustín Lara y Pedro Vargas y los desaciertos de ambos en el pasado se esfuman ante los ojos de la mulata de pequeña estatura y sonrisa perfecta.

Mas analiza de otra manera la actitud de Bola de Nieve. La asocia a un acto de deslealtad del individuo que ve nacer y carga en sus brazos siendo una adolescente, del colega al que muestra sin reservas su repertorio o mañas de la profesión y tiene la deferencia de invitar como pianista a México, donde lo llama profesor y augura un promisorio futuro. Por eso, la herida que le produce el repliegue de Ignacio Villa en tan difíciles días siempre permanece abierta en la Montaner y de ahí emana el trato severo hacia su paisano en sucesivos encuentros.

Es obvio que lo anterior no marca un pasaje novedoso dentro de la consuetudinaria fragilidad de las relaciones artísticas, tal vez procedente de la época de Tespis en la antigua Grecia. En ellas el demonio se impone sobre los ángeles con frecuencia y desencadena intempestivas tormentas, capaces de enturbiar los afectos de colegas o amigos, de promover envidias, rivalidades, desconfianzas, críticas despiadadas... un laberinto de sórdidas reacciones inaccesible a la palabra fraternos.

Pero sin adentrarnos a reflexionar en torno a lo censurable o no del hecho, con su abrupta separación de Rita Montaner en México, con su necesidad de acometer una travesía independiente, Ignacio Jacinto Villa y Fernández fragua los cimientos de la expresión única de su Bola de Nieve, la cual le permitirá ser designado el más completo hombre-espectáculo en las islas del Caribe.

---

46. Bola de Nieve. Entrevista con el cineasta Octavio Cortázar. Vid nota 14.

Rita y Bola en los días de sus primeras actuaciones en México

Canción para Bola de Nieve

*Ignacio Villa
todo amor la canción
en tu bola de nieve
que no es bola ni nieve
sino negro esplendor.*

*La canción encendida
por teclado de fuego
la canción desprendida
desde un horno que en eco
nos entrega el rosal.*

*La canción sorprendida
que no es soplo de muerte
sino vida en que vuelve
como vuelve en la vida
la canción del amor.*

*Ignacio Villa
todo amor tu canción
que es canción por amor.*

Francisco Garzón Céspedes

Yo soy la canción que canto

Tras su separación de Rita Montaner, a lo largo de unos dos años Ignacio Villa permanece en México. Entre sus primeras tareas como pianista de Pedro Vargas se encuentra una gira por ciudades del sur de Estados Unidos de Norteamérica y, a su regreso al Distrito Federal, retoma su labor en la radio y se presenta en espectáculos de variedades en diferentes teatros. En ellos secunda al piano a figuras artísticas de la categoría de Lucha Reyes, que, en su opinión, es «[...] la más grande cancionera ranchera, no ha vuelto a cantar nadie la canción ranchera con ese señorío y esa fuerza. [...] cantaba con el alma...».[47]

Algunos momentos de descanso los dedica a escribir a su madre y le solicita informes sobre la situación en Cuba después de la caída de Gerardo Machado, el 12 de agosto de 1933. Se interesa también por el estado de su padre y hermanos, principalmente Raquel, y le explica el transcurso de sus días en la hermosa Ciudad de México, rodeada de montañas siempre cubiertas de nieve, su recorrido por los viejos canales y floridas chinampas del lago Xochimilco, las tertulias íntimas con nuevas amistades y los elogios de estas hacia platos de la cocina criolla que preparan sus manos y son una herencia de las habilidades culinarias de sus progenitores.

Le comenta, además, acerca del peculiar olor de los tacos, tortillas y el tequila, del agobiante estudio cotidiano en el piano, de las nuevas piezas de su catálogo autoral y de cómo su canción «No puedo vivir sin ti» puede resultar un éxito, cantada por Luisa María Morales en el filme mexicano *Madre querida*, que —con la dirección del español Juan Orol— protagoniza esta soprano cubana en su primera incursión cinematográfica, al lado de Alberto Martí, Mercedes Moreno y el niño Antonio Liceaga, entre otros. Subraya asimismo la cordialidad que recibe de los compositores Agustín Lara, Mario Talavera, Guty

---

47. Marta D. Solís: «¡Bola era así!». *Siempre*, Ciudad de México, 27 de octubre de 1971.

Cárdenas, Jorge del Moral, José Sabre Marroquín, Miguel Lerdo de Tejada, Alfonso Esparza Oteo, Tata Nacho[48] y María Grever, poseedora de una «[...] gran sensibilidad y una forma incomparable de concebir las letras para sus canciones [...].»[49]

Pero en una breve temporada a la que lo invitan en el Lírico, a mediados de 1934, su vida tomará un nuevo cariz al verlo actuar en ese foro de la calle Cuba su coterráneo Ernesto Lecuona Casado, quien desde los meses finales del año anterior, en una continuidad de sus numerosas giras a países de Europa y América, ofrece audiciones radiales, conciertos y da a conocer a los espectadores mexicanos un muestrario de sus producciones de arte lírico con libretos de Gustavo Sánchez Galarraga. Rotativos y carteleras de la capital y de centros urbanos de México divulgan *María la O, El cafetal, Rosa la China, Julián el Gallo, El maizal, La guaracha muslmana, La mujer de nadie y Canto negro (El batey)*, indistintamente interpretadas por personalidades de la compañía teatral del maestro que entonces incluye a los artistas criollos Luisa María Morales, Tomasita Núñez, Constantino Pérez, Juan José y Mario Martínez-Casado, Mimí Cal, Manolo Colina, Margot Alvariño y Fernando Mendoza, y a los mexicanos Mercedes Caraza, Flora Islas Chacón, Josefina Aguilar, Chacha, Luz Gil, Elisa Altamirano...[50]

Casi de inmediato, Lecuona propone a Ignacio Villa sumarse a su colectivo como pianista de la orquesta que él dirige o acompañante de algunos solistas en ensayos y programas radiales o de concierto. El 30 de junio de 1934 ostenta ya tal condición dentro de aquel elenco durante un espectáculo en el cine Máximo, de Ciudad de México. Es obvio que cuando le formula la oferta, el maestro aprecia los valores pianís-

---

48. Se trata de Ignacio Fernández Esperón (1894-1968), que con los años llega a ser presidente de la Sociedad de Autores y Compositores Musicales de México.
49. Ciro Bianchi Ross: Art. cit.
50. Como parte de sus actuaciones en La Habana, la Altamirano asume en 1932 el personaje protagónico de Cecilia Valdés, al estrenarse la zarzuela homónima, el 26 de maerzo, en el teatro Martí, con música de Gonzalo Roig y libreto de Agustín Rodríguez y José Sánchez Arcilla.

ticos de Bola de Nieve, quien obtiene del instrumento un sello de calidad en sus ejecuciones y un genuino acento de cubanía, llamado a enriquecerse en unos siete años de estrecha relación profesional y de ansias de superación al lado del autor de «Canto siboney».

No es necesario advertir que su arte estaba sustentado en un riguroso estudio diario. El azar o la mera improvisación, no tuvieron nunca cabida en su modo de proyectarse artísticamente. Bola se sometía con férrea disciplina a ejercicios pianísticos y a todo el trabajo técnico del piano. Habría que señalar que su pianismo llegó a ser notable, de gran soltura, correcto manejo de pedales y riqueza de color, y en el que se hacía evidente la huella de Ernesto Lecuona y María Cervantes. Recuerdo que sus manos —nunca miraba al teclado— parecían jugar con el ritmo de Cuba o lograban sonoridades quejumbrosas [recalca la musicóloga María Antonieta Henríquez].

No dudo en afirmar que, sin llegar al virtuosismo —de proponérselo lo hubiera logrado— Bola ha sido uno de los buenos pianistas de este país, fiel seguidor de nuestra tradición pianística iniciada en el siglo XIX. Por otra parte, sus versiones para piano, el trabajo de elaboración creadora que realizaba en el piano para cada obra, fueron muestras de una expresión magistral.[51]

Estalla un alboroto en la casona familiar de la guanabacoense calle Lebredo el 3 de enero de 1935, al Ignacio Villa retornar a La Habana, a bordo del buque Orizaba, en compañía de Ernesto Lecuona, quien le extendiera un ventajoso contrato en México. Los abrazos de Inés Fernández, de Domingo Villa, de los hermanos —sobre todo de la pequeña Raquel, que no acepta abandonar su regazo—, son el primer estímulo para emprender una dinámica actividad en escenarios capitalinos, bajo el patrocinio de nuestro más famoso compositor.

Así comienza su mayor identificación con la versátil tarea del maestro como prolífico autor, virtuoso del piano, director de orquesta, descubridor de talentos, auspiciador de conciertos de música cubana, fundador de colectivos musicales y empresario teatral… Una especie de escuela al servicio de Ignacio Jacinto y los demás partici-

---
51. Testimonio que María Antonieta Henríquez redacta para este libro en 1999.

pantes en los espectáculos del genial artista, en los cuales, por cierto tiempo, Bola de Nieve muestra al público sus aptitudes como pianista, compositor e imitador de celebridades del arte y, a insistencias de Lecuona, dice ante el público capitalino las canciones que en suelo mexicano le propician reconocimiento popular.

Al regreso de México (1935). Aparecen en la fotografía (de izquierda a derecha) Roberto Rodríguez (representante artístico del maestro), Bola de Nieve, el periodista Juan Bonich, el compositor Arturo Guerra, Ernesto Lecuona y el crítico Eduardo Héctor Alonso.

Quizás para que los espectadores puedan evaluar las dotes del instrumentista Ignacio Jacinto Villa y Fernández, en el espectáculo del 18 de enero de 1935,[52] en el teatro Principal de la Comedia, Ernesto Lecuona lo invita a tocar a dos pianos —y secundados por la orquesta participante— sus obras «El Cabildo», de la zarzuela *María la O*, y la criolla-bolero «Como arrullo de palmas», en un programa que incluye al tenor español Juan Menén, Pa-

---

52. El programa se repite los días 19 y 20 de enero y entre los participantes se hallan, además, las cantantes Esther Borja, Mercedes Menéndez, el dúo de hermanas mexicanas Pérez Caro (Eva y Alicia) y el bailarín Sydney Lewis, así como una orquesta de doce profesores, bajo la batuta de David Rendón (hijo).

co, y el violinista cubano Virgilio Diago, a quienes el maestro también contrata en México.

Ambos títulos lecuonianos de nuevo los ejecuta con su autor al este llevarlo a un espectáculo que ofrece en el Campoamor entre el 26 de febrero y el 4 de marzo con la participación, además, de Caridad Suárez y una orquesta. Por esos días existe una plena identificación entre Bola y el escenario que, a su modo de decir, «[...] es un salón de cuatro paredes en que a una le tocó llamarse público. Es en el escenario donde despliega uno toda su verdad. Es lo más agradable, pues casi siempre el público responde en forma positiva a nuestro trabajo. Allí vamos a fingir y a conseguir la naturalidad hasta que sea ella misma».[53]

En las páginas del periódico *El País* se confirma —el 27 de marzo— su presencia al lado de Hortensia Coalla, Tomasita Núñez y Virgilio Diago, entre otros, en el espacio radial *Conciertos Lecuona*, que el maestro realiza los lunes, de casi todo 1935 —entre las 7: 00 y 8: 00 p. m—, a través de la radioemisora CMW, bajo el auspicio del jabón *La Llave*.

A las 10: 00 a. m. del 14 de abril de 1935 Ernesto Lecuona organiza un concierto de música cubana en el teatro Nacional. Las propagandas de la audición mencionan los nombres de Hortensia Coalla, Caridad Suárez, Tomasita Núñez, Mercedes Menéndez y Esther Borja, entre otras vocalistas, y se destaca la primera presentación de

---

53. Ciro Bianchi Ross. Art. cit.

la Orquesta de La Habana, que, tras fundarla el maestro, participará en sus conciertos hasta 1959. Con una nómina primaria de cincuenta músicos de atril —como los virtuosos Roberto Ondina (flautista), Virgilio Diago y Catalino Arjona (violinistas)—, ocupan las dos plazas de pianistas en este colectivo[54] David Rendón (hijo) e Ignacio Villa, a quien en la fecha de esa jornada, la Núñez interpreta una pieza de fuerte intensidad dramática: *Señor, ¿por qué?*, la cual crea durante su primera etapa mexicana, con letra del actor y escritor Juan José Martínez-Casado.

Para que al fin tú no me dieras/ a la que tanto yo adoré / yo te ofrecí todas mis penas/ y conmoverte no logré./ ¿Por qué me la dejaste querer?,/ Señor, ¿por qué?/ ¿Por qué me permitiste tener/ todo su ser?./ Si sabes que yo tanto la amé, / decid, ¿por qué?.../ ¿Por qué me la quitaste después?.../ Señor, ¿por qué? [55]

De igual modo, Tomasita Núñez garantiza el éxito de la canción «Lejos de ti»,[56] de Bola de Nieve, al estrenarla el 11 de mayo de 1935 en un concierto del maestro Lecuona en el teatro Auditórium:

*No, tú no debes pedirme
que te confiese
todas las cosas que han sido
lejos de ti.
Es un secreto
que debo guardar,
es la palabra que no has de lograr,
aunque bien sabes que vivo
solo por ti.*

---

54. Correspondiente al formato sinfónico simple, poco después del debut de la Orquesta de La Habana, aparece en su lista de integrantes el nombre de la pianista y compositora Sara Jústiz junto al de Ignacio Villa, quien permanecerá en su nómina casi hasta los inicios de la década de los años cuarenta del siglo XX. El número de miembros del colectivo variaría con los años y, para determinados conciertos, el maestro llega a reunir un centenar de instrumentistas.
55. La obra tiene inicialmente un recitado, que después Bola suprime: *Si sabes que ella fue/ la ilusión que forjé,/ la que soñé./ Si todo mi cariño le di/ decid, Señor, ¿por qué?/ Después de haberme dado/ el placer de amarla,/ de amarla con fervor.../»* y luego (cantado) retoma —para terminar— el pasaje *«¿Por qué me la quitaste después?.../ Señor, ¿por qué?*
56. La letra corresponde a Luis Ángel de la Cruz Muñoz, médico y esposo de la pianista Sara Jústiz.

*¡Mentira! — es la palabra
que no has de lograr
aunque bien sabes que vivo
solo por ti.*

*Si tú fuiste el amor
que no cupo en mi altar
¿por qué te acercas.
en mi soledad?
Si pudiendo ser luz
no quisiste alumbrar
¿por qué te asomas
a mi oscuridad?*

*A ti debe mi vida
tu romántica historia.
A ti debe mi rostro
su expresión de dolor.
Porque fuiste la luz
que no quiso alumbrar,
porque no cupo tu amor
en mi altar.*

Principal de la Comedia (1935). Después de un ensayo con integrantes de la Compañía de Ernesto Lecuona. (1) Hortensia Coalla, (2) Esther Borja, (3) Ernestina Lecuona, (4) Bola de Nieve), (5) David Rendón (hijo), (6) Tomasita Núñez, (7) Mercedes Menéndez, (8) Caridad Suárez y (9) el maestro Lecuona.

Unas semanas más tarde, Bola de Nieve muestra a plenitud en Cuba sus facetas de intérprete vocal e imitador de celebridades del arte, cuando el 2 de junio de 1935 efectúa un concierto en el Liceo Artístico y Literario de Matanzas, con el auspicio del Grupo Índice, que —gracias al empeño del abogado Américo Alvarado— surge pocos meses antes a fin de lograr una renovación cultural en la otrora Atenas de Cuba.

En aquellos tiempos me parecía una injusticia que la gente humilde de Matanzas no pudiese ampliar sus conocimientos y cite a unos veinte jóvenes de mi edad en el café Velasco para exponerles mi idea de crear una asociación destinada a propiciar el resurgimiento de la cultura en la ciudad con la organización de exposiciones, conferencias, recitales, a los cuales pudiesen asistir ricos y pobres, blancos y negros... Para mi sorpresa ninguno de ellos quiso sumarse a ese propósito, me tildaron de loco, me criticaron mucho y no pude obtener de ellos una cooperación mínima.

Por esa razón, trasladé mi propuesta a personalidades matanceras de avanzada edad. Fui a ver al educador Domingo Russinyol, al bibliógrafo Carlos Trelles y al renombrado poeta Bonifacio Byrne, en cuya casa —que luego sería punto de reuniones de la institución— se fundó oficialmente el Grupo Índice el 3 de marzo de 1935. Russinyol se hizo cargo de la presidencia y Trelles y Byrne fungieron como respectivos tesorero y vocal de la directiva. Con esos viejos, poseedores de una rica experiencia, y unos pocos jóvenes, se creó la directiva de Índice. De inmediato emprendimos varias actividades culturales, y entre las primeras estuvo un concierto de Bola en el Liceo.

Fui yo el encargado de hacerle la invitación para que por primera vez él viniese a Matanzas con todos los gastos pagados, y no me resultó difícil traerlo porque disfrutaba de su amistad desde los días que lo conocí en el restaurante El Templete durante mis años de estudios en la Universidad de La Habana. Se alojó en el hotel Velasco, próximo al Liceo, donde gustó mucho al brindarnos un programa extraordinario, pues Bola de Nieve era un artista magistral.[57]

Una revisión de *Anales del Grupo Índice*, publicados entre mayo de 1935 e igual mes de 1936, permite apreciar el programa de Ignacio Villa en el Liceo Artístico y Literario en su primera actuación matancera:

I Parte

1.- *Romántico*

2.- *Africanías* (a manera de mosaico cubano)

3.- **Cuatro pequeños romances:** (con música de Ignacio Villa)

a) *¿Por qué dejaste que te quisiera?*

b) *Niña de la enagua blanca* (texto: Gutiérrez Nájera)

c) *Si no tengo a quien querer*

d) *Pobrecitos mis recuerdos*

4.- **Un pequeño haz musical**

a) *No dejes que te olvide*

b) *Señor, ¿por qué?*

c) *No quiero que me odies*

5.- **Caricaturas**

a) *José González Marín*

b) *Berta Singerman*

---
57. Testimonio que el autor graba al doctor Américo Alvarado en 1999.

Al presentar el anterior segmento del programa, el escultor, crítico y poeta José Gómez Sicre subraya con respecto al arte de Bola de Nieve:

> El Grupo Índice, se complace hoy, en su acto cultural número tres, en presentar a uno de nuestros valores nuevos en el arte del segundo sentido. Primeramente por sus indiscutibles méritos, por tratarse de un acto de máxima cubanidad.
> Nos referimos, como ustedes saben, a Ignacio Villa, popularmente conocido por Bola de Nieve. Su mérito indiscutible como compositor e intérprete y, sobre todo, como exponente de una nueva música cubana, nos ha hecho suplicar su cooperación a nuestro Grupo, para dar a conocer, no un compositor más, autor de melodías más o menos pegajosas, sino —como hemos dicho— un recio temperamento nuevo.
> [...]
> El programa a desarrollar hoy, por Bola de Nieve, para el Grupo Índice, constará de dos partes:
> Una primera, que salvo su danza Africanías —instrumentada ya para orquestas sinfónicas— podríamos llamar parte «blanca». En esta parte, se nos revela Ignacio Villa como el compositor frívolo. De canciones que pudieran titularse «de salón». Sus melodías, fácilmente asimilables, recogen sonoridades antiguas y brotan en un estilo novísimo de composición.
> Si en la música existiera la conjugación, podríamos decir que se hablaba de canciones concebidas en modo imperativo. Tal es su energía lírica, su fuerza de expresión.
> Prueba elocuente de ello la tenemos en *Señor, ¿por qué?* Sus cuatro romancillos con música, acusan en grado sumo la característica anotada anteriormente: semejan pastorales del siglo XVII y XVIII, pero con tan depurado modernismo en su armonización, que, sin pensar en influencias, ni mucho menos, nos recuerdan motivos de Falla o Debussy.
> En su danza *Africanías*, que escucharán como segundo número de este programa, vemos cómo Bola de Nieve va

recogiendo todos los ritmos negros conocidos hasta ahora. En ella va voleando poco a poco, la integridad de su alma. Va destilando en cada nota, el arte espeso, puro, de la raza negra.

Como última modalidad en esta primera parte del programa, aparecen sus famosas Caricaturas.

Aquí comprendemos lo juvenil del temperamento del artista que hoy nos ocupa. Que, no satisfecho con sus enormes aportes al arte vernáculo, también cultiva la gracia con no menos maestría.

Lo que él llama caricaturas, hay que hacer constar que no son propiamente imitaciones. Se trata únicamente de la acentuación jocosa, o exageración de las características que han hecho famosos a determinados personajes.

Ignacio Villa, Bola de Nieve, ¡ante ustedes!

II Parte

Composiciones de vanguardia

Música descriptiva
1- *Carlota ta' morí*
2.- *Drumi, Mobila*

Motivos de son

3.- *Búcate plata* (versos de Guillén, música de Emilio Grenet)
4.- *Me bendo caro*
5.- *Tú no sabe inglé*

En sus comentarios sobre la segunda parte del concierto de Ignacio Villa, expresa Gómez Sicre:

> En esta segunda parte, se nos presenta Bola de Nieve, en la fase que realmente constituye la máxima manifestación de su arte.
> Como artista, bien pudiera decirse, que es Bola de Nieve el negro más negro que ha existido. Se empapa de su psicología,

se autoestudia, así como observa cuidadosamente a todos sus hermanos de raza para después recoger en su arte único, cuanta belleza le hayan brindado sus observaciones.

De todos ustedes es conocida su labor como poeta. Su primera composición: *Drumi Mobila* ha sido el éxito más reciente en poesía negra, y hasta eje de una interesante polémica desde los diarios de la capital.

Acaba de producir también recientemente: *Carlota tá morí*, que, al igual que la anterior, está considerada entre las primeras producciones poéticas afrocubanas.

No satisfecho Villa con la sonoridad de sus versos, nos presenta estos dos últimos poemas musicalizados, hasta ahora, en la más nueva forma de composición. Podemos titularlos «poemas musicales descriptivos».

[...]

También Bola de Nieve, intérprete fiel de otros autores, nos ofrece las maravillosas creaciones que hace de los *Motivos de son* de Guillén, con música de Grenet.

Aquí estamos también frente a composiciones de corte netamente moderno, aunque son muy anteriores a las composiciones de Villa.

Solo nos basta decir, que si Guillén descubrió la belleza negra, Bola de Nieve ha descubierto a Guillén.

Nadie como él ha sabido darle ese «algo» que poseen las composiciones del autor de «Sóngoro cosongo».

De nuevo ante ustedes, Bola de Nieve.

Mario Argenter, profesor, violoncellista y director durante varios años de la Orquesta Sinfónica de Matanzas, rememora asimismo la repercusión de las primeras actuaciones de Bola de Nieve en esa urbe, invitado por el Grupo Índice:

> Como en el resto del país, en aquella época había mucha pobreza en mi tierra natal y por lo tanto los afiliados a la entidad solo pagábamos 20 centavos mensuales. Casi todos los artistas profesionales matanceros habían emigrado hacia La Habana en busca de mejor suerte, y en medio de esa circunstancia el doctor Alvarado tuvo la idea de que Bola de Nieve ofreciera un concierto

para los socios del Grupo Índice, que en su nominación significaba un señalamiento hacia los mejores ideales.

Para ese fin consiguió el préstamo de uno de los salones del Liceo de Matanzas, en cuya puerta Américo procedió a esperar a los asociados. Inesperadamente, allí mismo el mayordomo de la institución le advirtió que personas de raza negra no podían entrar a un sitio exclusivo de la alta sociedad. Pero como él siempre ha sido un hombre dispuesto a arriesgar cualquier cosa con tal de hacer realidad sus propósitos, le respondió: «Debían de habérmelo advertido antes, pues nosotros tenemos asociados que son negros y el artista invitado también lo es. Nos veremos en la necesidad de explicar a todos que el acto está suspendido por esa razón».

Parece que el mayordomo se comunicó enseguida con la directiva del Liceo, tal vez sus miembros comprendieron que iban a buscarse enemistades entre la población y finalmente aceptaron la entrada de personas de raza negra. El salón se abarrotó y el concierto fue un rotundo éxito. Fue una de las ocasiones en que oí a Bola interpretar sus obras con mayor pasión. Poco faltó para que yo llorara al escucharle *Señor, ¿por qué?*

Dada su gran amistad con Bonifacio Byrne, quien ya tenía una avanzada edad y estaba bastante enfermo, Américo le comentó acerca del talento de Ignacio Villa y al lamentarse nuestro insigne poeta de no haber asistido al concierto, pues ya no podía salir a la calle, espontáneamente entre Alvarado y Sánchez Beato, corresponsal de la revista *Índice* en La Habana, hablaron con Bola de Nieve y accedió a venir a la casa de Byrne, casado en segundas nupcias con una de mis tías: Marina Argenter. En un piano existente en la vivienda de ellos, Bola tocó expresamente para el autor de «Mi bandera» en sus últimos meses de vida, y fue una experiencia inolvidable escuchar de nuevo a tan maravilloso e irrepetible artista.[58]

Nuevos elogios recibe Bola en el concierto que Ernesto Lecuona prepara y dirige el 3 de agosto de 1935 en el Auditórium. Ellos

---

58. Testimonio que el autor graba a Mario Argenter en 1999.

responden, principalmente, a su participación en el grupo de ocho profesores[59] que en igual número de pianos interpretan la famosa Malagueña, de Lecuona, secundados por la Orquesta de La Habana. Manteniendo la misma cantidad de instrumentos —pero ampliada a doce la cifra de ejecutantes al sumarse las compositoras Sara Jústiz y Ernestina Lecuona y las sopranos Mercedes Menéndez y Caridad Suárez— se toca «La comparsa», de Ernesto Lecuona, en un arreglo del autor que, además, contempla la intervención del colectivo musical y de cuatro vocalistas: Tomasita Núñez, María Ruiz, Graciella Santos y Esther Borja.

Colofón del programa será «Para Vigo me voy», debida también a la inspiración del maestro, en un arreglo para orquesta y la presencia ante los ocho pianos de las cantantes-pianistas Caridad Suárez, Hortensia Coalla, Tomasita Núñez, María Ruiz, Mercedes Menéndez, Graciella Santos, Esther Borja y Margot Alvariño —quienes asimismo realizan la interpretación vocal de esta conga— y de los profesores Ernestina Lecuona, Sara Jústiz, Rafael López, Juan Castro, Rafael Morales, Orlando Martínez, René Touzet, Luis Ernesto Lecuona, David Rendón, el dominicano Luis Rivera y Bola de Nieve.

Sin embargo, el momento de mayor trascendencia en lo tocante a Ignacio Villa y la reacción de los espectadores sucede tras estrenarle en esa fecha la canción «Montaña de amor»[60] una de las más renombradas figuras de los espectáculos lecuonianos: Hortensia Coalla:

Vamos a buscar
un lugar mejor
donde disfrutar
de nuestro dulce amor.
Vamos a subir,
no te has de cansar
porque entre mis brazos
te voy a llevar.
No es tan junto al suelo
donde tú has de estar

---

59. Se trata de Rafael López, Rafael Morales, Orlando Martínez, Juan Castro, Luis Ernesto Lecuona Pérez, René Touzet y David Rendón (hijo).
60. La letra de esta canción es un poema de Luis Ángel de la Cruz Muñoz.

*porque tu hermosura
merece un altar
en un trono que yo he levantado
sobre una montaña de amor
que se eleva orgullosa hacia el cielo
queriendo llegar hasta el sol.*

*Allí te sentaré
entre nubes de lindo color
y a tu alrededor
solo habrá esplendor.*

*Al mirar tu belleza
legiones celestes
vendrán a cantar
y sus cantos tendrán
la divina pureza
de la devoción,
mientras a tus pies
toda la humanidad
hincará las rodillas
en prueba de su admiración.*

Aparte de sus actuaciones en los espectáculos de Lecuona, el 6 de agosto de 1935 se solicitan los servicios de Ignacio Villa como organizador y director artístico de la agrupación musical Sensemayá, en ocasión de inaugurarse *La Hora Sensemayá* en la emisora CMCG, sita en Malecón 340.

Reiterando en su nombre el título del poema homónimo de Nicolás Guillén y animada por Manuel Cuéllar Vizcaíno y Julio Vázquez, las tres transmisiones nocturnas semanales de ese espacio radial difunden conferencias, música y piezas literarias o poéticas basadas en el tema negro tan vigente en la década. Para su audición inicial se elabora un programa de suma trascendencia al pronunciar sendos discursos don Fernando Ortiz y el arquitecto Gustavo Urrutia, director de la página «Ideales de una raza», del suplemento dominical del *Diario de la Marina,* en la que Guillén da a conocer sus *Motivos de son.*

Entre los artistas participantes figuran Eusebia Cosme, que recita el texto titular del espacio, la soprano Zoila Gálvez en varios *spirituals*, y la interpretación de las entonces novedosas páginas negras de Gilberto Valdés recae en su máxima intérprete: Rita Montaner, quien así propicia una de sus primeras coincidencias con Villa, después de los incidentes en México.

Sin acuerdo previo, inician una aparente tregua y le agradece que en los tres recitales realizados por ella a comienzo de año en el Principal de la Comedia incluyese dos piezas de su inspiración: «Ruego» y «Drumi, Mobila». Porque es conveniente aclarar que más allá de las repetidas desavenencias en sus relaciones personales, la Montaner nunca deja de justipreciar la calidad de Bola como autor y pianista y, a partir de este encuentro, reafirma su compañía en numerosos empeños profesionales, con lo cual —independientemente de los méritos individuales— reservarán su indiscutible espacio común en la historia de la música cubana.

Así lo confirma su actuación en el concierto que Ernesto Lecuona auspicia a las 10: 00 a. m. del 1º de septiembre de 1935, en el teatro Auditórium, donde Ignacio Villa y Rafael Betancourt interpretan pianísticamente «Se fue», junto con Rita Montaner y uno de los más notables tenores en la historia del arte lírico cubano: Miguel de Grandy, quienes cantan ese bolero del creador de *María la O*. Durante la jornada —en la que participan Hortensia Coalla, Tomasita Núñez, Esther Borja, Margot Alvariño y Graciella Santos, entre otras figuras—, Betancourt y Bola acompañan a dos pianos a la Montaner en «Tambó», de Gilberto Valdés, y luego Ignacio Villa se incorpora a la ejecución de «Malagueña» por la Orquesta de La Habana, bajo la dirección de Lecuona y con la presencia en escena de otros siete pianistas: René Touzet, Rafael Morales, Rafael López, Luis Ernesto Lecuona, David Rendón, Orlando Martínez y Juan Castro.

Los días siguientes a esta audición serán de una actividad febril para Bola y los restantes instrumentistas de la Orquesta de La Habana, la cual, bajo la batuta de Ernesto Lecuona, asume en el Auditórium, el día 13 de aquel septiembre, el estreno de su opereta-revista *Lola Cruz*, la cual marca el debut profesional en el teatro cubano de la cancionera lírica Esther Borja y del tenor cómico y director artístico Pedrito Fernández.

Conocí a Bola de Nieve a través de Lecuona, que estuvo muy ligado a mi familia en Cárdenas y me ofreció la posibilidad de trabajar con él en La Habana, después de regresar de México en 1934. Es a partir de ese momento que surgió mi relación con Bola de Nieve, a quien el maestro había traído contratado de ese país y era uno de los pianistas de la Orquesta de La Habana, aunque ya a veces subía al escenario y acompañaba a algunos de los cantantes de los programas del maestro.

Ernesto lo quería y, sobre todo, tuvo un concepto elevado de él como músico y compositor. Frecuentemente lo celebraba, pero también aconsejaba cuando a veces Bola corría demasiado en lo que interpretaba al piano.

Nuestra relación se estrechó más a partir de los ensayos de *Lola Cruz*, obra con la que nacimos hermanados en el teatro la Borja y yo. Y, a pesar de las insistencias de Lecuona, en esa época Bola estaba indeciso aún para cantar ante el público de La Habana, se limitaba a hacer imitaciones de Agustín Lara y de los recitadores González Marín, Dalia Iñiguez, Berta Singerman y Eusebia Cosme, esta última en un comiquísimo *sketch* anunciado con el título de *Eusebio Cosmético*.

Nos hicimos buenos amigos desde esa temporada con *Lola Cruz*, que comenzó en el Auditórium y luego seguimos en el Principal de la Comedia. Todas las personas lo querían, pues era incapaz de hacerle daño a un semejante, y mi familia lo apreció mucho, igual que a su madre Inés. Ella era un poema, un banquete. ¡Ave María purísima! Le gustaba extraordinariamente la cerveza Cristal y cada vez que visitaba mi casa me decía: «Pedrito, dame un vidrio», así era su forma de llamarla.

Bola heredó el carácter de su madre, ambos eran divertidos, simpáticos.

Las comidas que después empezaron a organizarse en su vivienda de Guanabacoa llegaron a ser famosas.... Acudían Lecuona, la Montaner, Luisa María Morales, o sea, una parte de los artistas cubanos más notables de aquellos tiempos y celebridades del arte y de las letras que visitaban La Habana. Siempre cocinaba Inés, quien era magnífica en esos menesteres. ¡Como cocinaba esa mujer, caballero! Y Bola encantado de la vida con su madre de anfitriona.

Ella también quiso mucho a Lecuona. Mudado ya el maestro en su finca La Comparsa, para la celebración de uno de sus santos se reunieron 106 comensales y por no dar abasto los dos buenos cocineros de la finca, se le pidió ayuda a Inés. Se apareció allá junto con una parienta suya y se encargó de dirigir y prácticamente preparar los diferentes platos servidos en esa oportunidad. ¡Qué cosa tan deliciosa fue esa cena! ¡Cuántos recuerdos del pasado!

Del artista diría que poseyó una gran fibra en el terreno de la composición, en el cual abarcó diversos géneros. Su veta melódica es estupenda, todas sus canciones son bonitas y hay mucha espontaneidad creativa en lo que uno escucha. Tocaba el piano muy bien, en su condición de acompañante resultó maravilloso y al decidirse a cantar expresó un estilo original. Bola de Nieve fue un músico completo desde la cabeza hasta los pies y uno de esos «monstruos» que ha dado el arte de nuestro pequeño país.[61]

Entusiasmada por el éxito inicial de *Lola Cruz*, la compañía de Ernesto Lecuona abandona el Auditórium y se traslada al Principal de la Comedia, donde sigue la aceptación del público hacia esa obra y él organiza asimismo una temporada de operetas que trasciende a los comienzos del siguiente año, con el apoyo de la Orquesta de La Habana, las cantantes Rita Montaner, Hortensia Coalla, Tomasita Núñez, Graciella Santos, Esther Borja, Josefina Meca y María Ruiz, el tenor Miguel de Grandy, los actores y actrices Alberto Garrido, Mimí Cal, Candita Quintana, María Pardo, Manuel Colina, Paco Lara, Arnaldo Sevilla, Álvaro Suárez, Fernando Mendoza, Pedrito Fernández, la pareja de bailes Julio Richard-Carmita Ortiz, el Ballet de Fernán Flor...

En esos meses de frecuentes enfrentamientos de la entonces recién creada ACAT —Asociación Cubana de Artistas Teatrales— a las pretensiones empresariales de aniquilar la actividad de los integrantes del gremio en las salas y exclusivamente destinarlas al be-

---

61. Testimonio que el autor graba a Pedrito Fernández en 1997.

neficioso negocio que significa la proyección de películas sonoras, Ignacio Villa adquiere nuevas experiencias en el colectivo de Lecuona. El 3 de octubre el maestro lo lleva con algunas de sus artistas[62] a un espectáculo que ofrece en el Casino Deportivo de La Habana. Con Hortensia Coalla, Esther Borja, Tomasita Núñez, Graciella Santos, Sara Jústiz, el barítono Rafael Pradas, el cuarteto vocal Buenos Aires y el propio agasajado, actúa, el día 16 de este mes, en la sección de concierto del homenaje al autor musical de *Lola Cruz*, al cumplirse las primeras veinticinco representaciones de la opereta-revista. Dos días después, al estrenarse en tal coliseo la revista *Estampas tropicales* —con libreto de Álvaro Suárez y música de Ernesto Lecuona—, Bola de Nieve debuta como actor y bailarín en la compañía, acorde como se resalta en informaciones periodísticas.

Al volver el 31 de octubre al Casino Deportivo de La Habana —pero entonces con las parejas de baile Hermanas Milanés y Carmita Ortiz-Julio Richard— se opina en el periódico *El País* que «[...] tocó y cantó con su habitual maestría, sin fatigar jamás al auditorio, que lo obligó a bisar incesantemente sus originales creaciones».[63]

Otra vez retornará a tal sitio de recreo el 7 de noviembre con Ernesto Lecuona y figuras habituales de su elenco.[64] Desde este mes, junto con Hortensia Coalla, Tomasita Núñez y Virgilio Diago, actúa ante los micrófonos de

---

62. En ese espectáculo actúan Ernestina Lecuona, Caridad Suárez, Hortensia Coalla, Tomasita Núñez, Mercedes Menéndez, Esther Borja y la orquesta de Rey Dávila.
63. *El País*. La Habana, 1º de diciembre de 1935, p. 1.
64. En tal oportunidad se presentan Miguel de Grandy, Caridad Suárez, Hortensia Coalla, Tomasita Núñez, Esther Borja y Graciella Santos.

la radioemisora COCO en audiciones nocturnas que todos los lunes patrocina al maestro la firma Crusellas. Por otra parte, transcurren los tiempos en que se destaca aún más sobre las tablas del Principal de la Comedia, al solicitarse sus interpretaciones vocales y dotes pianísticas en los denominados «fin de fiesta», los cuales a veces organiza Lecuona en funciones allí programadas.

En las transmisiones de Ernesto Lecuona ante los micrófonos de la COCO (1935). Aparecen también en la fotografía las cantantes Tomasita Núñez (a la izquierda) y Hortensia Coalla

Y, precisamente, aquel escenario lo cede el autor de «Canto siboney» a las 10: 00 a. m. del 16 de noviembre de 1935 para que Bola de Nieve y Virgilio Diago lleven a efecto un programa de corte clásico. Ambos son ovacionados al terminar su ejecución del «Capricho Vienés», de Fritz Kreisler.

Muestra Bola sus facetas como instrumentista y cantante al entonar su «Señor, ¿por qué?» y «Bito Manué, tú no sabe inglé» (M.: Emilio Grenet / L.: N. Guillén), en un concierto que, en la noche del 3 de diciembre de 1935, Lecuona presenta en el Liceo del poblado habanero de Güines, al cual también invita a Hortensia Coalla, Esther Borja, Virgilio Diago y la Orquesta de La Habana.

Mas, en medio de tan exitosa coyuntura de su arte, no falta en la prensa el comentario irrespetuoso, de tendencia racista. Un ejemplo específico lo constituye una reseña que en aquellos tiempos se publica en el diario *La Discusión*, en la cual se aplaude la ubicación del artista en el teatro Shangai, donde las obras tienen ribetes pornográficos.

En la inauguración del *roof* del hotel Sevilla Biltmore, ofreció el maetro Lecuona un *show*. [...] entre los artistas resaltaba el «inevitable» Bola de Nieve, metido dentro de un elegante frac y [...] sus poses almibaradas a lo Agustín Lara —su constante obsesión—, conjuntamente con su inseparable sonrisa y sus gestos clownescos...
Albergaba el ebánico imitador el propósito de llamar la atención de ciertro empresario neoyorquino. [...] nos consta que Orozco, el empresario del Shangai, se ha interesado vivamente por «el solicitado» actor, cantante, imitador, disseur, esperando verlo actuar dentro de breves días en el elegante teatro de la calle Zanja. ¡Felicidades, Bola!⁶⁵

Ernesto Lecuona y los miembros de su Compañía son invitados el 4 de marzo de 1936 a inaugurar el escenario del teatro Alkázar, el cual abre sus puertas —como cine— durante los meses finales del año anterior en el sitio que antes ocupara el Alhambra.

Aunque se programa una función nocturna basada en la representación de *Lola Cruz* y la pieza *Por un concierto de Lecuona*, del libretista Álvaro Suárez, a las 5: 00 p. m. el maestro ofrece un recital, en el que algunos cantantes del elenco estrenan diez partituras de distintos compositores criollos. A Ignacio Villa pertenece la letra y la música de una antológica pieza incluida en esa cifra: «Si me pudieras querer», el aún más popular de todos su boleros, cuya primera audición hace Rita Montaner, con el acompañamiento de la Orquesta de La Habana: *Despertaste nueva vida en mí/ para ser faro de mi querer/ y hoy me tienes medio loco,/ porque ya siquiera un poco/ has de sembrar mi ilusión./ Hoy la vida me ha de sonreír,/ tengo ya deseos de sentir/ los besitos de tu boca/ que mejor me harán vivir.// Si me pudieras querer,/ como te estoy queriendo yo./ Si*

---

65. *La Discusión*. La Habana, 2 de noviembre de 1935.

no me fuera traidora/ la luz de tu amor./ Yo no sé si existiera/ por ti solo mi querer/ yo no sé qué sería la vida sin ti.// Pero no quiero pensar/ que nunca me podrás amar,/ porque la vida no quiere y nada más./ Deja que Dios o que el destino quiera/ y entonces la vida/ también lo querrá.[66]

Bola de Nieve recibe una invitación de Ernesto Lecuona, a mediados de mayo de 1936, para reunirse con él en Buenos Aires, donde, desde comienzos de ese mes,[67] el maestro triunfa en transmisiones de la entonces recién inaugurada Radio El Mundo (LR1). Ellas incluyen a la Orquesta Sinfónica de la emisora —integrada por sesenta instrumentistas— y un conjunto de arte criollo con Ernestina Lecuona y Esther Borja y la participación ulterior de otras figuras: el tenor mexicano Juan Arvizu, el cantante argentino Daniel Arroyo y los vocalistas cubanos Josefina Meca y Johny Álvarez.

Poco antes de partir del puerto habanero, varios de sus colegas le dan una cordial despedida el 2 de junio. Al respecto, Juan Bonich relata en el diario *El Mundo*:

> Contratado por Radio El Mundo, donde ha de colaborar con el maestro Lecuona, el pasado martes embarcó rumbo a Buenos Aires el popularísimo Bola de Nieve, pianista y compositor que, a más de contar con infinidad de simpatías personales, es poseedor de técnica magnífica.
>
> El maestro Ignacio Villa fue objeto, momentos antes de embarcar, de una merecida despedida por un grupo de artistas, entre los que se encontraban Hortensia Coalla, Tomasita Núñez, Miguel de Grandy, Eddy López y otros más.
>
> Llegue al maestro Villa, nuestro más cordial saludo.[68]

---

66. El texto corresponde a la anotación que realiza la propia Rita Montaner para el estreno. Con posterioridad, el autor le introduce algunos cambios. Uno de ellos tiene lugar en 1938, cuando María de los Ángeles Santana canta «Si me pudieras querer» en el filme *Sucedió en La Habana*, de Ramón Peón, el cual marca el debut profesional de esta cantante y actriz. Tal particularidad también se observa en la letra insertada al publicarse distintas ediciones del bolero.
67. En abril –durante el viaje hacia la Argentina– Lecuona, Ernestina y la Borja actúan en Chile.
68. Juan Bonich: «Bola de Nieve». *El Mundo*, La Habana, 5 de junio de 1936, p. 9.

Informaciones periodísticas procedentes de la capital argentina confirman el debut de Bola de Nieve —el 1º de julio de 1936— ante los micrófonos de Radio El Mundo en programas de Ernesto Lecuona y su colectivo de arte cubano. Al comentar su integración al grupo, en el diario bonaerense *El Mundo* se afirma dos días antes: «Ignacio Villa, artista de color, que indudablemente habrá de acrecentar el éxito rotundo conseguido por el conjunto de arte cubano».

Con la actriz mexicana Rosita Moreno en Radio El Mundo

Con la compañía de César y Roberto Ratti, a finales de ese mes, en el bonaerense teatro Apolo, descuella en la comedia musical intitulada Bola de Nieve,[69] que expresamente crea para su lucimiento —como pianista, cantante y actor— el autor y empresario Julio Traversa. Durante cuatro meses y medio —como miembro de la agrupación de Ernesto Lecuona—, Bola participa en audiciones de Radio El Mundo destinadas a celebrar efemérides de Argentina, México y Cuba; aparte de trabajar con ella en programas a los cuales asisten renombradas personalidades, como la actriz mexicana Rosita Moreno, protagonista de algunas películas junto con Carlos Gardel. Además, acompaña al autor de «La comparsa» en actuaciones por los cines-teatros Palais Royal y Supercine, el coliseo Podestá y el cine Real, este último de la ciudad de Rosario, donde el diario *Tribuna* opina:

COLISEO PODESTÁ-Hoy a las 18 y 21.30
2 Notables Espectáculos
EN UNA SOLA FUNCION | PLATEA **1.20**
a PRECIOS POPULARES
LA EMBAJADA DE ARTE CUBANO
ERNESTINA
y ERNESTO **LECUONA**
ESTHER BORJA EL ALMA DE LA RUMBA
BOLA DE NIEVE CANTOR HUMORISTICO
Interpretando las canciones DAMISELA ENCANTADORA, MOSAICO HABANA, CIERRA, CIERRA LOS OJOS, AHORA QUE ERES MIA, MALAGUEÑA, EL FRUTERO, GUAJIRA, DANZA LUCUMI, SIBONEY, PARA VIGO ME VOY, etc.
¡Bendita Seas! comedia en 3 actos, interpretado por la Cía.:
ANTONIO PODESTA
Un Soberbio Espectáculo Jamás Superado

---

69. Durante algunas semanas Bola de Nieve trabaja en este espectáculo con mucho éxito.

El excéntrico Bola de Nieve interpretó algunas canciones cubanas acompañándose al piano con excelente discreción y poniendo en evidencia una comunicativa simpatía que le ayuda a cumplir con aplauso su desempeño.[70]

A las 10: 30 p. m., del 4 de octubre, Ernesto Lecuona lleva a cabo un concierto de música criolla en el Gran Teatro Ópera. En esa oportunidad lo respaldan la Orquesta Sinfónica de Radio El Mundo, la soprano argentina Mary Capdevila —integrante del elenco del teatro Colón y de la nómina de la LR1—, el tenor Pedro Vargas, Esther Borja, Josefina Meca, los pianistas Pepe Agüeros,[71] Ernestina Lecuona e Ignacio Villa.

Calificado por la prensa «el acontecimiento artístico del momento», ocho días más tarde Lecuona emprende en el Ópera otro programa con melodías cubanas, punto final de sus actuaciones de seis meses en Argentina. Bajo su dirección, participan en el espectáculo Ernestina Lecuona, Mary Capdevila, Esther Borja, y de nuevo Bola de Nieve muestra sus aptitudes pianísticas integrado a la mencionada agrupación sinfónica.

4 de octubre de 1936. Gran Teatro Opera, Buenos Aires. De izquierda a derecha Pepe Agüeros, Leo Karr, Ernestina Lecuona, Guillermo Posadas, Josefina Meca, Ernesto Lecuona, Mary Capdevila, Pedro Vargas, Esther Borja y Bola de Nieve.

---

70. *Scrap book* de Esther Borja, año 1936.
71. Se trata del pianista de Pedro Vargas durante varios años.

Mi primera salida al exterior fue una gira a la Argentina, en respuesta a una invitación de Lecuona y su hermana Ernestina para cumplir un contrato de unos seis meses en Radio El Mundo, donde tuvimos mucho éxito, así como en en unas funciones teatrales auspiciadas por los ejecutivos de la emisora. Y en el transcurso de aquel ajetreo, el maestro mandó a buscar a Bola, pues no estaba conforme con las sonoridades del pianista de la orquesta: Leo Karr, que era un buen ejecutante, pero no se identificaba con ciertas dificultades de la música cubana [precisa Esther Borja].

A Bola lo traté a partir de mis presentaciones con Lecuona, de cuya orquesta él era pianista, aparte de que actuaba como imitador, cantaba y estrenaba o daba a conocer algunas de sus bellas composiciones en los conciertos del maestro. Debo decir que mucho antes tenía noticias de él, ya que ambos estudiamos en la Escuela Normal para Maestros y, a pesar de encontrarnos en cursos diferentes, sabía de la existencia de un negrito gordo llamado de tal manera.

Bola poseía muy buen carácter, era afable, cariñoso y uno lo quería enseguida. Ernesto Lecuona lo consideró una especie de hijo, y en la casa donde el maestro paraba en Buenos Aires hacíamos tertulias en las cuales Bola de Nieve cantaba obras cubanas y del folclore sudamericano. Lecuona le sugería: «Tú puedes trabajar solo». Con posterioridad, a instancias del maestro, desarrollaría su labor artística hasta llegar a los niveles que ascendió.

En ese sentido lo evoco como un magnífico intérprete. Siempre he afirmado que a Bola se le ama o detesta. No hay término medio para calificar sus actuaciones. Y aquellos que disfrutábamos al escucharlo lo admiramos con delirio por ser un artista especial, tal y como se mantiene ante la posteridad.

Entre sus méritos estuvo una diversidad de inquietudes culturales. Al no cursar estudios superiores, fue autodidacta y se empeñó en aprender cosas interesantes relacionadas con la cultura. Formaron parte de sus intereses las artes plásticas, el ballet, la arquitectura, la música sinfónica... Asimilaba cualquier tipo de conocimiento y luego lo ponía al servicio de su profesión.

Me resultó delicioso estar cerca de Bola en ese primer viaje a la Argentina y en otros que coincidiríamos más tarde. Era ese tipo de amigo que con sus chistes, con su simpatía, ayuda a sobrellevar la nostalgia, la tristeza del ser humano al sentirse lejos de la patria, de los suyos. Y para mí aún es inolvidable que como fruto de nuestra actividad cerca de Lecuona iniciamos una amistad que se mantiene más allá de la muerte de Bola de Nieve, porque toda persona vive mientras permanezca en nuestros recuerdos.[72]

Tras aprobar Ernesto Lecuona la determinación de Ignacio Villa para permanecer en Buenos Aires —a causa de ventajosos contratos en Radio El Mundo—, asiste al homenaje que artistas argentinos tributan al maestro, en el Charleston Club, el 15 de octubre de 1936, casi a punto de finalizar la primera etapa de sus actuaciones en esa planta al frente del conjunto de arte cubano. Dos días después dice adiós al autor de *María la O*, Ernestina Lecuona y la Borja, quienes —en viaje de regreso a La Habana— parten hacia Río de Janeiro, a bordo del buque *Western World*, por posibles presentaciones en radioemisoras brasileñas y el Casino de la Urca, las cuales se frustran y reducen a un contrato de Esther en el aludido centro nocturno.

A la sazón, Ignacio Jacinto permanece como pianista en la LR1 y trabaja en el teatro Apolo con la compañía de comedias de los hermanos César y Roberto Ratti. Al lado de un grupo de figuras del arte argentino, el 16 de febrero de 1937 recibe en Buenos Aires a Esther Borja —procedente de Cuba— y, casi de inmediato, inician una serie de actuaciones en espacios de Radio El Mundo, las cuales se anticipan al segundo período de compromisos de Ernesto Lecuona —a mediados de 1937— en la más importante planta radial de la nación austral.

Al frente de la Orquesta Caribe, el 22 de febrero de ese año Bola de Nieve —cuyo aprendizaje en tal tarea se debe a la observación de los procedimientos de Lecuona en el podio— dirige a *La Alondra Cubana*, como se denomina a la Borja en la prensa, al esta reanudar sus presentaciones en Radio El Mundo a través del

---

72. Testimonio que el autor graba a Esther Borja en 1999.

espacio *Bajo el cielo de Cuba*, de la firma comercial Palmolive,[73] al que se incorporan también Josefina Meca y Miguel de Grandy.[74]

Radio El Mundo, 1937. De izquierda a derecha: Bola, Josefina Meca, Esther Borja y Miguel de Grandy

Amén de secundar el colectivo musical a los tres solistas en esa y ulteriores transmisiones del citado programa en valiosas páginas del pentagrama cubano —como «Canto Siboney», «Por allá se ha ido», «¿Recuerdas tú?», «Se fue», «Soy razonable», «Canto Caribe», «Estudiantina» y «Damisela encantadora», de Ernesto Lecuona; «Dúo de Cecilia y Leonardo», de la zarzuela *Cecilia Valdés*, de Gonzalo Roig; «Ahora que eres mía», «Tus besos locos» y «Como yo te quiero», de Ernestina Lecuona; «Trigueñita», de Julio Brito; «Flor de Yumurí», de Jorge Anckermann; y «Si me pudieras querer», de su propia inspiración—, Bola de Nieve ejecuta a dos pianos con Leo Karr la composición lecuoniana «Tú eres el amor» y también alza la batuta para la ejecución por la Orquesta Caribe de «Tú serás» y «Para Vigo me voy», de Lecuona; «Cuando tú quieras», de Armando Tariche; y «¡A gozar!» y «El castañero», de Moisés Simons, entre otros títulos.

El conjunto Caribe e Ignacio Villa acompañan a la Borja en «Damisela encantadora», el 14 de abril, cuando sus nombres se registran entre los artistas invitados a una audición especial de Radio El Mundo por el Día de las Américas, a la cual concurren, entre otros, el cantante Daniel Arroyo y la orquesta dirigida por el mexicano Guillermo Posadas.

En compañía de Esther Borja, la Meca, De Grandy y la Orquesta Caribe, Bola se presenta, además, en el programa *Marilú*, que patrocina la perfumería homónima bonaerense en Radio El Mundo, y participa en actos de homenaje de la emisora a personalidades artísticas de su nómina o extranjeras.

---
73. Este programa lo anima Carlos Taquín
74. Independientemente de las actuaciones con el maestro Lecuona, De Grandy había sido contratado por Radio El Mundo y permanece varios años en la Argentina.

A finales de abril él y Esther acuden a la terminal portuaria del centro urbano y dan un cálido recibimiento a doce compatriotas que, bajo la dirección de Ramón González, integran la orquesta Havana Casino,[75] famosa en América y Europa, contratada en aquellos días para actuar ante los micrófonos de la LR1. Con esta agrupación, la Borja, la declamadora Dalia Iñiguez y las orquestas típicas argentinas de Scolati Almeyda y Julio de Caro, Ignacio Villa es invitado a trabajar en un acto que transmiten en mayo las frecuencias de Radio El Mundo a fin de conmemorar el trigésimo quinto aniversario de la independencia de Cuba,[76] al cual se convida a elementos de los círculos políticos y diplomáticos de la isla caribeña y la Argentina.

Con Esther Borja da la bienvenida en Buenos Aires a los integrantes de la Orquesta Havana Casino, que dirige Ramón González

Quizás significa una de las jornadas artísticas de mayor satisfacción para Bola de Nieve —en el transcurso de aquellos meses— el pintoresco viaje en tren que, como integrante de una delegación de Radio El Mundo, le permite asistir entre el 5 y 6 de junio de 1937 a la inauguración de un nuevo transmisor en Radio Bahía Blanca y actuar durante ambos días en tres funciones de un extraordinario festival en el teatro Municipal de esta ciudad portuaria del sureste de la provincia de Buenos Aires.

Se adhieren a la embajada, entre otros, Pablo Osvaldo Valle, director artístico de LR1, el crítico y presentador Néstor, el bandoneonista Ciriaco Ortiz, acompañado de los guitarristas Miguel y Ricardo Fucio y la cancionera Susy del Carril, Esther Borja, el

---

75. Según datos periodísticos, la Havana Casino es contratada por Radio El Mundo para participar en algunos de sus programas y en conciertos públicos que ofrecería Ernesto Lecuona.
76. Se toma en cuenta entonces la fecha del 20 de mayo de 1902.

cuarteto musical Los Bohemios Vieneses, los ya valiosos cantantes argentinos Oscar Ugarte y Enrique Carbel y, respaldadas por la Banda da Lua, las hermanas Aurora y Carmen Miranda, quien ya goza de suma popularidad dentro y fuera de Brasil gracias a sus incursiones en el cine y la interpretación de obras de algunos de los más representativos compositores de esta nación.

En los días de sus presentaciones en Bahía Blanca

Al comentar la presencia de todos ellos en el referido escenario, la publicación Antena, de Buenos Aires, especifica:

> [...] El desfile de los artistas, presentado muy simpáticamente por Néstor, era recibido con demostraciones de gran entusiasmo, las que se acentuaban al finalizar cada una de las interpretaciones. No es posible destacar la labor de ninguno de los artistas integrantes de la embajada, por cuanto todos sin excepción estuvieron en un momento feliz, pero cabe consignar que Bola de Nieve ofreció la nota más regocijante del espectáculo. Todos ellos se epilogaron animadamente, cantándose el popular vals de Lecuona *Damisela encantadora*, que iniciara Esther Borja y en momento oportuno aparecerían en escena todos los músicos y cantantes de la embajada, que lo cantaban y coreaban conjuntamente con el público.[77]

A tales actuaciones de Esther Borja y Bola de Nieve da un giro diferente el arribo a Buenos Aires, a principios del segundo semestre de 1937, de Ernesto Lecuona, *El Rey de la Música Cubana* —según criterios periodísticos—, al que poco después sigue su hermana Er-

---
77. *Antena*. Buenos Aires, 12 de junio de 1937.

nestina. Y aunque inicialmente no se incorpora a las audiciones de sus coterráneos a través de Radio El Mundo, Ignacio Villa —con el epíteto en la prensa de *El humorista del piano*— se suma a ellos para dos presentaciones durante un mismo día en el cine-teatro Astro, en las que, además, participa la Havana Casino, bajo la dirección del autor de *María la O*.

Llegada de Ernesto Lecuona a Buenos Aires (1937). De izquierda a derecha (1) Miguel Tato, el locutor Gaspar Pumarejo, (3) Esther Borja, (5), Ernesto Lecuona (6) Guillermo Posadas (9) y Bola de Nieve (10).

Inolvidables para Bola son los programas que la directiva de Radio El Mundo patrocina el 26 de septiembre y el 7 de noviembre de 1937, cuando Ernesto Lecuona dirige una orquesta de cincuenta profesores en el entonces recién inaugurado cineteatro Gran Rex, de la avenida Corrientes, con capacidad para tres mil personas. A ellos lleva el pianista y compositor a los cantantes Esther Borja, Mary Capdevila, Daniel Arroyo, Elías Fort y Ballester y a los pianistas Ernestina Lecuona e Ignacio Villa.[78]

Si bien en ambas ocasiones el público se emociona al escuchar la «Rapsodia argentina» y «Por Corrientes va una conga», obras que en su viaje anterior Ernesto Lecuona dedica a Buenos Aires, así como su ejecución pianística de «Malagueña», también resultan emotivos los aplausos al interpretar la Borja el bolero «Si me pudieras querer», de Bola de Nieve, a quien la propaganda de estas

---

78. Para el último de los conciertos Lecuona invita al pianista cubano Pedro Santos Menéndez.

audiciones conceptúa «[...] el ejecutante negro que ha logrado entre nosotros tantos y tan lucidos éxitos».[79]

Cine-teatro Gran Rex, Buenos Aires, 26 de septiembre de 1937. De izquierda a derecha: Bola de Nieve, Mary Capdevila, Ernesto Lecuona, Esther Borja, Elías Fort, Mary Benedit, Daniel Arroyo, Ernestina Lecuona y el tenor Ballester.

En su labor como pianista —junto con la Havana Casino y la dirección de Lecuona— Bola tiene otra notable experiencia al participar en dos escenas musicales de la película *Adios, Buenos Aires*,[80] del realizador Leopoldo Torres Ríos, con Tito Lusiardo y Amelia Bence en los roles protagónicos. En los respectivos segmentos del filme la Borja canta dos composiciones lecuonianas: «Para Vigo me voy» y «Estudiantina».

Terminados sus compromisos en Argentina, la embajada artística cubana de Lecuona parte hacia Santiago de Chile, donde ofrece conciertos en el teatro Central entre el 11 y el 15 de noviembre de 1937. Calificado en las notas del programa «un fino y original humorista del piano», una vez más Bola se destaca con sus imitaciones de artistas famosos, las interpretaciones de sus partituras «Señor, ¿por qué?...» y «Si me pudieras querer», así como de «Bito Manué, tú no sabe inglé», y al tocar a dos pianos con Ernesto o Ernestina Lecuona obras de sus respectivas autorías cantadas por Esther Borja.

---

79. *Scrap book* del archivo personal de Esther Borja correspondiente al año 1937. No se precisan la fecha, ni la publicación a que pertenece la cita textual.
80. La película, de 85 minutos de duración, la protagonizan Lusiardo, la Bence –quien se inicia en el cine con este filme–, Delia Codebó y Floren Delbene, entre otros. Se estrena el 19 de enero de 1938 en el cine Monumental, de Buenos Aires.

Bola de Nieve con Esther Borja, Ernesto y Ernestina Lecuona en Buenos Aires

En un comentario acerca de aquellas actuaciones suyas en el Central, un rotativo de Santiago de Chile define a Ignacio Villa un «acróbata del piano»,[81] y otro periódico considera sensacional «el éxito de Bola de Nieve, el músico negro cuyas imitaciones y números de humorismo llaman la atención por su originalidad y la forma amena y fina con que el artista supo darlas a conocer [ ]».[82]

Desde Chile, los cuatro integrantes del conjunto de arte cubano parten hacia Perú y el 29 de noviembre se presentan en Radio Nacional de Lima, a través de la cual transmiten individualmente sus saludos al público de aquel país. Antes de debutar en esa radioemisora, un rotativo se refiere en estos términos a Bola de Nieve:

[...] es un músico de rara habilidad y expresivo cultor de la música negra. Gracioso, simpático, su inteligencia

---

81. *Scrap book* de Esther Borja, año 1937
82. Ibídem.

y su dominio del teclado le facilitan la composición de caricaturas musicales admirables en las que se manifiesta muy eficaz humorista y observador. Bola de Nieve, que así se le conoce a través del micrófono, pianista, humorista e imitador, tiene como sus compañeros una nota en que sobresale: las canciones afro-cubanas con letra de Guillén y Ballagas, dos poetas que, como la música negra, reflejan la explosión del numen de una raza ignorada en la esclavitud».[83]

Sus interpretaciones de «Bito Manué, tú no sabe inglé», «Quirino con su tres» y «Sangre africana», afro de Gilberto Valdés, sus ejecuciones a dos pianos con el autor de «*La comparsa*» del también lecuoniano «Vals azul» y, sobre todo, canciones de su cosecha —como «Drumi, Mobila», «No dejes que te olvide», «Si me pudieras querer» y «Señor, ¿por qué?»— garantizan a Bola su triunfo en los conciertos que entre el 4 y el 12 de diciembre de 1937 realiza el colectivo del maestro Lecuona en el teatro Municipal, de Lima. A él se incorpora también una orquesta de cuarenta profesores, escogidos entre los mejores instrumentistas de esa urbe, y el conjunto de música cubana de don Vidal, quien entonces actúa en el restaurante La Cabaña.
Cuando tiene lugar el debut de Bola de Nieve en ese escenario, en un diario limeño se considera:

> Bola de Nieve, pianista, cantador y parodista muy hábil, conquistó la simpatía de la concurrencia y escuchó vivos aplausos de sus números pianísticos y vocales que se acompaña él mismo, y en las caricaturas que hizo de Margarita Xirgu, Berta Singerman y González Marín. Repitió varios números insistentemente solicitados por la entusiasta concurrencia.[84]

Un periodista de *El Universal* asegura el 7 de diciembre de 1937:

> Sin duda alguna Villa es un predestinado del éxito. Su

---
83. Ibídem.
84. Ibídem

talento y gran espíritu, la simpatía que desparrama y su eterna alegría, le hicieron ganarse otros públicos, aplausos y predilección. Y en Lima no ha hecho sino repetir la historia, poniendo en juego —seguramente sin cálculo ni afán— estas innatas condiciones, tan valiosas como espontáneas.

Diciembre de 1937. Teatro Municipal, Lima. Con Ernesto y Ernestina Lecuona, Esther Borja, admiradores y varios de los músicos que participan en los conciertos de música cubana que presenta en este coliseo el maestro Lecuona. Detrás de Bola de Nieve, Jorge González Allué.

Conforme a otro comentario periodístico, «una nota de simpática amenidad»[85] pone Ignacio Jacinto al interpretar obras de su repertorio en el acto donde Eduardo Dibós Dambert, alcalde municipal de Lima, entrega a Lecuona un pergamino en el que distingue al compositor por su obra musical «[…] que tantos aplausos le ha conquistado en los diversos países del continente».[86]

Al describir las últimas actuaciones en el Municipal de la embajada de arte cubano presidida por Lecuona, en un diario de la capital peruana se consigna:

> Villa es un artista de temperamento sumamente expresivo, con admirable actitud interpretativa y vis cómica sutil, fina, sin amaneramientos. En sus interpretaciones a dos pianos se nos ofrece magnífico ejecutante, en sus imitaciones y caricatos, los aplausos que el público le prodiga ponen de manifiesto su acierto y justeza y finalmente, en sus

---

85. Ibídem
86. Ibídem

composiciones. Bola de Nieve —todavía muy joven— demuestra a las claras que en él hay un compositor de mucho porvenir.[87]

Escritores, artistas, amigos y admiradores se dan cita en La Cabaña en la noche del 12 de diciembre de 1937 para despedir a Lecuona y las figuras de su conjunto, que al siguiente día emprenden su viaje de regreso a La Habana a bordo del barco *Reina del Pacífico*. En esa fecha, en el periódico limeño *La Crónica* aparecen las fotografías de cada uno de los integrantes de la embajada de arte criollo y al pie de la de Bola de Nieve se asegura: «[…] logró fácilmente conquistarse al público y dio muy buena cuenta de su recio temperamento artístico en los diversos aspectos de sus presentaciones».[88]

Al regresar a La Habana en diciembre de 1937. Aparecen en la fotografía, entre otros, Eduardo Héctor Alonso, Ernesto Lecuona, Ernestina Lecuona, Mercedes Menéndez, Esther Borja , María Ruiz , Hortensia Coalla (detrás de la Borja).

De retorno a Cuba, vuelve a ocupar su plaza de pianista en la Orquesta de La Habana. Como miembro de ella se presenta en el teatro Nacional el 2 de enero de 1938 en el primer concierto auspiciado por el maestro luego de su llegada de Buenos Aires, en el cual colaboran las cantantes Rita Montaner, Hortensia Coalla, Zoraida Marrero, Tomasita Núñez y Esther Borja.

Aunque en ese programa sube al escenario para hacer una serie de imitaciones de celebridades del arte, con el colectivo orquestal toma parte en la ejecución de los mosaicos «De otros tiempos» y

---

87. Ibídem
88. Ibídem

«En la tierra del sol», ambos de Lecuona, y de distintas partituras que interpretan las citadas figuras, entre ellas el estreno del bolero «Volverás a mí» —a cargo de la Marrero—, con versos de Luis Ángel de la Cruz Muñoz y música de Ignacio Villa:

> Ya sé que temes
> que las penas mías
> hagan que tus labios
> dejen de reír.
> Ya sé que piensas
> que mis pesimismos
> son la cobardía
> de un alma infeliz.
> Sigue soñando
> con tu sueño rosa,
> sigue volando,
> linda mariposa.
>
> Quiero que las flores
> se abran para ti.
> Y que la primavera
> de tus amores
> nunca llegue al otoño
> de mis dolores.
> Quiero que tú ignores
> lo que es el dolor.
> Pero sé que rendida
> de desengaño
> volverás a mí.

Como instrumentista de la Orquesta de La Habana y bajo la guía de su director titular, siete días después —en el Nacional—, Bola de Nieve participa en otro concierto de Lecuona, el cual comprende el estreno de dos mosaicos del maestro: *En el cañaveral* y *Varadero*, dedicado a la famosa playa cubana. Excluidos los acostumbrados éxitos de Hortensia Coalla, Tomasita Núñez, Mercedes Menéndez y Esther Borja, Ignacio Villa recibe una de las más estruendosas ovaciones del espectáculo tras la audición primaria de su *sketch* «Negro reumático», que canta Rita Montaner: *¡Ay! ... me van duele/ si toca rumba, yo baila./ Ay, yo no sabie/ pero la ruma se quita/ cuando cucha uno tambó/ que va suena./ Que va suena/ que ta suena/ pa que bailá/ con mimo doló./ Yo tiene mi rumba/ Mamá, que yo tengo un doló./ froja pata/ pa que sale bailá./ Mamá, yo tengo un doló/ ay, sueta palo/ pa que pué caminá./ Mamá, yo tengo un doló / ¡Ay, froja pata pa qu pué caminá!/ Ay, quita ruma/ pa que sale bailá/ Mamá, yo tengo un doló./ Si toca rumba/ yo bailá.*

Acoge el teatro Auditórium el concierto que Ernesto Lecuona brinda el 4 de febrero de 1938 con Rita Montaner, Hortensia Coalla, Tomasita Núñez, Zoraida Marrero, Esther Borja, Amalia Martos, Blanca Gómez, el trío Hermanas Márquez, Lita Mar —una niña de nueve años de edad a la que el maestro anuncia en la propaganda periodística como «La Lily Pons en miniatura»—, y las orquestas Femenina y de La Habana. Independientemente de su participación como pianista del último conjunto musical citado, en otras secciones del recital Bola presenta sus imitaciones de acreditados artistas y las Márquez le cantan «No dejes que te olvide».

De nuevo el Auditórium abre sus puertas el 25 de aquel febrero para recibir en diferentes horarios (5: 00 y 9: 30 p. m.) a Ernesto Lecuona en dos recitales ofrecidos junto con la soprano mexicana Lina D' Acosta, Rita Montaner, Hortensia Coalla, Tomasita Núñez, Zoraida Marrero, Mercedes Menéndez, Esther Borja, Estela Echazábal, Blanca Gómez, Lita Mar, las hermanas Márquez, la entonces recién debutante actriz Chela Castro[89] y las orquestas, Femenina, de La Habana y Sonora Matancera.

El programa vespertino recoge la interpretación del «Vals azul», de Lecuona, por este y Bola de Nieve, quien en ambos horarios se incorpora a las ejecuciones de la Orquesta de La Habana y también es uno de los doce profesores que, en igual número de pianos, tocan «Malagueña», del maestro, la cual baila Teresita España.[90] Poco después, en el orden fijado, aparece —al duplicarse la

---

89. Aunque posteriormente se nacionaliza como mexicana, Chela Castro nace en la Argentina.
90. También participan Rafael López, Juan Castro, Marco Antonio Rizo Ayala, Juan

cifra de instrumentistas— con el objetivo de acompañar a la Borja en el lecuoniano vals-canción «Serenata».[91] Cabe subrayar que en el concierto nocturno la Núñez vuelve a cantar «Lejos de ti», de Ignacio Villa.

Asimismo, en ese febrero Bola revisa la orquestación de «Si me pudieras querer» escrita por el maestro Gonzalo Roig para el segundo filme sonoro a rodarse en la Isla: *Sucedió en La Habana*, de Ramón Peón, el cual, además, es el primer título de la empresa Películas Cubanas S. A., que recién crea entonces un grupo de empresarios criollos y preside el doctor Oscar Zayas Portela.

Luana Alcañiz, Rita Montaner, Juan Torena, Juan Puerta, Carlos Orellana, Federico Piñero, Alberto Garrido, Enriqueta Sierra y otras figuras de la época son los principales intérpretes de este largometraje, en el que, dada su condición de director musical, Roig determina incluir el aludido bolero de Ignacio Villa entre obras suyas y de otros relevantes autores cubanos —como José White, Ernesto Lecuona, Moisés Simons y Gilberto Valdés— escogidas por él para estructurar la banda sonora de la cinta.

Y con el mencionado arreglo musical de «Si me pudieras querer» —que plantea el acompañamiento de la Orquesta Sinfónica de La Habana, bajo la dirección de Roig, y del prestigioso guitarrista Vicente González Rubiera, Guyún— hace su debut en el arte cubano la cantante y actriz María de los Ángeles Santana:

> Mi carrera artística no comenzó en la radio o el teatro, en los cuales incursioné más tarde, sino en lo que aún es el

---

Carlos Rodríguez, David Rendón (hijo), Luis Ernesto Lecuona, Panchito Cárdenas, Arturo Guerra, Orlando de la Rosa, Paulino Rosete y Jorge González Allué.
91. Entre los otros pianistas que secundan la obra están Sara Jústiz, Ernestina Lecuona, Ofelia Jiménez, Blanca Saínz, Blanca Foyo, Elsa Rigual, Etelvina Vázquez, Teté Pérez, Graciela Cano, Rafael López, Orlando de la Rosa, Luis Ernesto Lecuona, Juan Carlos Rodríguez, Marco Antonio Rizo Ayala, Juanito Castro, Panchito Cárdenas, Jorge González Allué, Arturo Guerra, Paulino Rosete y David Rendón (hijo).

maximum para un artista: el cine. Eso se lo debo a Oscar Zayas, mi «descubridor», que al presentarme a Ramón Peón le dijo: «Como deseas elementos desconocidos en la película, aquí está María de los Ángeles Santana para que le hagas una prueba cinematográfica, pienso que puede ser una gran atracción». A pesar de mi temor hacia un medio que solo conocía como simple espectadora, salí de ella satisfactoriamente [...].

Sin embargo, la prueba siguiente me hizo temblar: debía cantar ante el maestro Gonzalo Roig, que, según comentaban, si se molestaba al encontrarse dirigiendo, tiraba la batuta y se iba. Me pidió: «Cánteme algo igual que si se encontrara en una tertulia familiar y con la sencillez propia de la juventud, sin pretensiones de gran artista. Va a pasar algún tiempo antes de que llegue a ser una verdadera profesional y tendrá por el medio mucho trabajo [...]».

Al preguntarme acerca de las canciones de mi repertorio, le expliqué que estudiaba guitarra con Guyún y él me había enseñado un bolero de Bola de Nieve llamado «Si me pudieras querer». Le dije que lo cantaba a menudo acompañada por mi maestro, pues no solo lo consideraba una obra que extraordinariamente se adaptaba a mi registro vocal, sino también al identificarse con mi manera de concebir la canción y poseer la alegría de vivir que buscaba en los textos, lo cual encontré más tarde entre las características de Bola al ofrecerme una amistad solo rota a causa de la ida definitiva de un artista inolvidable y tan asociado a momentos memorables de mi trayectoria.

Pese a que como compositor él no poseía en esa época el renombre de los restantes incluidos en la banda sonora de *Sucedió en La Habana*, Gonzalo Roig accedió a que en el pasaje musical de mi debut yo cantara «Si me pudieras querer», le gustó esa obra y apreciaba mucho a Bola de Nieve, quien entonces trabajaba con la orquesta del maestro Lecuona. Roig hizo un arreglo musical para ser ejecutado por la Sinfónica y la guitarra de Guyún y lo grabamos en Radio Ideas Pazos.

De esa forma arrastré a Guyún a mi primera aventura en

el cine, que nada más consistió en doblar a su lado «Si me pudieras querer» parada en una pérgola situada en el jardín interior del hotel Nacional y vestida completamente de blanco. En determinado momento nos rodeaban unas doce muchachas que bailaban una fantasía con diseños de vestuario y la dirección coreográfica de Sergio Orta, insertada fundamentalmente en el puente de la partitura, en el cual predominaba la Orquesta que, en otras partes, se fundía con la guitarra [...].

Y uno de los más emotivos premios que recibí luego del estreno de *Sucedió en La Habana* fue una fotografía de Bola de Nieve con la siguiente dedicatoria: «En la vida me ha gustado confiarme a otras personas en el grado de amigo, y al oírte cantar «Si me pudieras querer» soy tu amigo incondicional».[92]

María de los Ángeles Santana y Vicente González Rubiera (Guyún) preparándose para filmar su escena en Sucedió en La Habana

María de los Ángeles Santana cita un nombre clave en la creación autoral de Ignacio Jacinto Villa Fernández a partir de finales del decenio de los años treinta del siglo XX: el santiaguero Vicente González Rubiera, Guyún, guitarrista y profesor de armonía. Tras fijar su residencia en la capital cubana, en 1936, recibe elogios de maestros de la categoría de Andrés Segovia y se rodea de una pléyade de discípulos y personas interesadas en sus conocimientos, entre estas Bola de Nieve, que le confía la revisión técnica de sus partituras. Por eso en cierta oportunidad declara: «[...] Las canciones de las cuales soy autor quien perfectamente las conoce es una persona... Guyún [...]».[93]

Tal supervisión influye en la mayor calidad que desde tal período muestran las composiciones de Bola, a pesar de su reiterada in-

---

92. Ramón Fajardo: *Yo seré la tentación. María de los Ángeles Santana.* Editorial Plaza Mayor, San Juan, Puerto Rico, 2004, pp. 98 y 101.
93. *Hoy.* La Habana, 6 de septiembre de 1964.

sistencia en no atribuirse méritos al respecto, ya que jamás inventaría una «[...] canción sin las mismas siete notas que usa todo el mundo: *do, re, mi, fa, sol, la, sí*».[94] Por lo tanto, no resulta extraño que, luego del éxito de *Sucedió en La Habana*, Gonzalo Roig también solicite su música para el segundo filme de Películas Cubanas S.A.: *El romance del Palmar*, cuya dirección asume Ramón Peón y en el cual Rita Montaner desempeña el rol protagónico.

Para esa realización —que asimismo abarca piezas de Lecuona, Simons, Gilberto Valdés, Alberto Villalón, Félix B. Caignet, Antonio Fernández, Ñico Saquito y del propio Roig— Ignacio Jacinto crea la canción «Por mirarme en tus ojos»,[95] la cual interpretan María de los Ángeles Santana, Edna Ambrosio y Leopoldina Núñez, acompañándose de sendas guitarras y la de Guyún, maestro de ellas tres:

Por mirarme en tus ojos,
perdí la felicidad.
Por mirarme en tus ojos,
hoy vivo en esta ansiedad.
Porque son tus ojos
como dos espejos,
donde se reflejan
todas las flaquezas de la humanidad.
Por eso es que hoy busco
con afán febril,
una clara fuente,
de linfa sutil,
que no haya copiado
nunca en su cristal
más que cosas puras,
cosas sin maldad:
las aves, las flores, la faz de la luna.
Entonces mi rostro
visto en ese espejo,
será más hermoso,
lucirá más bello.

---

94. De la entrevista que Bola de Nieve concede el 18 de abril de 1958 a Radio Panamericana, de Lima.
95. Se trata de la musicalización de un poema homónimo del doctor Luis Ángel de la Cruz Muñoz. La escena en que se canta la obra no se incluye finalmente en el filme.

Terminada su labor en Películas Cubanas S.A., Ignacio Villa se suma a las actuaciones programadas por Ernesto Lecuona con miembros de su elenco para presentarse en los teatros Sauto, Renacimiento y Luisa Martínez Casado, de las respectivas ciudades de Matanzas, Sancti Spíritus y Cienfuegos durante marzo de 1938. Se incian el día 7 de ese mes en el primer coliseo mencionado con Rita Montaner, Hortensia Coalla, Zoraida Marrero, Estela Echazábal, Lita Mar, la Orquesta Femenina y Bola de Nieve, que así realiza su primera salida al escenario de tan antiquísimo inmueble, una de las joyas de la arquitectura colonial cubana.

Los años de la década del 30 fueron duros. Apenas comenzaba a salirse de los efectos de la caída del precio del azúcar tras la I Guerra Mundial y del crack bancario de 1929, cuando los militares encabezados por Fulgencio Batista tomaron el poder político y añadieron la represión a la crisis económica. Con la industria en crisis y los campos abandonados por el capital absentista y la incuria oficial, decenas de millares de obreros fueron lanzados a la calle y quienes estaban empleados o subempleados apenas percibían salarios de subsistencia. Los artistas, por supuesto, no estuvieron exentos de esta crisis [asegura el periodista matancero Manuel (Manolo) García].

Cerrados los teatros y otras salas de espectáculos,[96] aun los más brillantes músicos y actores tuvieron que ir a las provincias y, en el caso de Matanzas, ocupar los escenarios del Sauto y el Velasco, y obtener así escasos medios para vivir. En esas circunstancias, nuestra urbe pudo contar, esporádicamente, con la presencia de la Compañía de Ernesto Lecuona, en la cual figuraba Bola de Nieve.

Por esos años, yo hacía mis primeras armas en el periodismo radial. En Radio Rialto había quedado vacante la plaza de locutor de Gaspar Pumarejo, opté por ella y la logré, sin

---

96. En realidad, no se trata propiamente del cierre de los teatros y de otras salas de espectáculos, sino del acaparamiento de los locales por empresarios cinematográficos para dedicarlos al mucho más lucrativo negocio de las proyecciones fílmicas. Sus pretensiones de anular las actividades artísticas son, en aquel tiempo, un duro golpe para el teatro criollo y desencadenan una intensa y larga lucha de la Asociación Cubana de Artistas Teatrales y de la Federación de Espectáculos de Cuba que, en cierto momento, logran algunas medidas oficiales favorables.

desviarme de mi objetivo: el periodismo. Pero la locución me dio la oportunidad de relacionarme con personalidades de todas las esferas, especialmente del mundo del arte, y así pude conocer, en 1938, al maestro Lecuona e intimé con algunas figuras de su elenco.

Antes de alcanzar cierto nivel de relación con esas figuras fui testigo de algunos hechos singulares, los cuales me hicieron descubrir, casi sin proponérmelo, la vida de los artistas. Supe que, en medio de sus actos y de sus pasiones, viven, sueñan, piensan como la gente común, lo que luego les permite desdoblarse en la escena.

Esa experiencia la alcancé en la emisora —ubicada en la calle Santa Teresa, número 25, a media cuadra del parque de La Libertad, en el centro de la ciudad—, donde, para promocionar sus actividades teatrales, Lecuona y sus artistas ofrecían una especie de revista tres o cuatro horas antes de las funciones en el Sauto.

Una noche, cuando ya se aproximaba la hora de partir para el teatro, hubo una discusión tan violenta entre Rita Montaner y Bola de Nieve, que este salió disparado hacia la puerta de Radio Rialto. Rita corrió tras de él gritándole improperios. Así fueron hasta la esquina de Santa Teresa y Contreras, donde se detuvo un tranvía con el fin de recoger a unos pasajeros y Bola tuvo la suerte de subirse al vehículo antes de que arrancara.

El maestro esperó a Rita en la entrada de la radioemisora, le puso una mano sobre un hombro y le preguntó si podía cantar esa noche. Tras la respuesta afirmativa, concluyó: «Después de la función quiero hablar con los dos».

Fui al Sauto aquella noche. Bola acompañó a la Montaner en tres obras. De *encore* ella cantó *El manisero* y, cuando más cálido era el aplauso del público, Bola abandonó el piano, se dirigió hacia Rita, tomó su mano derecha y la besó. Ambos sonrieron y, entre bambalinas, Lecuona pareció satisfecho.

Muchos años después, en 1960, siendo yo director del Consejo Provincial de Cultura, tuve la posibilidad de traer a Matanzas a Bola de Nieve. A mi secretaria, Mirta Martínez, le encantaba hablar con él. Lo mismo ocurría con los demás empleados de esa institución y del teatro Sauto. Él era un *show* dentro y fuera de la escena. Rebosaba optimismo e irradiaba talento. Y en sus relaciones con trabajadores y funcionarios era amable, cordial, franco, simpático. La simpatía era uno de sus principales dones.

Recuerdo que, convidado por nosotros, en más de una ocasión vino a comer en una de las casas donde se servían mariscos en Camarioca. En dos oportunidades lo acompañó Nicolás Guillén y en una de ellas el bardo quiso que invitáramos a Carilda Oliver Labra, nuestra poetisa. Ese día, cuando Nicolás proclamó su condición de «fotógrafo preferido de Carilda», Bola lo emplazó: «¿Por qué no le tiras una foto ahora con esa cabellera rubia así, al desgaire?» Nuestro poeta llevó a Carilda hasta un rincón, junto a la playa, lanzó el flash y ahí está la fotografía, en la saleta de su casona de Tirry 81, como expresión de la belleza perenne de la autora de *Al sur de mi garganta*.

Todavía hoy, al escuchar sus grabaciones en la radio o ver sus breves apariciones en kinescopios por la televisión, pienso: ¡Hay Bola para rato!, como diría él mismo...[97]

Teatro MANZANILLO
Domingo 13 de Marzo de 1938
Gran Acontecimiento Artístico
GRAN CONCIERTO DE MUSICA CUBANA
organizado y dirigido por
ERNESTO LECUONA
con
BOLA DE NIEVE
Hortensia Coalla
Amalia Martos
Estela Echazabal
L I T A M A R
preciosa cantante de 9 años.

Los recuerdos de Manolo García permiten comprender la necesidad de trabajo de los artistas criollos durante los días que tanto se comenta en la prensa acerca de la existencia de una crisis teatral en Cuba. Un ejemplo evidente es la compañía de Ernesto Lecuona Casado con sus presentaciones en coliseos de distintas ciudades de la isla caribeña, en las cuales sobresalen la Montaner y Bola de Nieve, quienes —lejos o cerca de la mirada del maestro— aprenden a dejar sus querellas entre las bambalinas, si el programa les exige salir juntos al escenario.

---

97. Manolo García. Testimonio para este libro (1999).

Considero que en el fondo a Ignacio Villa nunca le gustó que Rita lo presentara por primera vez como solista, ante el público mexicano, con el sobrenombre de Bola de Nieve. Al inicio, quizás le resultó simpático. Era un negro joven que acompañaba al piano a Rita; no era nadie. Pero llega el momento en que opina que es poseedor de méritos suficientes para tener otras aspiraciones. Bola de Nieve, internamente, comienza a significar para él algo despreciativo y exige que en algunos programas se ponga su verdadero nombre: Ignacio Villa [reflexiona el abogado camagüeyano Javier Calderón Poveda, tercer esposo de la Montaner].

También hay que tener en cuenta el carácter de Rita y su trato fuerte hacia Bola, que iba acumulando resentimientos cuando ella le decía: «Esto es así. Quiero hacer las cosas de esta forma».

Con lo sucedido en México, durante su primera visita, se distanciaron un tiempo. Luego volvieron a unirse para trabajar en varias oportunidades. Y después él se sintió lo suficientemente capaz para llegar a ser lo que fue.

Pienso que todo eso es lo que motiva el mal recuerdo, la mala impresión de Rita Montaner que queda en Bola de Nieve, incluso aún después de muerta ella. Se sintió despreciado por el nombre con que lo lanzó a actuar como artista y por el trato que le diera.

Y esto lo digo porque en mis años de matrimonio con Rita tuve, por supuesto, que tratar mucho a Bola, que me tuvo a mí el aprecio que no le tenía a ella. Públicamente nunca habló mal de Rita Montaner. Prefería silenciarla o referirse a ella brevemente.[98]

Félix Ayón, diseñador gráfico y promotor cultural, analiza, a su vez, las tormentosas relaciones de Rita Montaner e Ignacio Villa:

En las relaciones de Rita y Bola hay un aspecto muy curioso. Bola hablaba barbaridades de Rita: que si era así, que si era asao, que si era una egoísta. Y Rita decía otro tanto de

---

98. Ramón Fajardo Estrada: *Rita Montaner: testimonio de una época.* Segunda edición, Editorial Casa de las Américas, La Habana, 1998, pp. 329-330.

Bola. Pero cuando llamaban a Rita para trabajar en muchas partes, ponía como premisa que Bola la acompañara al piano, porque con él acoplaba como nadie.

Y cuando a Bola lo llamaban para hacer algo que no fuera estrictamente personal, que tuviera cierto grado de producción musical, generalmente exigía que Rita estuviera presente. De modo que es preferible olvidar sus conocidas broncas. Porque aunque se fajaran entre sí, aunque se dijeran barbaridades, lo más importante es que siempre tuvieron una afinidad artística tan grande que lograron juntarse en la escena como muy pocos intérpretes han logrado hacerlo. Independientemente de sus valores individuales, unidos también obtuvieron otro tipo de consagración.[99]

Bola de Nieve, el cantante argentino Charlo y Lecuona

Como pianista de la Orquesta de La Habana —ampliada en esta ocasión a cien instrumentistas— Bola de Nieve toma parte en el programa que el maestro Lecuona lleva a efecto el 8 de junio de 1938 en el Auditórium, con Rita Montaner, Hortensia Coalla, Tomasita Núñez, Zoraida Marrero, Graciella Santos, Margarita Díaz, Mercedes Menéndez y el cantante argentino Charlo.

Finalizadas sus actuaciones en el selecto Casino de la Playa —que se inician a principios de agosto y en cuya propaganda lo presentan como *Snow Ball*—, Villa trabaja en los conciertos que Lecuona realiza en el teatro Nacional el 28 de septiembre, cuando convoca a dos programas durante la misma fecha (5: 00 y 9: 00 p.

---

99. Ibídem, p. 330.

m.), auxiliado, entre otros, por el tenor ecuatoriano Juan de Luque,[100] Rita Montaner, Hortensia Coalla, Tomasita Núñez, María Ruiz, Mercedes Menéndez, Zoraida Marrero, Sara Escarpanter,  Nena Plana, René Cabel, Georgina Du Bouchet, María Ciérvide y la Orquesta de La Habana, uno de cuyos pianistas es Bola.

En el espectáculo nocturno, denominado Melodías de hoy, Caridad Balboa estrena la canción «Mi postrer adiós», de Ignacio Villa: *Mirándote a ti ha sido/ como aprendí el secreto/ de amar serenamente/ y de ser siempre bueno./ Porque hay en tu mirada/ destellos que parece/ que señalan la ruta/ para llegar al cielo./ Devuélveme su luz/ que es grande mi dolor/ y es mucho mi sufrir/ sin tu amor./ Devuélveme su luz,/ ¿por qué un corazón/ condenas a morir de dolor?// Amor, mi solo amor,/ qué negra oscuridad,/ qué triste mi vida sin ti./ Tristezas sin igual,/ recuerdos de un amor,/ que nunca olvidaré./ Yo sé que no me quieres/ y sé que he de morir sin tu amor./ Pero le pido a Dios/ tenerte junto a mí/ cuando vaya a partir/ para poderte dar/ mi postrer adiós, mi amor.*

Ofrenda *Bola de Nieve* su colaboración para el concierto que Ernesto Lecuona planea el 31 de diciembre en el Auditórium con el objetivo de despedir 1938 y recibir el nuevo año. Para tal oportunidad se divide el programa en dos partes. En la primera de ellas una de las atracciones está en las ejecuciones del maestro de «Vals del minuto», de Chopin y «Voces de primavera», de Johann Strauss (hijo), así como las de valses de fama mundial indistintamente cantados por María Fantoli, Mercedes Menéndez, Sara Escarpanter, Zoraida Marrero, Margarita Díaz y Georgina Du Bouchet, entre otras intérpretes que son respaldadas por la Orquesta Strauss, constituida expresamente para tal oportunidad por el autor de «La comparsa».

A las doce de la noche, después de comer el público las tradicionales uvas —repartidas en la puerta del coliseo—, el maestro

---

100. Su verdadero nombre es Camilo Destruge, quien, de paso por La Habana, participa en este concierto de Ernesto Lecuona. Con anterioridad, realiza estudios de canto con Pascuale Amato, famoso barítono del Metropolitan Opera House, de Nueva York, ciudad en la que ofrece algunos conciertos, y luego efectúa una gira por países latinoamericanos. Llega a ejercer el periodismo en Quito y Caracas y funge como agregado comercial de la embajada de Ecuador en Venezuela.

recibe el año 1939 con la interpretación de nueve importantes piezas, en gran medida estrenos de su autoría, las cuales acompaña la Orquesta de La Habana. Como pianista de ella, Ignacio Villa disfruta las dos obras lecuonianas que, a su juicio, significan los mayores éxitos de esta sección del espectáculo: la tierna canción «Dame de tus rosas», magistralmente entonada por la Coalla, y la versión para canto de «Malagueña», a la cual Rita Montaner aporta sus facultades vocales e histriónicas.

El 10 de febrero de 1939 se informa en el rotativo ¡Alerta! la actuación —entre las 8:00 y las 9: 00 p.m.— de la Orquesta de Bola de Nieve desde los estudios de la radioemisora CMCY, en un programa que cuenta con su participación fija y patrocina la firma cigarrera La Corona. Participan en esa ocasión Hortensia Coalla y Olga de Blanck, quien entonces incursiona como cantante y guitarrista. Unos días después se afirma en tal rotativo que los tres «…estuvieron a la altura de sus respectivos nombres».[101]

Al llegar marzo, actúa en el hotel Sevilla en un homenaje al escritor y periodista Miguel de Marcos, al que asimismo colaboran Luisa María Morales, el barítono Vicente Llamazares, el pianista Vicente Lanz, el trío Pinareño y la Orquesta Hermanos Le'Batard.

Bola secunda al piano a la Montaner, el 30 de mayo de 1939, en un concierto-homenaje al empresario Heliodoro García en el Nacional. Son invitados a esta función, además, Pedro Vargas, Luana Alcañiz y Juan Puerta, quienes de nuevo se hallan en La Habana, así como las sopranos Luisa María Morales y Lydia de Rivera, Alberto Garrido y Federico Piñero, figuras emblemáticas del teatro vernáculo, las orquestas Le'Batard y Hermanos Castro, la recitadora Carmina Benguría, la actriz Miriam Acevedo y los locutores Germán Pinelli, Arturo Artalejo, José Antonio Alonso y Gaspar Pumarejo, a quien el público llama «Aló-Aló», palabras que él utiliza hacia 1934 durante la trasmisión —en la CMQ— de su radioperiódico *La Palabra*.

El 30 de julio de 1939 Bola de Nieve regresa al escenario de Prado y San Rafael para un concierto en el que Lecuona rinde homenaje —con música de su inspiración— a casi una veintena de repúblicas latinoamericanas. Acompañadas por la Orquesta de La Habana, aparecen en el grupo de intérpretes y títulos Hortensia Coalla: «Bajo las palmeras» (Costa Rica); Tomasita Núñez:

---

101. *¡Alerta!* La Habana, 15 de febrero de 1939, p. 7.

Teatro Nacional, 30 de mayo de 1939. Con los bailarines Juan Puerta, Luana de Alcañiz, el empresario Heliodoro García, Bola de Nieve y Rita Montaner

«Traición» (Nicaragua); Sara Escarpanter e Hilda Gómez: «Soñé» (Brasil); Mercedes Menéndez: «Quisiera olvidar» (Puerto Rico) y «Marquesita de ojos verdes» (Bolivia); Hilda Gómez: «Amor, amor» (Guatemala); René Cabel: «En mi soledad» (México); María Ciérvide: «Noche en flor» (Perú) y «Quiero tu alma» (Honduras); Lita Mar: «Vals del beso» (Chile); Esther Borja: «Yo no sé por qué» (Argentina); Estrellita Díaz: «Déjame decirte» (El Salvador); Carlos Suárez: «Balada» (República Dominicana); Rafael Pradas: «Volviste a mí» (Colombia); Sara Escarpanter: «Bésame tú» (Paraguay); Rita Montaner: «Canción del amor triste» (Uruguay) y «Son guajiro» (Cuba); y Georgina Du Bouchet, María Ciérvide y Zoraida Marrero: «Tus ojos soñadores» (Haití).

Dedicada a Venezuela, a la Du Bouchet corresponde cantar el bolero «Ven por mí», única colaboración autoral de Ernesto Lecuona (música) e Ignacio Villa (texto): *Ven a mi vida, que siempre serás/ una ilusión sin igual./ Ven que serás para mí la canción/ que siempre quise cantar.// Ven por mí,/ que has de ser en mi alma/ todo amor,/ amor de mi cantar./ Ven, que por tu amor/ yo no tengo ni aliento/ para este cantar/ de mi corazón./ Ven por mí,/ que mi vida te espera/ como un sol/ de esperanza y de amor./ Ven, que yo seré/ lo que tú me pedías,/ lo que tú me decías,/ eso seré por ti.*

Desde su puesto en la Orquesta de La Habana, Bola concurre al ciclo de cuatro conciertos que Lecuona programa en el Auditórium, a partir del 21 de septiembre de 1939, con la presencia en el palco escénico —según las características de esos programas— de la cantante brasileña Malena Toledo, Rita Montaner, Maruja González, Hortensia Coalla, Zoraida Marrero, Augusto Ordóñez, Tomasita Núñez, Sara Escarpanter, René Cabel, Esther Borja, Oscar López, Georgina Du Bouchet, María Ciérvide, Graciella Santos, Mercedes Menéndez, Carmen Burguete, Rafael Pradas, Sara Bravo, Hilda Gómez, Lita Mar, la pareja de bailes Carmita Ortiz-Julio Richard, la Sonora Matancera y dos figuras consagradas en la simpatía popular: Fernando Collazo y Paulina Álvarez, La Emperatriz del Danzonete, entre otros.

Durante el primero de esos recitales —que tiene como nombre *De otros tiempos*— la Ciérvide y la Montaner estrenan, respectivamente, «Si lloro por un amor» y «No vivo sin ti», de Ignacio Villa. Y en el último —el cual se anuncia para el 6 de octubre, bajo el título de «La Rumba»— la Ciérvide repite el título que antes interpretara, Rita canta la «berceuse Drumi», «Mobila» y Georgina Du Bouchet hace la primera audición del bolero «Tú me has de querer», con letra y música de Bola: *Yo quisiera ser/ de tu vida encanto,/ quisiera tener/ de tus ojos llanto/ y quisiera ver de tu rostro/ siempre amor brotar./ Y con ese amor/ hacer de mi vida/ bálsamo ideal/ que cure mi herida/ para así vivir/ toda una eternidad.// Tú me has de querer/ porque yo en la noche/ lo vi en mis sueños;/ yo habré de sentir/ junto a ti mi vida/ siempre latir;// yo sabré mentir por tu amor/ y he de llorar/ y he de sufrir./ Tú me has de querer/ como nunca tú soñaste sentir./ Yo quisiera ver/ cuando de mi amor/ fueras prisionera./ Quisiera saber si presa de mí/ no habías de llorar,/ no habías de quererte fugar,/ ni de añorar otro querer./ Tú me has de querer por tu amor/ y por tenerme a mí.*

Cuando el 2 de octubre de 1939 un grupo de amigos y admiradores organizan una función de despedida a Esther Borja en el Campoamor, con motivo de sus próximas actuaciones en el exterior, Bola brinda su arte en tal espectáculo. El elenco reúne a Ernesto y Ernestina Lecuona, los cantantes Augusto Ordóñez, Maruja González y Georgina Du Bouchet, la pareja de bailes Carmita Ortiz-Julio Richard, la actriz y recitadora Pituka de Foronda, Gas-

ESTHER BORJA
SE DESPIDE EL
LUNES 2 OCTUBRE
A LAS 9 DE LA NOCHE
EN EL
TEATRO "CAMPOAMOR"
EN LA GRAN FUNCION - HOMENAJE
Organizada por sus amigos y admiradores y bajo los auspicios del Jabón Palmolive tomando parte:
Los Compositores:
  Ernesto Lecuona
  Ernestina Lecuona
  Bola de Nieve
  Fernando Mulens
Los Cantantes:
  Maruja González
  Augusto Ordóñez
  Georgina Du - Bouchet
La Pareja de Bailes:
  Julio Richard
  y Carmita Ortiz
La Recitadora:
  Pituka de Foronda
LOS ARTISTAS:
  Ascensión Pastor
  Hermanos Marbell
  Carmen España
  De la Compañía de Carmen Amaya
La Orquesta: HAVANA CASINO
Maestro de Ceremonias:
  Gaspar Pumarejo "Aló-Aló"

par Pumarejo, el pianista y compositor Fernando Mulens y la orquesta Havana Casino.

Presente está también Ignacio Villa el 30 de octubre de 1939 en el homenaje que se tributa a Carmen Amaya en el teatro Nacional, a punto de finalizar unas actuaciones de la insigne bailarina flamenca y su Compañía en La Habana, capital que visitan como parte de una gira americana. Se suman al agasajo la cancionera mexicana Manolita Arriola, Malena Toledo, Rita Montaner, Maruja González, Augusto Ordóñez, Matilde Camejo y Gaspar Pumarejo.

Ocho días después, Ernesto Lecuona invita a Bola de Nieve a las funciones que, en dos horarios distintos (5: 30 y 9: 30 p. m.), el maestro dedica en el Nacional a la agrupación que años antes, en España, bautiza como Orquesta Lecuona, la cual, posteriormente —con el pianista y compositor Armando Oréfiche como d— recibe el nombre de Lecuona Cuban Boys, al dedicarse de lleno a popularizar los ritmos criollos en exclusivos escenarios del Viejo Continente, América y África. En una sección del acto, Ignacio Jacinto logra una clamorosa ovación luego de ejecutar a dos pianos con Oréfiche[102] —amigo suyo desde los días en que ambos

---

102. Armando Oféfiche (La Habana, 1911-Islas Canarias, 2000): Pianista, compositor y director de orquesta. Estudia en la Escuela Municipal de Música de La Habana, donde obtiene el título de profesor de piano y también se gradua de maestro en la Escuela Normal. Comienza como artista tocando el piano en cines habaneros e integra la Orquesta Le'Batard, con la cual se presenta en bailes y en el teatro Encanto, nombre que adopta un colectivo de músicos tras separarse de la agrupación.
La circunstancia de este ponerse al servicio de Lecuona para sus conciertos y zarzuelas en el Principal de la Comedia amplía el camino profesional de Armando Oréfiche. Poco después de marchar el autor de *María la O* a España, llama a la agrupación del teatro Encanto y en Madrid la denomina Orquesta Lecuona al debutar en el Fígaro durante 1932. Con posterioridad, Ernesto Lecuona regresa a Cuba, y deja a Oréfiche en calidad de director del conjunto, el cual emprende giras por ciudades españolas. Encontrándose en Logroño, el empresario Sergio Vermel, director artístico del hotel Excelsior, de Venecia, ofrece un contrato a los integrantes de la orquesta y cambia su nombre por el de Lecuona Cuban Boys, con el que llega a obtener gran trascendencia

estudian en la Escuela Normal— uno de los mosaicos con música del autor de «Canto Siboney».

Ese escenario vuelve a acoger a Bola el 12 de noviembre de aquel año en un homenaje al intelectual negro Salvador García Agüero, al este ser postulado a la Asamblea Constituyente como candidatro de la coalición Unión Revolucionaria Comunista. También apoyan el espectáculo Gilberto Valdés y los cantantes Zoila Gálvez, Alfredito Valdés, Jorgelina Junco, René Márquez, René Cabel...

No puede soslayarse —desde mediados del decenio del 30, en el siglo XX— el prestigio de Ignacio Villa en el grupo de pianistas-compositores de la época, al que pertenecen Juan Bruno Tarraza, René Touzet, Orlando de la Rosa y Julio Gutiérrez. Pero al llegar a su fin tal período, Bola trasciende con respecto a todos ellos por asumir una tercera aptitud en su labor artística: la de cantante.

Para lograr el entrelazamiento de su interpretación vocal y pianística es de suma importancia el asesoramiento que —al margen de su trabajo común en conciertos de Lecuona— le ofrece Rafael López,[103] a quien Ignacio Jacinto confía, hasta sus últimos tiempos de vida, la tarea de revisar la incorporación de cada pieza de su repertorio. Si bien la ayuda de Lecuona y Guyún le resulta fundamental en otras aristas, tal apoyo de López será inestimable en la búsqueda del ángulo diferente hacia el que, poco antes de iniciarse la década de los años cuarenta, Bola de Nieve orienta su quehacer artístico.

Confirma sus nuevas proyecciones ante el público al efectuar un recital a las 11: 59 p. m. del 23 de diciembre de 1939 en el teatro Encanto, de la habanera calle Neptuno. Vestido de frac, solo lo acompañan en aquel empeño un piano de cola y sus canciones. Son los únicos elementos a que recurre para sentar cátedra en la Isla —como continuador de María Cervantes— en el género de la

---

internacional. Al surgir una serie de dificultades, Oréfiche se separa de la Lecuona Cuban Boys en 1946, y luego la reconstituye, pero con el nombre de Havana Cuban Boys. Después de temporadas triunfales en Europa y Japón, este maestro y sus músicos vienen en 1960 a La Habana hasta que él determina radicase en España. Durante todos esos años, Armando Oréfiche crea títulos que marcan éxitos en presentaciones escénicas y grabaciones discográficas de las dos agrupaciones musicales citadas.

103. A pesar de su talento, Rafael López no desarrollaría una carrera como concertista a causa de su miedo escénico. Trabaja en teatros en pocas ocasiones, principalmente en conjuntos de pianistas que presenta Lecuona en sus conciertos, y mantiene durante años su plaza de pianista en las casas de música de la viuda de Carreras e Iglesias. En ambos establecimientos toca a los clientes las partituras puestas a la venta.

canción dicha, conversada, esa que, según Nicolás Guillén, «[...] no llega ni pretende llegar jamás al *do de pecho*».[104]

Al comentar el programa, se afirma en el diario *El Mundo*:

> Bola de Nieve es uno de los artistas más populares admirados y queridos del público habanero. No hemos de intentar por tanto su presentación y nos referiremos solo a las excelencias del programa combinado por Bola para su beneficio del sábado a las 11 y 59, un minuto antes de la medianoche.
>
> Hay en el programa obras de María Grever, [Luis] Rivera, Grenet, Núñez de Borbón, Gilberto Valdés y otros compositores bien arraigados en el fervor popular. Y hay, sobre todo, una primera parte integrada por canciones cortas, obra del propio Bola de Nieve. Esas cancioncitas cortas que lo han hecho famoso, que son pequeños poemas musicales basados en ritmos folklóricos y populares expresivos, la más alta de la inspiración y el talento de Bola de Nieve, que los canta además como ningún otro artista es capaz de hacerlo. A esos números de superior belleza y emoción hay que sumar las canciones brasileras y francesas. Por último, tenemos la certeza de que Bola de Nieve sabrá corresponder al fervor del público y pondrá a contribución su insólita capacidad mimética que le permite «doblar» materialmente la manera de expresión de artistas notables del teatro, la recitación y el cine.
>
> En la noche del 23, Bola de Nieve, gran artista, ofrecerá al público de La Habana una noche de arte variado, fino y valioso por igual en cada una de sus características.[105]

Tres días después del concierto, Augusto Ferrer de Couto escribe en *¡Alerta!*:

> Bola de Nieve al fin se salió con la suya y dio su anunciado

---
104. Radamés Giro: *Nicolás Guillén en la música cubana*. Editorial Letras Cubanas, La Habana, 1992, p. 36.
105. *El Mundo*. La Habana, 15 de diciembre de 1939, p. 6.

recital de medianoche [...].

Meses antes de efectuado, me dijo: «Daré el recital de todos modos, aunque no vaya nadie. Ahora, tengo la seguridad de que mis amigos y los de mi raza no me negarán su cooperación, y colmarán el teatro».

Y dicho y hecho. Bola de Nieve ofreció su espectáculo ante un centenar de personas, pertenecientes en su mayoría a la raza blanca.

Precisamente nos hubiera extrañado lo contrario en lo que sucedió, al menos en lo que se refiere al sector del que procede el artista a quien nos referimos. [...].

Existen realidades y dolores en la senda del artista que no necesitan comentarios. La realidad es que constituyen un baladrón para muchas personas que luego tienen la osadía de aparecer como benefactoras en toda causa más o menos interesante para la colectividad. En este caso, viene como anillo al dedo lo que decía el ilustre don Juan Gualberto Gómez: «¡Aquí todos nos conocemos!».[106]

Pero lo más importante resulta que, a partir de ese recital de medianoche, podrá hablarse con propiedad acerca del «estilo» Bola de Nieve, en el cual su voz ronca, áspera, es únicamente un recurso en sus ansias de comunicación con el público, al «[...] salir todas las noches al escenario a padecer o gozar la canción, que expreso mordiéndome un poco el corazón»,[107] pues «[...] no tengo voz; si acaso de vendedor de mangos, y muy mala por cierto [..]. [...] yo digo lo que la canción tiene por dentro [...]. La verdad. Lo interior, aquello en que uno cree íntegra, radicalmente. Y estoy convencido de que lo único que se impone en el mundo es la verdad».[108]

---

106. *¡Alerta!* La Habana, 26 de diciembre de 1939, p. 11.
107. *Hoy.* La Habana, 6 de septiembre de 1964.
108. Raúl Nass: «El fabuloso Bola de Nieve». *La Prensa*, NY, 9 de sept. 1956.

Al preguntarle un periodista qué haría Bola de Nieve si el público —como tantas veces ocurre— no acepta su «verdad», él expone sin ambages su intransigencia ante la concesión: «Yo no hago concesiones "al gusto del público". Si no le agrada lo que canto, insisto hasta que le guste y si todavía se niega, pues me voy... hasta que encuentre quien le agrade, porque esa es "mi verdad"».[109]

Así expone el *quid* de su labor en el arte, la cual, gracias a un estudio cotidiano y una férrea disciplina, complementa una actuación devenida auténtico logro de magia y poesía, al trabajar desde adentro la intención de cada obra —con idéntica capacidad a la de un artista que sigue los postulados estéticos de Konstantín Stanislavski— para lograr el superobjetivo de un texto, de un drama.

Porque en su forma de decir, a la voz y el acompañamiento pianístico añade un histrionismo dado por la incorporación de personajes de las letras de las canciones, rápidas vueltas alrededor del instrumento en pasajes de determinadas obras, la narración de antiguas fábulas de abuelos africanos, una risa contagiosa, la expresividad de las manos y los gestos faciales, según las características de cada composición, para transmitir desde una alegría arrolladora hasta un intenso dolor, para recrear los temas más comunes o arrabaleros...

En torno a lo anterior, aseverará:

> Yo soy un expresionista intérprete, lo que en Francia se llama un *disseur*, en el que importa, sobre todo, la sensibilidad, la manera de decir y lo que se dice. En fin, que yo no soy un juglar, un decimista o un genio; no creo en la improvisación: tengo que estudiar, ensayar. Hace falta mucha dedicación, disciplinar el propio sentimiento para encuadrar la canción.[110]

Acerca de por qué le pertenece cada canción que interpreta, esclarece en otra oportunidad:

> Escojo las canciones que interpreto por placer. Cuando me gusta una canción la estudio hasta averiguar todos los rincones que pueda tener en su letra y en su música. Muy

---

109. Ibídem.
110. *Granma*. La Habana, 19 de abril de 1969.

de tarde en tarde lanzo una canción, y cuando lo hago ya es mía siempre. Cuando la canción que yo canto con esta voz de manguero me gusta más en otra voz, la saco de mi repertorio que no es tan amplio. Tengo esa pretensión, un poquito petulante. Siempre he dicho que yo no canto sino que expreso lo que las canciones o pregones o poemas musicalizados tienen dentro. Cultivo la expresión más que la impresión. No me interesa impresionar. Lo que me interesa es tocar la sensibilidad del que escucha. [...].[111]

Como resumen de su labor interpretativa —en la que tantas obras aparentan una relación con distintas vivencias personales— Bola de Nieve subraya:

[...] Creo que lo que mejor me califica es mi personalidad de intérprete. No soy exactamente un cantante, sino alguien que dice las canciones, que les otorga un sentido especial, una significación propia, utilizando la música para subrayar la interpretación. Si hubiera tenido voz hubiera cantado en serio, me hubiera gustado cantar en serio, me hubiera gustado cantar ópera, pero tengo voz de manguero, tengo voz de vendedor de duraznos, de ciruelas, entonces me resigné con vender ciruelas sentado al piano. Cuando interpreto una canción ajena no la siento así. La hago mía. Yo soy la canción que canto; sea cual fuere su compositor. Por eso, cuando no siento profundamente una canción, prefiero no cantarla. Si yo canto una canción porque está de moda, pero no la siento, entonces no la puedo transmitir, no le puedo dar nada a quien me escucha. Yo entiendo por arte dar las cosas como uno las siente, poniendo al servicio del autor la propia sensibilidad, y establecer esa corriente que hace que el público ría o llore, o guarde silencio.[112]

Al meditar sobre tales consideraciones de Ignacio Villa, el historiador y ensayista Julio Le Riverend aplica el concepto de «mo-

---

111. Ciro Bianchi Ross. Art. Cit.
112. Fernando Rodríguez Sosa: «Bola con su sonrisa y su canción». *Revolución y Cultura*, La Habana, agosto de 1981, p. 21.

dernidad» a la síntesis de forma y contenido que, desde la tercera década del siglo XX, Bola de Nieve logra en su expresión y lo califica de actor de gran categoría:

> [...] Esa voz suya que enjuiciaba con ardor crítico, no realizaba el canto convencional, eso que algunos llaman —y no lo decimos peyorativamente— dulce o melodioso que, en gran medida se identifica con «lo criollo» de los años finales del XIX y las dos primeras décadas del XX; empero, ella constituía uno de los más extraordinarios exponentes, muy anticipado a mi entender, de las voces que hoy día transformadas en arte intentan manifestarse como la voz común, la de cualquiera. En tal sentido, fue «moderno», antes de la modernidad. Lo importante —claro está— era la manera de decir, de manejar esa expresión bronca y cortada que seguía al piano en indisoluble unidad. Y, en consecuencia, lo que valía en aquella voz era precisamente su capacidad de comunicación liberada de los artificios de escuela o de concesiones a lo tradicional, a la música criolla, tan elaborada por el acarreo de numerosas generaciones. En ese sentido, Bola realizó en el arte cubano una proeza similar a la de la inigualada Lucha Reyes en México o a la dramática e infortunada Édith Piaf en Francia.

Fue Rita quizás quien inició el giro hacia lo diferente y, desde luego, a Bola le correspondería culminar en una forma única, la apertura hacia desarrollos desconocidos en la expresión de la música popular cubana. Forma parte de la legión de cantantes, trovadores y artistas, que rompieron los moldes heredados; muchos de ellos olvidados o ignorados porque en su tiempo no había grabaciones, ni el teatro les llamaba, pues la taquilla producía mucho más con Mayendía o con otras —que garantizaban la afluencia del público español, añorante y amonedado—. Buscó en el pueblo, sin desprecio para lo adquirido, pues muchas veces nos expresaba su admiración por la música de los grandes de las dos primeras décadas del siglo. Fue uno de los resultados más altos de la renovación de la tercera década del siglo en la que, por otros caminos, se destacan también los Matamoros.

Todo ello, piano y voz, coincidía en una magnífica síntesis del actor. Más allá de cualquiera de sus cualidades ésta es la que se destaca: actor de gran categoría porque él solo daba carácter de espectáculo a su actuación. Comunicarse plenamente con el público, apoderarse del público, forzarlo a escucharle: esa es la prueba suprema del actor. ¿Quién no se sentía conmovido con aquella canción de cuna que era por sí sola una historia de angustia y de esperanza? ¿Quién no veía pasar por su lado como una reina deslumbrante a la peruana Flor de la Canela? Cada canción era un trozo de vida que nos ganaba como vivencia propia. Y eso solo lo consiguen los grandes actores.[113]

Avalado por aquella voz imposible de ubicar en una escuela de canto, un histrionismo en el que palpita un refinado humor criollo, su habilidad en el manejo de los pedales del piano y su disposición de situar las melodías nacionales a los más altos niveles, Ignacio Jacinto Villa y Fernández acepta en 1940 otra invitación de Ernesto Lecuona para volver a la Argentina.

Traspasados los umbrales de Guanabacoa, La Habana y Ciudad de México, Buenos Aires sería, en las nuevas circunstancias, el primer peldaño firme en la universalización de su arte. Después de ella, le abrirán las puertas teatros, salas de concierto, conservatorios y cabarets de muchas de las más renombradas capitales de América, Europa y Asia. Sin duda alguna, está predestinado a convertirse en uno de los mejores embajadores de la cultura cubana. Y tan eficaz diplomacia nada más requerirá de dos elementos: el piano y sus canciones.

---

113. Julio Le Riverend: «Bola de Nieve: nuevo y permanente». *La Gaceta de Cuba*, La Habana, octubre de 1971, Nº 1, p. 21.

Leyenda de Bola de Nieve

Bola de Nieve lanzaba al mundo su risa de palmar
que juega con el viento, de teclas asustadas,
de pregón que llega hasta la ventana del cuarto
donde duerme una mujer y la despierta con amor
para que reciba en pleno rostro todo el perfume de las
frutas del amanecer.

Claves, caracoles y maracas.

Y Bola de Nieve pasa por un camino perseguido por la
muerte.
Y pasa Sindo, Matamoros, Benny, Rita: notas
Inmortales.

Y ahora ¿dónde ponemos el piano?

Jesús Cos Causse

¡Hasta cosas sagradas tengo en mi color!

A las 12 de la noche del 23 de febrero de 1940, en el teatro Nacional, Ignacio Villa participa al lado de Rita Montaner, Esther Borja, Anolán Díaz, el locutor y animador Gaspar Pumarejo, los puertorriqueños Mapy y Fernando Cortés y la mexicana Lucha Reyes en un acto de variedades que sigue a la presentación de Alberto Garrido y Federico Piñero en el *sketch* de sátira política *La Constituyente*.

Durante los últimos días de marzo de este año, Hortensia Coalla, Esther Borja, María de los Ángeles Santana, Candita Quintana, Hilda Gómez y el cantante y pintor Rafael Muzio, Felo, asisten, en la morada guanabacoense de Bola, en la calle División número 209, a una fiesta en honor de Ernesto Lecuona por su próxima partida hacia Buenos Aires al frente de una Compañía de Espectá-

Llegada a Buenos Aires de artistas cubanos de la Compañía de Espectáculos Líricos de Ernesto Lecuona. En la primera fila, de izquierda a derecha: Bola de Nieve, una persona no identificada, Lilón, el maestro Lecuona, Hortensia Coalla, Zoraida Marrero, Elia de Granados, Esther Borja y Pablito (agachado).

culos Musicales Cubanos que, por primera vez, daría a conocer en la capital argentina el arte lírico criollo.

La soprano mexicana Mercedes Caraza, la Coalla, la Borja, Zoraida Marrero, Miguel de Grandy, Oscar López, la pareja de bailes Pablito-Lilón, la bailarina Elia de Granados, la cantante y actriz española Luisa de Córdoba y el actor argentino Vicente Climent, entre otros, participan en el bonaerense teatro Ateneo —entre el 25 de septiembre y el 11 de noviembre—. En las puestas en escena de *El cafetal* y *María la O*, así como de las revistas *La Habana en Buenos Aires* y *Estampas cubanas*.[114]

En ese período —con la mayoría de las figuras citadas— también se presentan las revistas *La Habana en Buenos Aires* y *Estampas cubanas*, cuyos arreglos musicales elabora el maestro Lecuona, quien invita a Ignacio Villa a trabajar en ellas, independientemente de la labor que asume como pianista de la orquesta acompañante en las dos zarzuelas mencionadas.

Teatro Ateneo, Buenos Aires. Con la compañía de Ernesto Lecuona. Están identificados en la fotografía (de izquierda a derecha): la actriz cómica argentina Julia Alonso, Bola de Nieve, Oscar López, Luisa de Córdoba, Elia de Granados, Esther Borja, Lecuona, Zoraida Marrero, Lilón, Mercedes Caraza (detrás del maestro, a la izquierda) y Pablito (agachado).

---

114. En ambos casos los libretos son de Roberto Ratti y Ernesto Lecuona, quien, por otra parte, utiliza música propia y de otros autores cubanos.

El 22 de noviembre de 1940 Bola prosigue sus faenas en ese colectivo musical al trasladarse la compañía de Lecuona para el San Martín e iniciar las escenificaciones, hasta diciembre, de Lola Cruz y la zarzuela Rosa la China y completarse la segunda parte del programa con la actuación de la Lecuona Cuban Boys.

Buenos Aires, 1940. Con Esther Borja en los Jardines de Palermo

Al margen de su labor teatral, a lo largo de esos meses Ignacio Jacinto actúa con la Borja en audiciones de *Radio El Mundo* correspondientes a horas del mediodía. La publicación Antena así lo confirma el 4 de octubre de 1940: «Conjuntamente con Esther Borja *Radio El Mundo* ha contratado a Bola de Nieve. El morenito es pianista, como ya se sabe, y también canta. Su voz no tiene nada de particular, pero el muchacho pone emoción a las canciones, que expresa bien».

Cuando Lecuona y casi la totalidad de su elenco retornan a La Habana, él decide quedarse en la capital del Plata, donde, desde varias semanas atrás, posee un nuevo contrato en LR1, y meses más tarde hará intervenciones especiales en dos películas. Ya lo atrae sobremanera el cine, aunque acerca de este medio artístico expresaría:

> Solo accidentalmente he hecho cine y me hubiera gustado haberlo hecho en serio puesto que opino que el cine no es un arte de impresión sino de expresión. Es donde se llevan las cosas por las cosas mismas, donde

no es tan necesario el movimiento como el sentimiento. Solo con sensibilidad es posible hacer cine, no con maromas ni muecas.[115]

Con numerosas canciones y cuadros coreográficos afrocubanos, la primera de esas realizaciones es *Embrujo*,[116] de Enrique Susini, la cual tiene en su *staff* a Jorge Rigaud, galán del cine francés nacido en Argentina, Alicia Barrié, Pepita Serrador, Ernesto Vilches, Santiago Gómez Cou y Carlos Tajes. La otra, *Melodías de América*,[117] de Eduardo Morera, destaca en los créditos estelares a Silvana Roth y el tenor mexicano José Mojica, que en una fotografía suya la anota: «A mi buen amigo "Bola de Nieve", con mi admiración por "la bola" de inspiración que lleva y la nieve de su buena alma».[118]

A tal coyuntura se debe el siguiente párrafo de una carta que envía a Augusto Ferrer de Couto, periodista del diario *¡Alerta!*: «Por ahora no pienso regresar a La Habana. Te ruego saludes a mis amigos y dale un fuerte abrazo a Ernesto Lecuona».[119]

Por aquellos días, el encanto de los rascacielos, avenidas, iglesias, plazas, parques, museos, bibliotecas, hipódromos, teatros, el Jardín Botánico y la catedral metropolitana, sumado a las perspectivas de trabajo que encuentra en Buenos Aires, lo colman de felicidad, a pesar de que para Bola de Nieve:

---

115. Ciro Bianchi Ross: Art. cit.
116. *Embrujo* se estrena en el cine Monumental, de Buenos Aires, el 18 de junio de 1941. Ese mismo año, pero en septiembre, tiene lugar su primera proyección en La Habana.
117. El estreno de *Melodías de América* se efectúa en el Monumental, pero el 21 de enero de 1942. En la película trabajan también María Santos, Pedro Quartucci y Armando Bó.
118. Fotografía perteneciente al archivo de Raquel Villa.
119. *¡Alerta!* La Habana, 23 de septiembre de 1941, p. 4.

En una escena de Melodías de América

[...] Nadie ha sido plenamente feliz; felices son los elefantes que miran hacia adelante y no pueden nada más que mover los párpados, porque las pupilas las tienen fijas. Cada vez que miras al lado, ves algo que no te agrada y tienes que estar virando la cara; ya no eres feliz. [....].[120]

Sin embargo, tal vez la dicha que entonces experimenta se nubla transitoriamente con alguna desilusión amorosa y, como acostumbra a hacerlo, intenta aliviar en el pentagrama cualquier rasgadura de sus vivencias sentimentales. Surge entonces el bolero «Serenidad», partitura que envía a La Habana y el 10 de noviembre de 1942 estrena en un concierto del maestro Lecuona, en el teatro Encanto, la soprano Carmela de León: *Mirándote a los ojos/ y de ser siempre buena/ a amar serenamente./ Porque hay en tus miradas/ destellos que parecen/ que señalan la ruta/ para llegar al cielo./ Devuélveme su luz/ que es grande mi dolor/ y es mucho mi sufrir/ sin su amor./ Devuélveme su luz,/ ¿por qué mi corazón/ condenas a sufrir de dolor?// Amor, mi solo amor,/ qué negra oscuridad,/ qué triste mi vida sin ti;/ tristeza sin igual,/ recuerdos de un amor/ que nunca olvidaré.// Y yo le pido a Dios/ tenerte junto a mí/ cuando vaya a decirte adiós/ para poderte dar/ con mi postrer adiós/ todo mi corazón.*

120. Bola de Nieve. Entrevista a Radio Panamericana, de Lima, en 1958.

Un recital para profesores y alumnos del Conservatorio Nacional de Buenos Aires brinda Bola en 1943. El compositor español Manuel de Falla, residente en esa capital a causa de la Guerra Civil en España, le obsequia una partitura autógrafa de su ballet *El amor brujo*. A su vez el renombrado poeta Rafael Alberti, que asimismo vive allí tras la caída en España de la República, se entusiasma con el bardo-cantante-pianista del Caribe, y le dedica uno de sus libros: «A Bola, gracia verdadera, gracia de Cuba».[121]

En la fecha exacta del 21 de agosto de ese año es uno de los primeros en dar una cálida bienvenida en la capital argentina a Rita Montaner, a quien acompaña al piano, desde el 9 de septiembre, al iniciar la artista criolla sus actuaciones en el programa *Galas de Martini*, de Radio El Mundo, el cual anima el popular actor Juan Carlos Thorry y también secunda la orquesta Tropical, bajo la dirección de Alberto Castellanos, colaborador de Carlos Gardel en varias de las películas de *El Zorzal Criollo*. La revista *Radiolandia* afirma: «El maestro Ignacio Villa […] acompaña al piano a Rita en determinadas canciones. Especialmente en aquellas del puro folklore afrocubano. Lo hace, con extraordinario sentido de su ritmo y profundidad».[122]

Radio El Mundo, *1943: en un ensayo con la Montaner*

---

121. Raúl Nass: Art. cit.
122. *Radiolandia*. Buenos Aires, 18 de septiembre de 1943.

El 20 de octubre de 1943 Bola de Nieve concurre al homenaje que numerosos artistas preparan a Rita en *Ce Soir*. Entre otros, se dan cita en ese centro nocturno Alberto J. Aguirre, director artístico de Radio El Mundo; el maestro Juan D'Arienzo, Mercedes Simone, Lita Landi, Francisco Amor, Mario Faig, Fernando Ochoa, Gloria Guzmán, Antonia Herrero, Elsa O' Connor, Manolita Poli, Martín Zabalúa, Enrique Serrano, Santiago Arrieta, Juan Carlos Thorry, Iris Godoy, Adriana Alcock, Beba Mora Olmedo... Y, tras la partida de la Montaner, en diciembre, se incorpora al ritmo habitual de sus compromisos teatrales y en la LR1.

Coinciden en Buenos Aires —en algún momento de 1944— Bola y Armando Oréfiche, que realiza una gira por naciones de América del Sur al frente de la Lecuona Cuban Boys. Tal vez inspirándose en la personalidad del *disseur* negro, que a la sazón usa «[...] trajes modernistas de raros cortes, colores y dibujos [...], en las muñecas lleva un enorme y aúreo reloj; una identificadora cadena de oro y numerosas y complicadas sortijas en los dedos de ambas manos[...]»,[123] no mucho después, en Montevideo, Oréfiche compone y dedica a Ignacio Villa el afro *Mesié Julián*, destinado a figurar entre sus máximas creaciones interpretativas. Acerca del significado de esa obra en su repertorio y el público, Bola de Nieve declarará: «No llegaría a decir que una canción fue la que caló más hondo en la gente; antes bien diría que muchas

de ellas, en distintas épocas y diferentes auditorios, han llegado a

---

123. Gerardo Castellanos: Ob. cit., p. 657.

tener más aceptación. Sin embargo, puedo decir que *Mesié Julián* [...] dejó una huella profunda en la gente. [...]».[124]

A unos cuatro años de ausencia de Cuba, Ignacio Villa regresa a La Habana en octubre de 1944, ante un llamado del presidente de la radioemisora RHC-Cadena Azul, Amado Trinidad Velasco, quien «[...] siempre atento a cuanto interesa a los oyentes, no reparó en gastos para traerlo. Tras muchos esfuerzos logró hacerle aceptar un contrato. Y ya lo tenemos entre nosotros, dispuesto a regalarnos su arte a partir del próximo mes de noviembre».[125]

El día 27 de tal mes reaparece ante el público durante un programa que, con el apoyo de la planta radial de Trinidad, organiza Jorge Negrete en el teatro Nacional.[126] En la primera parte del espectáculo se exhibe el filme *Soy rebelde* —el cual protagoniza el cantante y actor mexicano— y en la segunda se lleva a cabo un recital con las actuaciones de Bola, del propio Negrete y de sus paisanos Chela Campos y Fernando Fernández, cancionero de fecunda trayectoria, entre otras atracciones.

En la prensa habanera se aplica el adjetivo «sensacional» —el 3 de noviembre— al debut de Bola de Nieve en la RHC-Cadena Azul, «[...] después de su exitosa tournee por distintas partes de América, especialmente Buenos Aires, donde su triunfo fue estupendo. Un extraordinario repertorio trae Bola de Nieve para los oyentes de su patria».[127]

Dos días después se incorpora a un concierto de Ernesto Lecuona en el Auditórium, donde hace una actuación especial la cantante argentina Tania, calificada en la propaganda periodística *La Actriz del Tango*, con la orquesta del compositor Enrique Santos Discépolo. Participan, entre otros, Iris Burguet, Tomasi-

---

124. *Revolución*. La Habana, 8 de julio de 1964.
125. *Luz*. La Habana, 26 de octubre de 1944, p. 6.
126. La función está dedicada a los damnificados del ciclón —categoría 4— que el 18 de octubre de 1944 afecta gran parte del occidente de Cuba y deja pérdidas económicas que ascienden a cuarenta millones de pesos.
127. *Luz*. La Habana, 3 de noviembre de 1944, p. 6.

ta Núñez, Sara Escarpanter, Edelmira de Zayas, Ernestina Lecuona, Esther Borja, Hortensia de Castroverde y la Orquesta de La Habana. Para la sección final de ese espectáculo, el maestro circunscribe la presentación de Ignacio Villa, que en el estreno de su obra «Si tú pudieras cantar» acompaña al piano a la Escarpanter y, con anterioridad, a la Borja en «Ay, amor», título representativo del clímax de su faceta autoral: *Amor, yo sé que quieres llevarte mi ilusión;/ amor, yo sé que puedes también llevarte mi alma./ Pero, ay, amor, si te llevas mi alma,/ llévate de mí también el dolor;/ lleva en ti todo mi desconsuelo/ y también mi canción de sufrir.// Ay, amor, si me dejas la vida,/ déjame también el alma sentir;/ si solo queda en mí dolor y vida, / ay, amor, no me dejes vivir.*

Como parte de su transitar por el mapa de América Latina, en junio de 1945 visita otra vez a México. Con la bailarina española Rosita Segovia, Alfredito Valdés y el Conjunto Habanero actúa en el cabaret-restaurante Cosmopolita, del Distrito Federal. La reafirmación de su popularidad crece allí al extremo de que «[...] una tarde, en que la plaza de toros estaba repleta, con no menos de cincuenta mil personas, al entrar se le hizo una ovación, a modo de coro terremótico, de ¡Viva Bola de Nieve!».[128] El nuevo viaje sella su afinidad con esa nación. En lo adelante, ni la inminente llegada de sus interminables cruceros a través del orbe, variará los dos sitios imposibles de soslayar por él: La Habana y Ciudad de México, adonde se trasladaría cerca de unas veinte ocasiones a lo largo de su ciclo vital.

Mediante un contrato que suscribe en el teatro Martí con los empresarios Francisco Meluzá Otero, Adolfo Otero y Luis Piñero, desde el 14 de agosto se presenta en la revista *Hiroito atomizado*, en la cual trabajan, además, la soprano española Dorini de Diso, el cantante Manolo Fernández, Blanca Becerra, Candita Quintana y Julito Díaz.

---

128. Gerardo Castellanos: Ob. cit., p. 657.

En la finca La comparsa, propiedad de Ernesto Lecuona, con el maestro y la pianista y compositora Sara Jústiz

El 4 de septiembre él y Manolita Arriola reciben un homenaje, veinticuatro horas antes de actuar ambos en el espacio *Cocktail Musical Bacardí*, del Circuito CMQ. Será entonces la radio un medio muy atractivo para Ignacio Jacinto, quien en esa radioemisora participará en diferentes transmisiones hasta obtener programas propios, como *Bola de Nieve, su piano y su canción*, que —de lunes a sábado— ocupa el horario nocturno de las 11: 45 p. m.; y luego, cada domingo, *El show de Bola de Nieve*,[129] cuya producción recae en la actriz y directora Sol Pinelli y animan los locutores Eusebio Valls y Manolo Iglesias:

Tales audiciones —en las cuales, aparte de acompañarse al piano, dirige a veces a la orquesta de la radioemisora y alterna con figuras nacionales o extranjeras invitadas— le propician un mayor arraigo popular, a escala nacional, y la difusión de su repertorio, en el que entonces se destacan sus versiones pianísticas de canciones famosas, como «As time goes by», de Max Steiner —tema del filme norteamericano *Casablanca*, del director Michael Curtiz—, y la interpretación vocal de «Drume, negrita», de Ernesto Grenet: *Mamá, a la negrita/ se le salen lo pie de la cunita/ y la negra Mersé/ ya no sabe qué hacé./ Tú drume, negrita,/ que yo va/ a comprá nueva cunita,/ que va a tené capité,/ que va a tené cascabé.// Si tú drume/ yo te traigo un mamey muy colorao,/ y si no drume/ yo te trae un babalao/ que da pau pau.*

Acompaña al piano a Rita Montaner en el Nacional —el 3 de marzo de 1946—, cuando coronan Reina Nacional de la Radio a la cancionera lírica Elizabeth del Río, acto al que se adhieren Pedro

---

[129]. *El Show de Bola de Nieve* cuenta con quince minutos de duración y se transmite a partir de la 1: 30 p. m.

Vargas, el mago y actor inglés Fu Man Chu, René Cabel, Zoraida Marrero, Rita María Rivero, Xiomara Fernández, Mario Fernández Porta, Orlando de la Rosa, Bobby Collazo, Olga Guillot, Vilma Valle, el locutor Rolando Ochoa y otros. De tal forma comienza a fortalecerse un período más de labor conjunta entre Bola y la Montaner, el cual —ya desde febrero— los induce a participar con Vargas en un espectáculo que los empresarios el Circuito CMQ patrocinan en Radio Cine.

Con Rita Montaner en Tropicana

No obstante, el máximo esplendor de sus actuaciones conjuntas, a partir de este año, estará en los en los *shows* de las 11: 30 p. m. y 1: 30 a. m. del restaurante-cabaret Tropicana, que el 31 diciembre 1939 inaugurara Víctor Correa en Villa Mina, la residencia, antes ocupada por don Regino Truffín en la barriada habanera de Marianao.

Con Isora, *La diosa blanca de los ritmos negros*; María Ramos, intérprete de danzas españolas, los animadores Raúl Revilla y Arturo Liendo y las orquestas de Ernesto Grenet y Armando Romeu (hijo), Rita y Bola inician sus temporadas en Tropicana. Noche tras noche, familias de la sociedad habanera disfrutan en tan hermoso lugar de la deliciosa comida que a partir de las 9: 00 p. m. se sirve en las mesas situadas en la terraza; de los bailables de las citadas agrupaciones musicales y, al llegar la medianoche o la madrugada, de la Montaner en obras cubanas o de otras naciones de América Latina y de Ignacio Villa con sus estampas negras y canciones intimistas.

La primera gran escuela para poner su arte al servicio del público ávido de distracción en un centro nocturno la pasa Bola de Nieve en Tropicana, donde comprende cómo es el cabaret:

> [...] la magia que puede el artista tener sobre el público, o sea, la personalidad que ejerce sobre la pista de su trabajo. En el cabaret el artista, por lo general, está rodeado por mesas y aunque esté de espaldas o de frente a una parte del público, puede conseguir la atención de todo él. No debe olvidarse nunca que el público de cabaret va a divertirse y a beber, y creo que el artista no debe ser de los que beben. Beber, en el caso de trabajar en el cabaret, es alternar y aquí, como es natural, alternar es descender.[130]

Tales criterios se complementan con otras consideraciones suyas sobre al cabaret, en el cual, según Bola de Nieve:

> La primera canción hay que cantarla con los pies, las uñas, los ojos y todo... con la piel. A mí no me interesa [...] que me aplaudan, porque un maromero se tira de un trapecio muy alto, le dan una ovación y nada más puso en juego su cosa física. Pero cuando te ofenden en la cosa sentimental [...], o sea, en tu sensibilidad —que la explicarías como cuando vas a tomar un grano de polvo y no lo puedes tocar, separar de la masa—, entonces, herirte la sensibilidad es una cosa que no tiene comparación. Cuando uno está trabajando en ese plano, la ovación final no es lo que interesa, sino el silencio en el centro de la canción, que se coman todo lo que les estoy dando sin protestar. ¿Qué hago con que me den una ovación y estén hablando toda la noche cuando estoy tocando? Lo que agradezco siempre es el silencio en el intermedio, después de los primeros ocho compases, puesto que voy a tocar a un lugar, donde la gente no va predispuesta a mí,

---
130. Ciro Bianchi Ross: Art. cit.

sino a beber y a divertirse, sin el sacrificio de soportarme callados. En esas cosas hay que darle siempre muchas gracias a la naturaleza [...] ¡y a cualquier público que me haga ese favor [...] ![131]

De izquierda a derecha: con Luis Sandrini, Rita Montaner, Bola de Nieve, Tita Merello y Charlo en Tropicana

Por eso se hace extraordinaria la proyección histriónica de Ignacio Villa mientras canta en el primitivo Tropicana, donde su arte llega a la apoteosis al estrenar —luego de un año de riguroso estudio— el *Mesié Julián* que le dedica Oréfiche: *Yo, soy negro social,/ soy intelectual y chic./ Y yo fui a Nova Yol,/ conozco Broguay, Parí./ Soy artista mundial/ y no digo más,/ chachá./ Yo, que un día bailé/ el french cancán.// Cómo acabó en/ Broguay/ mi bongó;/ Y al volvé al solá/ me han de llamar/ mesié.// Yo me llamo Julián/ Martínez, Vidal y Ruiz,/ y se me hasta olvidó/ que en Cuba yo fui/ totí.// Fui el gran yentlemán/ de blondas allá en Parí,/ y hasta en Hollywood,/ yes, yes, oui, oui.// Yo soy mesié.,/ Pero mesié Julián/ Martínez, Vidal y Ruiz.*

Entretanto, Rita se tira un chal sobre la bata cubana de hilo, adornada con encajes y cintas, para cantar el tango-congo de Eliseo Grenet que gracias a ella diera la vuelta al mundo: «¡Ay! Mamá Inés». *Aquí 'tán todo' lo' negro'/ que venimo' a rogá',/ que nos concedan permiso para cantá' y bailá'./ ¡Ay Mamá Iné'; ay Mamá Iné'!,/ todo' lo' negro' tomamos café.// Belén, Belén, Belén,/ adónde e' ta' tú metí'a/ que po' to' Jesús María/ yo te buscá y no te encontrá/*

---

131. Bola de Nieve. Entrevista a Radio Panamericana, de Lima. Vid nota 9.

Yo e' taba en casa 'e madrina,/ que ayer me mandó a buscá'/ en el solá' de la esquina,/ ella vive en el Manglar./ ¡Ay Mamá Iné'; ay Mamá Iné',/ todo' lo' negro'·tomamos café. [...].

A Eliseo Grenet, pero con letra de Teófilo Radillo, pertenece el tango-congo con que Bola responde a la Montaner: «Tata Cuñengue». *De la negra tribu/ del África ardiente/ traigo el tango congo/ y el ritmo caliente/ y la ceremonia, sagrada y valiente,/ con el rico son/ a tambó' crujiente/ 'pena se va/ y ahora el guateque/ va a comenzá'/ pa' que se fijen to' lo' presente'/ cómo se mata el alacrán.// Ju, Ju, ¡ay! / Tata Cunengue lo va a matá',/ son bicho malo domesticá'./ Cuánta cabeza, cuánta ponzoña,/ cuánta pezuña del animal,/ Tata Cuñengue lo va a matá'.*

De inmediato Rita Montaner entresaca de su repertorio una magistral página que Moisés Simons dedicaría a un elemento de la fauna cubana: «Chivo que rompe tambó». [...] *Si lo cojo,/ fui qui ti fuá, fui qui ti fuá, fui qui ti fuá/ toma, chivo patillúo, sinvergüenza 'pestoso a berrenchín./ ¡Ay, Changó, que e'te negro ya no pue' viví' sin su tambó'./ Chivo que rompe tambó'/ con su pellejo paga,/ y lo que e' mucho peó'/ en chilindrón acaba...*

Bola pone en vilo a los asistentes con su invocación a *Babalú* en la obra de igual nombre compuesta por Margarita Lecuona: «*Babalú*», *Babalú Ayé,/ Babalú Ayé./ Ya 'ta empezando lo velorio/ que le hacemo' a Babalú:/ dame diecisiete velas/ pa' ponerlo en cruz./ Dame un cabo de tabaco, Mayenye,/ y un jarrito de aguardiente;/ dame un poco de dinero, Mayenye,/ pa' que me dé la suerte. [...].*

La Única retoma las creaciones de Simons e interpreta su más célebre pregón, el cual ella estrenara en 1928: «El manisero». *Maní, maní, maní.../ Si te quieres por el pico divertir,/ cómprame un cucuruchito de maní./ Ay, que calentico y rico e' tá,/ ya no se puede pedir más./ Ay, caserita no me dejes ir/ porque después te vas a arrepentir/ y va a ser muy tarde ya./ Manisero se va./ Caserita no te acuestes a dormir/ sin comprarme el cucurucho de maní. [...].*

Ambos dejan a un lado las piezas de corte folclórico para dar paso a las de su repertorio latinoamericano. La voz de la Bola se torna patética al entonar «Alma mía», de María Grever: *[...] Si yo encontrara un alma como la mía,/ cuántas cosas secretas le contaría;/ un alma que al mirarme sin decir nada/ me lo dijese todo con su mirada.// Un alma que al besarme, con suave aliento,/ al besarme sintiera lo que yo siento./ A veces me pregunto qué pasaría/ si yo encontrase un alma como la mía.*

A seguidas, la Montaner manifiesta una profunda emotividad al cantar el tango «Uno», con texto Enrique Santos Discépolo y música de Marianito Mores:: *[...] Si yo tuviera el corazón,/ el corazón que di;/ si yo pudiera como ayer/ querer sin presentir..../ Es posible que a tus ojos/ que hoy me gritan su cariño/ los cerrara con mis besos/ sin pensar que eran como esos/ otros ojos, los perversos,/ los que hundieron mi vivir...// Si yo tuviera el corazón,/ el mismo que perdí,/ si olvidara a la que ayer/ lo destrozó y pudiera amarte.../ Me abrazaría a tu ilusión/ para llorar su amor. [...].*

Finalmente se funden las voces de Rita Montaner e Ignacio Villa en Tropicana y propician una alegría contagiosa en horas de la madrugada habanera con su peculiar recreación onomatopéyica lograda en «Yambambó», de Emilio Grenet-Guillén:

¡Yambambó, yambambé!
Repica el congo solongo,
repica el negro bien negro;
congo solongo del Songo
baila yambó sobre un pie.

Mamatomba,
serembe cuserembá.

El negro canta y se ajuma,
el negro se ajuma y canta,
el negro canta y se va.

Acuememe serembó,
aé,
yambó,
aé.

*Tamba, tamba, tamba, tamba,
tamba del negro que tumba;
tumba del negro, caramba,
caramba, que el negro tumba;
¡yamba, yambó, yambambé!*

En Tropicana con la cantante norteamericana Sophie Tucker, Víctor Correa, entonces propietario del restaurante-cabaret, Rita Montaner y el coreógrafo Sergio Orta (extremo derecho)

Félix Guerrero, director de orquesta, arreglista y compositor de reconocido prestigio, resume la trascendencia del dúo Ignacio Villa–Montaner, que él puede apreciar desde el decenio de los cuarenta del siglo XX:

> Cuando él y Rita se unían en la escena era algo fuera de serie. Hay cosas que no se refrendan, a pesar de que más de una persona opine que pueden surgir otro Bola de Nieve y otra Rita Montaner. Yo creo que más bien puede darse a conocer una figura capaz de cultivar los géneros musicales abordados por esos dos geniales creadores, porque el tiempo ha confirmado el carácter irrepetible del arte individual de Rita y Bola y de su condición ocasional de pareja artística, que encarnó un criollismo tan maravilloso. Después de ellos salieron y saldrán artistas muy notables. Pero los momentos de su actuación quedaron en la historia —no sé si mis palabras

son atrevidas— con la misma fuerza que la huella de nuestros grandes compositores.[132]

En aquellos meses de Tropicana, la casona familiar de Bola de Nieve en la calle División, de Guanabacoa, constituye un centro de cita dominical de personalidades cubanas y extranjeras[133] que visitan La Habana. Por tales tertulias desfilan Nicolás Guillén —identificado como un miembro más de la familia—, Alejo Carpentier, Pablo Neruda, Rafael Alberti y su esposa, la también escritora María Teresa León, Alfonso Reyes, Ernesto Lecuona, Pedro Vargas, Rita Montaner, Esther Borja, María de los Ángeles Santana, los musicólogos María Antonieta Henríquez e Hilario González, el compositor mexicano José Sabre Marroquín, numerosos periodistas, músicos, actores y actrices… una legión de intelectuales reunidos para disfrutar de los platos criollos que cocina Inés Fernández, así como del canto y el baile.

> Tuve el placer de visitarlo varias veces en su casa de Guanabacoa. Inés, la madre, cocinaba un congrí riquísimo. En aquella casa se cocinaba para todo un pueblo. Los domingos, desde por la mañana, las ollas empezaban a preparar en un gran fogón de carbón la comida de los invitados. No hubo personalidad […] de aquellos tiempos que no asistiera a las tertulias en casa de Bola. Allí todos eran hospitalarios. La puerta de la calle no se cerraba. El almuerzo se servía como a las cinco de la tarde, y tanto antes como después se escuchaban toques de tambor y bembés. Los bailes duraban hasta casi las dos de la mañana. Era como una gran fiesta gitana en que cada uno echaba su taconeo. Siempre he creído que Bola fue como una especie de "centro de acopio" de toda aquella cultura afro que continuamente gravitaba sobre él [relata el compositor, pianista e investigador musical Hilario González].[134]

---

132. Testimonio que el autor graba al maestro Félix Guerrero para un programa radial dedicado a Bola de Nieve.
133. Aunque no participa en las aludidas reuniones, en 1951, durante una visita a Cuba, esta casa es visitada por José Mojica — ya ordenado sacerdote franciscano en Perú— para saludar a Inés Fernández.
134. Leonardo Depestre: *Cuatro músicos de una villa*. Editorial Letras Cubanas,

Nicolás Guillén recoge, en una de sus crónicas, todo el ambiente bohemio en la casona guanabacoense de Ignacio Villa, cuyo patio —presidido por Pancho, un pavorreal al que Inés Fernández celebra todos los cumpleaños— sirve de escenario a la entonación de una rítmica melodía que recorrería el mundo: «Sun, sun, damba aé..».

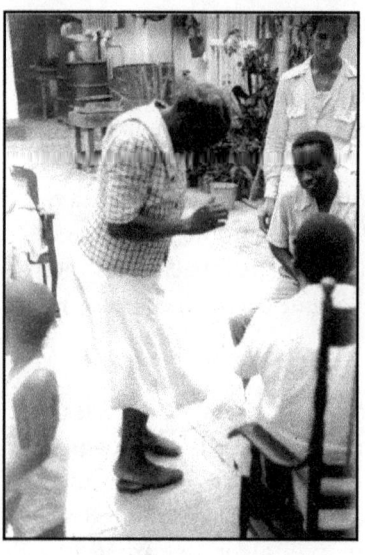

Inés Fernández durante una de las famosas fiestas en su morada guanabacoense

No había invitados, pues cada cual llegaba como a casa propia, sin otra ceremonia que la de tomarse el trabajo de dar los buenos días. Claro que los más íntimos nunca se sintieron dispensados del abrazo de Inés, «la vieja», que oficiaba desde temprano ante los fogones como ante un ara criolla humeante y olorosa.

En el ancho patio de ardoroso cemento, tambores y guitarras. A veces, la temperatura de la reunión subía al socaire del trago, y entonces levantábase el rumbón abierto, que Inés corría a encabezar, dando el santo y seña. ¡Aquellas tardes del «Sun, sun, damba aé»! Ninguno de los que allá nos juntábamos habrá borrado de la memoria el coro punteado por los tambores, en el que se mezclaban las voces másculas de los negros con el fino metal de las gargantas femeninas, repitiendo hasta el delirio la copla elástica, melancólica y obsesionante:

Sun, sun, sun,
sun, sun, damba aé,
pájaro lindo de la madrugá...[135]

La Habana, 1990, pp. 82-83.
135. Nicolás Guillén: «Paréntesis: Bola de Nieve». *Hoy*, La Habana, 21 de julio de 1960.

Las fiestas en la casona guanabacoense de Bola de Nieve trascenderán a la novelística cubana en *La consagración de la primavera*, de Alejo Carpentier, premio Miguel de Cervantes Saavedra 1978. La referencia aparece en una parte de la trama donde el personaje de la bailarina rusa Vera —después de su llegada a La Habana, procedente de Europa— es invitada a asisitir a una de ellas para que pueda apreciar nuestro folclore coreográfico:

> Y a ese lugar llegamos, una noche, después de cruzar la bahía en la lancha *Nicolás Lenin*, y de tomar un autobús en Regla, frente a una taberna mexicana pintada con colores de sarape, oliente a tequila y guacamole, cuya rocola patriotera y jingoísta alzaba voces de mariachis en jipíos de corridos a la gloria de Jalisco o de Pénjamo... El lugar era la casa de un músico negro, cantante y pianista —lo llamaban Bola de Nieve— ahora en gira por América del Sur, y que, en su ausencia, dejaba sus puertas abiertas a quienes en su patio querían armar holgorios de tipo familiar, bajo la nada engorrosa vigilancia de una madre anciana, ahora atareada frente a sus anchos fogones, en una preparación de olletas de «rabo encendido», que la tenían andando a lo largo y ancho de la cocina, a paso de baile, añadiendo percusiones de cucharón sobre cazuelas y sartenes a la concertante batería que afuera se estaba organizando. Porque, aunque todo hubiese empezado como cualquier fiesta un poco aldeana, con las mujeres modosamente sentadas en círculo en torno al espacio de danza, ya los tambores empezaban a tronar, golpeados por hombres de una rara corpulencia que, durante el día, trabajaban en la estiba de barcos. Y pronto se estableció un contrapunto de golpes secos, espaciados o repetidos, redoblados, sincopados, tremolantes, simétricos en intensidad, asimétricos en ritmo, y sin embargo integrados en una unidad, que se adicionaban como las voces de una fuga, en un todo coherente y estructurado por un instintivo sentido del equilibrio. Poco a poco se formaron parejas, saliendo al ruedo, pero para gran asombro de Vera, esas parejas no se abrazaban, ni trataban los hombres de restregarse a

las mujeres —con alguna añadidura de *cheek-to-cheek* como ocurría en los dancings europeos. Aquí —y esto la maravillaba— las gentes —*bailaban por bailar*—, por el placer de bailar, por el júbilo de bailar, con una tal ausencia de malicia que los mismos movimientos de hombros, de caderas, las ondulaciones de los cuerpos, las intencionadas persecuciones a la hembra que a tiempo, con ágil escamoteo de sí misma, esquivaba en pícara voltereta un excesivo acercamiento del varón a las cadencias de su grupa, conservaban la honestidad de ciertos ritos antiguos, donde los simulacros eróticos de la fecundación obedecían a las leyes de una armonía corpórea que era, a su vez, acción significante de una cierta sacralidad primordial. Hubo un descanso, en que de la cocina salieron, olorosas y realzadas por un ají del infierno, las olletas del «rabo encendido», y, después de un conciliábulo de Gaspar con los tamboreros, Vera fue sentada en un taburete de honor, frente a las mujeres agrupadas en el fondo del patio. —«Párate»— advirtió Gaspar. «Se va a hacer lo que no se hace para nadie: te van a sacar un diablito abakuá, aunque no con el traje —el *saco*—, porque eso es para otra clase de fiesta». Sonaron los tambores otra vez —aunque con ritmos enteramente distintos a los anteriores— y, de repente, como llevado por un prodigioso impulso giratorio, rotando sobre el pie izquierdo, mientras el derecho, a ras del suelo, trazaba vertiginosos molinetes, un danzante cruzó el patio a pasmosa velocidad, irguiéndose repentinamente ante Vera, vertical e inmóvil como estatua, de piernas juntas, de manos agarradas a sus propias muñecas. Y, luego, fueron fingidas agresiones a los presentes, carreras amenazadoras contra éste o aquél, para pararse en seco ante quien no había retrocedido un paso, haciendo gestos de golpearle la cabeza con un bastón imaginario, hasta que, volviendo a su posición inicial, regresó el bailador al cuarto de donde había salido, desapareciendo como sorbido por el torbellino de su propia sombra. Vera, estupefacta por la fuerza de lo visto, empezó a aplaudir. —«Deja eso» —dijo Gaspar:

«Que esto no es un *show*. Ahora viene lo mejor: lo que se ve ya muy poco: un baile *arará*»... Cuatro hombres se situaron en los puntos cardinales del ámbito. Y, de súbito, empezaron a saltar, a saltar sin prisa, uno tras del otro, sin prisa, como sin esfuerzo, como levantados por un trampolín invisible, y cada salto era más alto que el anterior, acompañándose de un gesto de codos y antebrazos proyectados hacia delante. Los saltos verticales eran ahora cada vez mayores, con recaídas cada vez más breves, en tal suerte que, apenas tocaban el suelo volvían a dispararse hacia arriba. Y llegó el instante milagroso, increíble, en que los cuatro hombres *flotaron*, literalmente, en el espacio, sin contacto aparente con el piso. —«¡Esto es *elevación*, carajo!»— gritó Vera, usando por vez primera de una mala palabra en mi presencia. De frente encendida, de mejillas rojas, sacada de sí misma, maravillada, miraba el espectáculo, llevándose a veces las manos a las sienes, en un gesto que solo suscitaba en ella una suprema admiración. Y hubiese querido que aquello prosiguiese toda la noche, si los danzantes, habiendo alcanzado la cima posible de sus levitaciones, no hubiesen regresado, de pronto, a nuestro nivel, agotados por el esfuerzo, y pidiendo ron del fuerte, del blanco, del recio, pero no para beberlo, sino para frotarse el pecho y las espaldas relucientes de sudor. Y volvió la fiesta a su estilo normal de alegre reunión familiar y un tanto provinciana, sin que nada nuevo se ofreciese a nuestras miradas. —«Vámonos» —me dijo Vera: «Esto ya no tiene interés después de lo otro. Al lado de lo que vimos, el salto famoso del *Espectro de la rosa* es una mariconada; los *Ícaros* de Lifar, una miseria»... Y, cuando volvimos a cruzar la bahía a bordo de la *Nicolás Lenin*: «Si Nijinsky hubiese contado con bailarines así, su coreografía primera de *La consagración de la primavera* no hubiese sido el fracaso que fue. Era *esto* lo que pedía la música de Stravinsky: los danzantes de Guanabacoa, y no los blandengues y afeminados del ballet de Diaghilev...[136]

---

136. Alejo Carpentier: *La consagración de la primavera*. Siglo XXI Editores, 1978, pp. 257-260.

Rita Montaner y Bola de Nieve encabezan el numeroso elenco que a las 8: 00 p. m. del 25 de enero de 1947 actúa en el Gran Stadium de La Habana para homenajear al cantante Miguelito Valdés por sus triunfos en Estados Unidos de Norteamérica, donde impone su novedoso estilo en la interpretación de los ritmos criollos, fundamentalmente del que sería su mejor carta de presentación: la conga. Se suman a ese programa, entre otros, el cancionero puertorriqueño Boby Capó, Celia Cruz, Olga Guillot, María de los Ángeles Santana, Graciella Santos, las Hermanas Lago, las Hermanas Márquez, el trío Servando Díaz, el barítono René Castelar y Nilda Espinosa, así como los actores cómicos Aníbal de Mar, Mimí Cal y Leopoldo Fernández, el animador Rolando Ochoa, la rumbera Isora y los directores de orquesta Félix Guerrero, Enrique González Mantici y Roberto Valdés Arnau.

Simpáticas declaraciones de Villa incluye el semanario habanero *Bohemia* el 13 de abril de 1947 bajo el título de *Entre ases del teclado*:

Bola de Nieve es un ameno e ingenioso conocedor. En todos los momentos, en cualquier situación, a Bola le brota el comentario oportuno, la frase aguda, y en muchas ocasiones, la sentencia cáustica.
No hace mucho, Bola de Nieve y otro pianista, platicaban en un estudio de CMQ. Este último decía:
—Tú, Bola, no sé qué piensas: nunca cambias el repertorio. Deberías hacer como yo, que siempre estoy renovando el mío. ¡Desde que te conozco tocas lo mismo!
Ripostó el incisivo autor de *Drumi, Mobila*:
—Es que yo no renuevo mi repertorio... ¡yo lo perfecciono!
La controversia llegó al clímax cuando Bola de Nieve afirmó con aparatosidad:
—Yo, aunque tú no lo creas, soy más grande que Brahms.
—¿Por qué? —preguntó, asombrado, su interlocutor.
—Te lo voy a demostrar...—responde el ebánico pianista y compositor. Yo puedo tocar todas las composiciones del maestro alemán y lograr que éstas sean reconocidas fácilmente por quienes las oigan. Pero que Brahms

resucite e interprete *Mesié Julián*... ¡y vamos a ver si hay alguien que pueda reconocer al pobre *Mesié*! Y ahí terminó la discusión.[137]

El acto de 1947 por el Día de la Canción Cubana,[138] que el 24 de abril se celebra en el Auditórium, contempla *La bayamesa*, obra dramático-musical de Rubén Romeu, la cual —bajo la respectiva dirección artística y orquestal de Lorna de Sosa y Rodrigo Prats— protagonizan María de los Ángeles Santana —debutante en el teatro dramático—, Gina Cabrera, Gaspar de Santelices, Blanca Becerra, Enrique Santisteban, Néstor de Barbosa, Ricardo Lima, Antonio Vázquez Gallo, Ángel Espasande, Pedro Martín Planas, José P. Arrechavaleta y otros.

Para esa puesta en escena, Bola colabora en la dirección coral y ayuda al autor del libreto a escoger las partituras insertadas en la acción dramática, cuyas orquestaciones escribe Félix Guerrero. Son ellas: «La bayamesa», con música de Carlos Manuel de Céspedes y Francisco Castillo Moreno y la letra improvisada por los mambises al recordar el incendio de la heroica ciudad de Bayamo, en 1869; la versión original del Himno de Bayamo, de Pedro Figueredo, Perucho, *Rezo*, de Ernesto Lecuona, «La volanta», de Sánchez de Fuentes; «Contradanza», de Prats, «Miradas de fuego», de Armando Romeu (padre); «Soñar... soñar», del propio Rubén Romeu y la antológica canción de cuna «Drumi, Mobila», de Ignacio Villa.

Luego de la anterior jornada, inicia otro recorrido por distintos parajes del continente latinoamericano. El 2 de julio viaja a México, donde tiene determinados contratos, y retorna a La Habana veinte días más tarde. Casi de inmediato sale hacia Caracas a fin de cumplir un compromiso pendiente, y brevemente retorna a Buenos Aires. Al saludarlo en la capital argentina, Erich Kleiber, el acreditado director der orquesta austríaco, recién contratado entonces por la dirección del teatro Colón —luego de cubrir una memorable etapa al frente de la Filarmónica de La Habana—,

---

137. *Bohemia*. La Habana, 13 de abril de 1947, pp. 29-30.
138. A iniciativas de la periodista Conchita Gallardo, el Día de la Canción Cubana se instituye oficialmente en 1945 para celebrar, cada 3 de abril, la efeméride del natalicio del compositor Eduardo Sánchez de Fuentes. Por distintas causas, en los años que se realiza, varía la fecha con respecto a la establecida originalmente.

profiere: «El mejor regalo que puede hacerme Cuba, encontrarme aquí con Bola de Nieve».[139]

Posiblemente también sea en esos meses de 1947 cuando Ignacio Jacinto visita por primera vez a Brasil y actúa en São Paulo y Río

En Buenos Aires con el director de orquesta Erich Kleiber

de Janeiro. En esta última ciudad contempla los tradicionales festejos del carnaval.

> [...] tan famosos, tan llenos de colorido, de mulatas maravillosas, y sin embargo, van bailando músicas muy tristes. Letras que le dan a uno ganas de llorar. Pero qué música la del Brasil. Yo prefiero São Paulo. A mí en Río me discriminaron por ser negro. Fue el único lugar del mundo donde me discriminaron por negro. Y ya tú ves, es una ciudad de negros. Por eso me dolió. [...].[140]

Durante su permanencia en el país más grande de América Latina conoce *O mar* y otros cantos playeros de Dorival Caymmi, así como sambas de Ary Barroso, al que hará creaciones en portugués de «Tenho saudade», «Os quindins de yayá» y «Bahia».

Al llegar octubre se prepara para actuar en distintas ciudades de España dentro del espectáculo de la Compañía de Conchita Pi-

---

139. *La Gaceta de Cuba*. La Habana, octubre de 1971, p. 21.
140. Marta D. Solís: Art. cit.

quer,[141] quien el año anterior —al visitar La Habana— pronostica a Bola de Nieve que gustará en la península ibérica, después de oirle tocar el piano y cantar.

De sus admiradores cubanos se despide desde el programa *El show de Bola de Nieve*, ocasión en la que los miembros de la Orquesta CMQ le obsequian una pluma fuente con una dedicatoria grabada. Al recibir el regalo, Ignacio Villa declara, emocionado:

> No sé decir nada más que estoy muy agradecido y que, además, yo los quiero tanto que no se lo tengo que decir. La gente que me ve por el micrófono me siente; porque ante el micrófono no hace falta linda ni buena voz, sino sentirse bien o mal y el público lo adivina si es radioyente. Si no es radioyente no lo sabe. [...] Así es que el público sabe que estoy emocionado. Y no lo digo, porque es tan cursi que empiezo a llorar y llorando debo ser muy feo, ¿verdad? Entonces, por esa razón no les doy las gracias [...].[142]

Ya en viaje de tránsito hacia Europa, trabaja en Nueva York ante los micrófonos de la NBC —Nacional Broadcasting Company— emplazados en Radio City. Y, vestido como un *lord* inglés, acorde con su descripción, arriba a principios de noviembre a la capital de la España, que, bajo el régimen del general Francisco Franco, aún se recupera de las heridas de la Guerra Civil.

Como una de las atracciones del conjunto de la Piquer, el debut de Bola de Nieve en el teatro Principal, de Valencia —en noviembre de 1947— supera los augurios de la artista, pues él no solo gusta, sino que arrebata al público desde su primera salida a

---

141. Concepción Piquer López (Valencia, 1908-Madrid, 1990). Debuta a los once años de edad en un teatro de su ciudad natal. Obtiene tal éxito que en 1923 la contratan para actuar en Estados Unidos de Norteamérica y durante largo tiempo trabaja en el Winter Garden, de Nueva York, en un espectáculo que centraliza Eddie Cantor. A su regreso a España se le considera *La reina de la tonadilla*, y participa en numerosos espectáculos al frente de su propia Compañía, con la cual lleva a efecto giras por América Latina. Si bien su quehacer cinematográfico resulta escaso, en este medio llega a reiterar sus dotes dramáticas. Auténtico mito de la canción española, se retira de la escena en 1964 y solo vuelve a presentarse en determinadas ocasiones junto con su hija: Conchita Márquez Piquer.
142. Transcripción del programa, el cual se graba en una cinta magnetofónica correspondiente al archivo del autor.

las tablas en la nación ibérica, sobre todo, por su repertorio afrocubano. Aunque ni el propio Ignacio Jacinto puede explicárselo, comprueba cómo las composiciones «negras» —cuyas letras no entienden los españoles— son las que más los emocionan. En tal sentido, puntualizaría: «Después de cantar composiciones "afros" los vi llorar».[143]

Teatro Principal, Valencia. Al debutar en esta ciudad con la Compañía de Conchita Piquer

El diario valenciano *El Triunfo* dedica una de sus páginas a Ignacio Villa, que responde a las preguntas de diversa índole formuladas por el periodista encargado de entrevistarlo:

—Y este género suyo, el folklore afrocubano, ¿qué es?
—Primeramente le advertiré que el término «afrocubano» no es exacto. ¿Por qué lo de afro? Cubano y basta. Cubano, nacido de la mezcla de blancos y negros para conseguir lo mulato... Con un antecedente cierto de lo español. ¿No me ve a mí? Ignacio Villa Fernández me llamo. Juegue el españolismo de los nombres.
—¿Qué público le parece a usted más difícil, el cubano, el suyo, o este español que ahora empieza a conocer?
—Ninguno. Todos los públicos son igualmente fáciles o difíciles. Depende del sentido de la responsabilidad del artista. Porque hay artistas de veras y otros que no lo son tanto.
—Eso es... Pero a pesar de eso [...] las reacciones de uno y otro público...
—No son iguales, claro. Los cubanos son... ¿cómo lo explicaría? Míreme a mí: un papagayo que nunca cesa

---

143. *Bohemia*. La Habana, 7 de agosto de 1949, p. 45.

de hablar, apasionado, con algo del histerismo tropical, ruidoso... Pues bien: así somos los de allá...[144]

Incontables alabanzas provoca la personalidad de Ignacio Villa a su paso por teatros de Barcelona, Zaragoza, Córdoba, Jerez de la Frontera, Granada y Sevilla, donde, una vez que termina la salva de aplausos a su *¡Mesié Julián*, una voz procedente de la tertulia resuena en la sala: «Oye, ¿y no vas a tocar La vaca lechera?». De inmediato, improvisando sobre el teclado, Bola recrea una magnífica estilización de la reclamada tonada compuesta por Fernando García Morcillo. Sin aún terminarla, las manos de los espectadores se agitan en una ensordecedora ovación.

Sus compromisos con la Piquer acaban en Granada y un contratado del empresario Conrado Blanco lo hace retornar a Madrid. Los asiduos aficionados al teatro y los críticos ya han «[...] oído hablar de un pianista y cantante negro que gustaba un horror».[145] La cartelera y programas del teatro Lara anuncian en aquellos días: «Éxito del gran cantante cubano Bola de Nieve», frase que despierta la curiosidad del reputado y temido crítico peruano Felipe Sassone, quien, tras ser presentado al artista criollo en ese coliseo, le pregunta momentos antes de la función: «¿De qué tiene usted voz? ¿De tenor, de barítono o de bajo?»... La respuesta lo desconcertaría: «De ninguna de esas que usted dice. Tengo voz de persona, que es la única que me hace falta para hacer la».[146] Un rato después, desde su palco, Sassone es el primero en ponerse de pie y gritar «¡Bravo!» al decir Villa las últimas notas del cubanísimo pregón «El manisero», y al siguiente día escribe: «Este negro con "voz de persona", que es la única que necesita para emocionar a los que lo escuchan...».[147]

Posteriormente, participa —durante una semana— en un espectáculo de variedades en el Teatro de la Zarzuela, y luego en el estupendo restaurante Villa Romana. Más que una atracción artística, representa un invitado de honor en la cena de despedida que el marqués de Deleitosa ofrece en su residencia al duque de Alba, al este regresar a Gran Bretaña en responsabilidades diplomáticas.

---

144. *Bohemia*. La Habana, 7 de marzo de 1948, pp. 76-78.
145. *Bohemia*. La Habana, 7 de agosto de 1949, p. 45.
146. Bola de Nieve. Entrevista a Radio Panamericana, de Lima. Vid nota 9.
147. *Bohemia*. Vid nota 145.

En grabaciones comerciales se recogen sus interpretaciones de «El dulcero» (Lecuona), «Chivo que rompe tambó» (Simons), «Mesié Julián» (Oréfiche) y «Drume, negrita» (Ernesto Grenet). También adquiere partituras destinadas a enriquecer su repertorio, entre ellas, «Lo decembre congelat», villancico catalán anónimo del siglo XVIII; y «El caballero de Olmedo», fina canción con música del compositor cacereño Juan Solano y letra de los poetas José Antonio Ochaíta y Xandro Valerio, quienes se inspiran en la obra teatral homónima de Félix Lope de Vega: *La llamaban Rosa Luna,/ era de rosa y marfil,/ gitana de las Castillas,/ nacida en Valladolid./ En una feria/ sus ojos negros/ encandilaron a un Caballero./ Que fue en Medina sí, sí,/ que fue en Olmedo.// Retírese el fachentoso,/ no corteje a Rosa Luna./ Le siguen sus cuatro primos/ desde las doce a la una.// No te fíes de la noche,/ que la noche es muy gitana,/ y al que le siguen de noche/ muerto está por la mañana./ De noche le seguirán al Caballero/ la gala de Medina, la flor de Olmedo.// A la orilla del Pisuerga/ un Caballero gentil/ atravesa de navajas/ de cara a Valladolid./ Son cuatro golpes,/ golpes certeros,/ y escrito en sangre/ va este letrero:/ Que fue en Medina sí, sí,/ que fue en Olmedo.// Que no culpen a Justilla/ por esta gente ninguna;./ le matan cuatro gitanos/ por querer a Rosa Luna.// No te fíes de la noche,/ que la noche es muy gitana,/ y al que le siguen de noche/ muerto está por la mañana./ De noche le mataron al Caballero,/ la gala de Medina,/ la flor de Olmedo.*

Por aquellos tiempos, Andrés Segovia —el más destacado guitarrista clásico del siglo XX— afirma: «Cuando escuchamos a Bola parece como si asistiéramos al nacimiento conjunto de la palabra y la música que él expresa»;[148] y el dramaturgo Jacinto Benavente, —premio Nobel de Literatura— opina: «No se puede hacer más con una canción».[149] A su vez varios críticos españoles coinciden al observar calidades de alto rango en el desempeño profesional de Bola de Nieve y subrayan su carácter polifacético al abarcar desde un *lied* y canciones sentimentales hasta composiciones de pura raíz afrocubana. Al respecto quedan los siguientes enjuiciamientos en la prensa[150] peninsular: «… Y como número excepcional se

---

148. Raúl Nass: Art. cit.
149. Fernando G. Campoamor: Art. cit.
150. Las críticas que aparecen en este párrafo se publican el 19 de junio de 1948

presenta en España Bola de Nieve, que en el ritmo de la canción afrocubana alcanza una bellísima y auténtica expresión» [*Arriba*]; «En sus interpretaciones del folklore afrocubano, y particularmente en una nana llena de sentimiento y poesía, ganó grandes ovaciones Ignacio Villa, Bola de Nieve» [*ABC*]; «… La actuación de Bola de Nieve, ese estupendo artista que cantó una nana con tan maravilloso buen gusto y tan sincera emoción que a muchos ojos asomaron lágrimas de enternecimiento. Es un artista digno de figurar en un programa donde todo cuanto se haga y diga sea sincero, emocional y personalísimo» [*Informaciones*]; «… destaca otro artista igualmente extraordinario: el negro Bola de Nieve, que al piano y con unas canciones llenas de exquisita ternura logró hacerse ovacionar del público» [*Hoja del Lunes*].

Con Ernesto Lecuona en Nueva York, 1948

De España parte hacia Nueva York, donde Ernesto Lecuona lo invita a actuar en el concierto que —el 20 de noviembre de 1948— ofrece en el Carnegie Hall.[151] Están en el elenco, además, la mezzosoprano Marta Pérez, una de las más excepcionales cantantes

---

en el «Magazine Ilustrado», del habanero *Diario de la Marina*.
151. Como parte de un contrato que en 1947 suscribe con la empresaria Berenece Kazounoff, de la firma Artists Management, con sede en Broadway, el maestro Lecuona se presenta en noviembre de 1948 en Estados Unidos. Además del Carnegie Hall, actúa en el Constitution Hall, de Washington (22) y la Music Academy, de Filadelfia (23). Solo se tiene la confirmación de que Bola participa en el programa del renombrado escenario neoyorquino y no en el resto de la gira.

líricas de Cuba; la soprano América Crespo, el barítono René Castelar, la bailarina española Rosita Segovia y la pareja de pianistas Mario Carta-Enrico Cabiati.

Con «Drumi, Mobila» y «Bito Manué, tú no sabe inglé», allí experimenta la emoción más grande que, hasta entonces, recibe en su trayectoria profesional, pues el público, diría él «[...] me tributó una ovación cerrada sin haber tocado y me hizo salir nueve veces a escena después de haberlo hecho».[152] En el periódico *The New York Times* se valora de «verdadera revelación» su singular personalidad artística y lo consideran un *disseur* a la manera del norteamericano Nat King Cole y el francés Maurice Chevalier. Y un periodista de *Associated Press* asegura: «"Bola de Nieve" puede sentirse bien lo mismo en el "Gato Negro" que en el Carnegie Hall, pues sabe meterse a los públicos en un bolsillo».[153]

Con el boxeador cubano Kid Gavilán en Nueva York, 1948

Coincide Bola en aquel contexto con sus compatriotas Nicolás Guillén y el boxeador Kid Gavilán, departe en la escena del teatro Puerto Rico con Libertad Lamarque y en una revista musical que se lleva a cabo en el San

---

152. Ciro Bianchi Ross: Art. cit.
153. *Revolución*. La Habana, 13 de julio de 1964.

Juan aparece en la cartelera al lado de Eva Garza, Lou Walters, Tony Gary y Fausto Curbelo. Incorporado a un grupo de cubanos —como el crítico Germinal Barral (Don Galaor), el empresario Roberto Rodríguez y el periodista y escritor Félix Soloni— aplaude al tenor cubano Manolo Álvarez Mera en el centro nocturno Diamond Horseshoe, del hotel Paramount.

En Nueva York con otra primera figura del arte latinoamericano que mucho admiraría: Libertad Lamarque

Durante tal viaje a Nueva York recibe un contrato[154] de la gerencia del exclusivo café Society, por el cual desfilaran la vocalista y pianista Hazel Scott, la cantante Lena Horne y los pianistas Teddy Wilson y Art Tatum, entre otras celebridades de la música norteamericana. Los concurrentes se emocionan al escucharlo en piezas debidas a su estro poético; «Be Careful, it's my Heart», de Irving Berlin; «Les feuilles mortes», con música de Joseph Kosma y letra de Jacques Prévert; y el samba «Faixa de cetim», de Ary Barroso. En la revista *Variety* se comenta: «Bola de Nieve canta tan bien en español, inglés, francés y portugués, que una vez que se adapte a nosostros, es el artista indicado para cualquier nite club».[155]

Mi primer encuentro con Bola de Nieve había tenido lugar a mediados de la década de los años treinta, al llegar a La Habana para estudiar Composición con el maestro Amadeo Roldán. Él me interesó a partir de ese primer momento en que ya empezaba a destacarse por su estilo tan peculiar y, en cierto modo, me sorprendió, pues me preguntaba cómo una persona carente de voz para ser cantante, en el sentido literal de la palabra, podía irse rodeando de tanta admiración. Más tarde comprendí que su manera de

---

154. Inicialmente el contrato es por dos semanas, pero lo prorrogan a siete a causa del éxito de Bola de Nieve.
155. *Bohemia*. La Habana, 7 de agosto de 1949, p. 45.

expresarse musicalmente estaba apoyada en un pianismo extraordinario, desde todo punto de vista, principalmente en el juego armónico del acompañamiento de las obras de su repertorio y en su habilidad al resolver las dificultades de orden técnico-musical en el instrumento [narra el pianista, compositor y profesor Harold Gramatges, quien recibiera en 1996 el premio iberoamericano Tomás Luis de Victoria, que otorga la SGAE, Sociedad General de Autores y Editores, de España].

Desde entonces mantuve un contacto espontáneo con Bola de Nieve y deseo puntualizar en estas remembranzas una coincidencia de ambos en Estados Unidos entre 1948 y 1949, durante mis años de estudios en Nueva York con el compositor norteamericano Aaron Copland. Dentro de ese período, Bola se presentó en un lugar de suma exclusividad en los aspectos social, económico y artístico: el café Society, sitio bastante inaccesible para personas como yo, un simple joven estudiante.

Nueva York. Actuando en el Café Society

Pero, dada mi ya iniciada amistad con Bola en La Habana, tuve la oportunidad de entrar a través de la llamada «puerta de los artistas» y disfrutar de la actuación de mi paisano, la cual deslumbró al público con su capacidad para rodear cualquier pieza musical de un original ambiente sonoro. Según me contaron, pues no estuve presente esa noche, hay una anécdota interesante en ocasión de las actuaciones suyas en el Society, sobre todo por su otro protagonista: Paul Robeson, quien tras escucharlo se emocionó mucho, le dijo que nunca antes un cantante lo había conmovido tanto y, en honor a Bola de Nieve, cantó una serie de *spirituals*. Se me ocurre pensar cómo la sensibilidad del famoso bajo norteamericano pudo captar el peculiar arte de su colega cubano, que —sin una voz capaz de emitir música propiamente— transmitía una increíble carga de emociones.

Eso confirma lo que en realidad fue la labor escénica de Bola de Nieve: una forma de expresión, de sensibilidad, de calidad espiritual. Cuando uno lo trae al recuerdo, está habituado a relacionarlo con Rita Montaner y Benny Moré y —desde el punto de vista profesional— me cuesta trabajo compararlos, no en el sentido de su estatura individual, de lo que cada uno significa en la música cubana, sino porque Bola resulta ser una cosa distinta con respecto a los otros dos: es un fenómeno, algo realmente inexplicable, ya que hablar de un cantante «sin voz» parece algo absurdo, surrealista. Quizás él sea un clásico ejemplo de la intensidad del arte cubano, de disciplina, de estudio, de amor y entrega total a lo que se realiza.

Además, fue una persona de un intelecto increíble. Era necesario conocerlo más íntimamente para apreciar cómo se paseaba olímpicamente dentro de la cultura universal y eso justifica su posibilidad de realzar las canciones que interpretaba y decir perfectamente en su idioma original algunas correspondientes a otros puntos cardinales del planeta. También no era extraño que por su cultura, por su diálogo coherente, le impidieran hospedarse en hoteles renombradas figuras de la esfera humanística de distintos países y lo llevaran para sus casas, donde se sentían muy honrados teniéndolo de huésped.

De Ignacio Villa se puede hablar eternamente. Dejó un recuerdo imperecedero entre quienes tuvimos el privilegio de tratarlo y seguimos pensando, sin poderlo explicar debidamente, en el «fenómeno» Bola de Nieve, cómo pudo producirse en Cuba un caso de tal magnitud, un caso que hoy nos ayuda a comprender la idiosincrasia criolla y las raíces de nuestra cultura a lo largo de su historia.[156]

La vuelta a Guanabacoa no resulta del todo agradable, porque aún disfruta entre los suyos los triunfos en España y Estados Unidos de Norteamérica cuando Inés Fernández sufre un accidente auto-

---

156. Testimonio que el autor graba al maestro Harold Gramatges en 1998.

movilístico que pone en peligro su existencia. Mientras ella convalece en el hogar, Bola aprovecha para estudiar con vehemencia, valiéndose de su tocadiscos, canciones del folclore provenzal. Restablecida su progenitora, actúa entre julio y agosto en un espectáculo de «variedades» en el teatro Encanto con la orquesta femenina Anacaona y el organista Rafael Morales. Al mismo tiempo, se incorpora a plenitud a sus faenas profesionales en la radioemisora CMQ, la cual entonces transmite su amplia programación desde el moderno edificio de la calle 23, esquina a L, en El Vedado.

Conocí personalmente a Bola de Nieve en la CMQ, en 1949, unos meses después de yo debutar en esa radioemisora en el programa De Fiesta con Bacardí, porque al eso suceder él estaba en el extranjero. Como mi afición más grande ha sido la música, cada vez que veía desocupado un estudio con piano, entraba y me ponía a tocarlo. Un buen día en que me puse a repasar los Estudios sinfónicos, de Robert Schumann, obra capital de la literatura pianística, Bola apareció de pronto y me preguntó, pues parece que ya poseía referencias acerca de mí: «Tú eres Luis Carbonell, ¿no?». «Sí, soy yo. Mucho gusto», dado que lo admiraba desde que en Santiago de Cuba, donde yo nací, escuchaba un espacio radial que él tuviera en la CMQ [cuenta el prestigioso declamador, actor y músico].

Acto seguido, me dijo: «No sabía que tocabas el piano». Muy humildemente le respondí: «Yo no toco el piano, a mí me gusta el piano». Al ver como ejercitaba una técnica alemana que me explicara la pianista-concertista Zenaida Manfugás —muy moderna en aquel momento—, Bola de Nieve me hizo la siguiente observación: «Tienes muy buena precisión».

Por cierto, en esa oportunidad Bola se manifestó en desacuerdo con aquella obra de Schumann al afirmar: «No sé por qué razón Schumann calificó de sinfónicos a esos estudios. A mí no me suenan sinfónicos». Lo miré y tan solo le contesté: «Pero a Schumann sí».

A partir de tal momento hicimos una buena amistad. Pienso que él es una de las figuras artísticas más originales que ha dado Cuba y, aparte de eso, poseía una gran cultura y sensibilidad, aunque como ser humano era demasiado cáustico, demasiado duro, para opinar favorablemente de los demás artistas. Eso sí, su enjuiciamiento crítico era alto y bien fundamentado.

Creo que su forma de tocar y de expresar la música cubana no tiene parangón. Bola de Nieve es de los artistas que no se repiten. Y pienso que en su manera de hacerlo hay una influencia del pianista, compositor y director de orquesta argentino Lucio Demare, quien durante cierto tiempo integró un famoso trío con el cantante Agustín Irusta y el guitarrista, actor, autor y también cantor Roberto Fugazot. Bola visitó varias veces la Argentina, vivió largas temporadas allá, y es posible que de ahí proceda la influencia ejercida en él por la manera tan especial de Demare al tocar el piano. Algunos claroscuros muy peculiares de Bola en el instrumento me recuerdan a Lucio Demare.

Considero que una de sus facetas más notables estuvo en su modo de decir la música «negra» cubana. Además, por animarlo un espíritu muy selectivo, su repertorio fue de primera calidad e interpretaba piezas del cancionero internacional con sumo arte y sentido del rigor. Ensayaba mucho las obras y eso le posibilitaba lograr una expresión muy depurada en el escenario, no obstante sus pretensiones de dar la impresión de que en él todo brotaba espontáneamente. En realidad, estudiaba exhaustivamente los gestos, los detalles de cada composición.

Lo quise y admiré muchísimo y lo sigo admirando, puesto que nos quedan sus discos y recuerdos. O sea, que Bola está y se mantendrá vivo durante largo tiempo.[157]

Con el auspicio del Sindicato Nacional de Autores Musicales Cubanos, a las 9: 30 a. m. del domingo 4 de diciembre de 1949 comienza en el teatro Nacional «la función más grande del año» —anuncia en la prensa—, la cual recibe el título de *La Fiesta del Compositor*.

---

157. Testimonio que el autor graba a Luis Carbonell en 1998.

Bola de Nieve brinda su colaboración al acto, cuyo numeroso elenco también comprende los nombres, entre muchos otros, de los cantantes puertorriqueños Daniel Santos y Myrta Silva, del actor Manuel Medel y del trío Los Panchos, todos ellos de México, así como de Rita Montaner, Marta Pérez, Rosita Fornés, María de los Ángeles Santana, Esther Borja, Luis Carbonell, Hortensia Coalla, María Cervantes, René Cabel, Elena Burke, Eusebio Delfín, Tomasita Núñez, Elizabeth del Río, Miguel de Gonzalo, Aurora Lincheta, Miguel Ángel Ortiz, Pepe Reyes, Eva Flores, Olga Rivero, Rita María Rivero, Orlando Guerra (Cascarita), Manuel Licea (Puntillita), las Hermanas Lago, las Hermanas Márquez, el cuarteto Taicuba, el Conjunto Casino, Nelo Sosa y su Conjunto, Arsenio Rodríguez, Isolina Carrillo, Humberto Suárez, Frank Emilio Flyn, Bebo Valdés, Candito Ruiz, Facundo Rivero, Felo Bergaza, Orlando de la Rosa, Mario Fernández Porta, Bobby Collazo, la Orquesta de Orestes Santos, María Julia Casanova, Minín Bujones, Alejandro Lugo, Eduardo Egea, Candita Quintana, Aníbal de Mar, Alicia Rico, Leopoldo Fernández, Carlos Pous y los animadores Germán Pinelli, José Antonio Alonso, Carlos Badías, Rosendo Rosell, Rolando Ochoa y Carlos D' Mant. Rodney, el célebre coreógrafo de Tropicana, presenta el cuadro intitulado Glorificación al mambo, con las actuaciones de Celia Cruz y el colectivo danzario-vocal Las Mulatas de Fuego.

Bola de Nieve y Rita Montaner

Mulgoba, un cabaret situado en las inmediaciones de la carretera que conduce al aeropuerto habanero de Rancho Boyeros, sirve de escenario a otro período de actuaciones de Rita Montaner e Ignacio Villa Fernández, desde el 1º de julio de 1950, en las revistas iniciadas a las 11: 45 p. m. y 1: 45 a. m., en las cuales participan Las Mamboletas de Gustavo Roig, las orquestas Casino de Sevilla y Cosmopolita y Raúl Simons y su Conjunto Tropicabana. Aunque en ese centro nocturno no recesan sus consuetudinarias disputas, ambos vuelven a definir pautas en los senderos de la música afrocubana. Allí les testimonian su aprecio amigos y admiradores comunes, como Armando Oréfiche, quien lo aplaude al verlo encarnar su «Mesié Julián».

Los inicios del decenio de los cincuenta del siglo XX marcan en la historia de la música cubana el surgimiento del chachachá y la universalización del mambo por el pianista, compositor y director de orquesta matancero Dámaso Pérez Prado. En torno a los orígenes del último de esos géneros, el 12 de noviembre de 1950 la revista *Bohemia* publica unas declaraciones de Bola de Nieve, en las cuales él ofrece sus criterios —divergentes de otros conocidos— sobre el origen y características de ese ritmo bailable, con partes cantadas, que despierta furor en gran parte del mundo:

> La palabra *mambo* pertenece a una forma de expresión de una religión de negros que en Cuba se cultiva muy poco: la mayombe. Este vocablo mambo aparece por primera vez en el argot de cantos populares, en el *Bruca maniguá* de Arsenio Rodríguez, allá por 1936. Arsenio lo usó por ser un gran conocedor de la secta mayombe. Él es autor de muchos poemas escritos en este idioma o dialecto, los que si se tradujeran al castellano serían de una infinita belleza. En una frase de *Bruca maniguá* todos recordamos cuando Miguelito Valdés, uno de sus mejores intérpretes, dice: *Jabre cuto güiri mambo,* que quiere decir «abre los oídos y oye el cuento». Luego, *mambo* significa cuento, narración, conseja, fábula...
> Ahora aparece el *mambo* como ritmo, porque el nombre se lo da el propio Arsenio Rodríguez a su forma de composición, cuando la gente le llama «cosa afrocubana», que no existe tal cosa, ya que el térmno

«afrocubano» es creado por Fernando Ortiz para la perfecta acomodación de sus explicaciones en sus conferencias, porque en sí lo afrocubano es lo cubano que surge ya con personalidad propia. Lo del *mambo* se populariza como nombre de una forma de composición melódica, porque Arsenio, cuando hablaba de ellas, decía: «Tengo un mambo nuevo». O sea, un cuento para cantar, una narración cantada...

En el *Bruca maniguá* el *mambo* se inicia como auténtico ritmo bailable, que se define y acentúa en la forma de construir musicalmente el bajo, que es dejando libre el paso fuerte, y acentuando el ritmo de la mitad de éste al tiempo débil de nuestro dos por cuatro en la última parte del danzón. Esta modalidad se inicia, justamente, en el danzón Almendra, de Abelardito Valdés, que es nuestro más conciso exponente de evolución en el danzón, después de *Tres lindas cubanas*, de Romeu.

[...]

Como danza, el *mambo* aparece en la imaginación del cubano, impulsado, sobre todo, en nosotros, los negros, por la infinita admiración que nos provocaron los bailables de la película norteamericana *Morena oscura*. En uno de los últimos momentos de esta producción aparece un conjunto que baila, ni más ni menos, lo mismo que, como *mambo*, ahora baila el pueblo de Cuba. Naturalmente que el mambo se produce a base de tambores, que es la contribución nuestra a esa forma musical que con la adición se ha hecho nueva e interesante. Katherine Dunham, la más grande bailarina negra de los EE.UU, prefirió nuestra expresión musical y no la que ella creó para *Morena clara*, al montar un ballet en el que utilizó a bailadores cubanos reclutados en la playa de Marianao y cabarets de La Habana, los que se llevó de aquí a principios de 1947. Este conjunto, con Katherine a la cabeza, triunfó rotundamente en Europa y Norteamérica.

La obra de Pérez Prado es admirable y maravillosa. Él le ha dado una forma nueva, exótica, a ese aire surgido del mambo afrocubano de Arsenio y los danzones de Arcaño.

Pérez Prado ha hecho el mambo exportable; a él, sin duda, se debe el éxito del mambo fuera de Cuba; él es quien le ha dado al mambo esa atmósfera de universalidad que ya tiene. Resumiendo: que el *mambo* se ha convertido en danza por obra y gracia de Arsenio, Katherine y Pérez Prado.

Pero el *mambo* no se ha popularizado en Nueva York por nada de lo dicho. Allí ha sido la orquesta cubana de Machito[158] la que lo ha impuesto. La interpretación suya de *Cocó*, un número de Bienvenido Julián Gutiérrez con ritmo de *mambo*, se propagó por todos los Estados Unidos, a través de un disco que alcanzó un éxito de venta formidable. *Cocó* hizo que un compositor norteamericano de procedencia hebrea, entusiasmado por su forma melódica, escribiese una composición con el mismo ritmo, *Asia Menor*, que Machito y su gente interpretó estupendamente. También el disco *Asia Menor* fue un suceso. Y las dos composiciones, tocadas por el conjunto cubano, propiciaron el triunfo del mambo, que ahora forma parte de los repertorios de las mejores orquestas yanquis.[159]

Participa Bola de Nieve en los primeros programas musicales de la televisión cubana, al inaugurarse en los meses finales de 1950 por Gaspar Pumarejo (Unión Radio Televisión, Canal 4),[160] primero, y Goar Mestre (CMQ Televisión, Canal 6),[161] poco después. En el semanario *Bohemia* se afirma: «Hasta ahora todos están acordes en afirmar, después de ver las transmisiones brindadas en la CMQ, que Bola de Nieve es un *hit* en televisión».[162]

A partir de aquel momento, Ignacio Villa reitera su participación en los principales espacios musicales del entonces novísimo medio de difusión que, para él, siempre será:

---

158. Frank Grillo, Machito: (Tampa, 1912-Londres, Gran Bretaña,1984) Percusionista y guía de orquesta popular. Durante sus años juveniles se dedica en La Habana a tocar los bongoes y la tumbadora, y después parte hacia Nueva York, donde en 1940 organiza sus Afro-Cubans, banda en la que mezcla elementos de *jazz* con la música cubana. El arreglista de la orquesta sería Mario Bauzá, quien toca la trompeta principal. Alrededor de 1953 decrece la popularidad del colectivo a causa del auge del mambo.
159. *Bohemia*. La Habana, 12 de noviembre de 1950, pp. 62 y 106.
160. Queda oficialmente inaugurado el 24 de octubre de 1950.
161. Su inauguración tiene lugar el 18 de diciembre de 1950.
162. *Bohemia*. La Habana, 17 de septiembre de 1950, pp. 54-56.

«[...] cine al minuto donde si el artista que interviene no tiene quien técnicamente lo cuide, ya sea de luz, de ángulo facial, de cómo se debe mover para la visión que se da, no es bueno. En la televisión es más importante la visión que el audio por eso creo que es para gente bonita, joven, despreocupada, pues a la vez que el artista sale al aire ya no tiene arreglo. No la prefiero, no me gusta».[163]

Con Luis Carbonell y Esther Borja, entre otros artistas. Programa de CMQ-TV

Si bien en tal coyuntura la televisión no es un medio de alcance popular —a causa del costo de los equipos y los bajos ingresos económicos de la mayoría del pueblo—, por lo menos permite acrecentar entre sus paisanos el prestigio de Bola, cuyo mayor placer en sus presentaciones audiovisuales consiste departir ante las cámaras con colegas de distintas generaciones que, como en su caso, escribieran páginas gloriosas en la radio, el teatro y el cine nacionales.

Constantes ofertas recibirá desde la etapa incipiente de la televisión criolla, en la que los «[...] pianos se pintaron de blanco con filetes de brillantina, los músicos con chaquetas de *paillet* y vestidos de lentejuelas, y alguna que otra pluma en la cabeza, hasta los atriles se cubrieron con cartones decorados, los músicos llegaron a bailar y alguno que otro tuvo que recurrir al bisoñé porque así lo requería ahora el "tiro" de la cámara. [....]».[164]

---

163. Ciro Bianchi Ross. Artc. cit.
164. Argeliers León: *Del canto y el tiempo*. Editorial Letras Cubanas, La Habana, segunda edición, 1984, p. 222.

Durante una transmisiva televisiva con el dúo de guitarrista brasileños Los Indios Tabajaras (Natalicio y Antenor Moreyra Lima)

Criticada muchas veces en las décadas más recientes —principalmente a causa de la avalancha de anuncios comerciales de las firmas patrocinadoras de los programas— a aquella televisión primitiva nunca podrán quitársele méritos con respecto a realizaciones de alta calidad artística y estética hechas en los géneros dramático, musical y humorístico. Incontables muestras de su talento y versatilidad deja en sus diferentes trasmisiones Bola de Nieve, aquel negro «color teléfono», al decir de algunos ignorantes de las propias consideraciones del *chansonnier* guanabacoense en el sentido de que «Negros son los teléfonos, se habla por ellos con cinco centavos y yo cobro mucho más porque hablen conmigo». Y seguidamente recalcaría: «[...] además, soy color café, soy carmelita, como el hábito de la virgen del Carmen. ¡Hasta cosas sagradas tengo en mi color!».[165]

Es importante precisar que en la televisión de la aludida época solo se recurre a la capacidad de la figura contratada y en ningún momento sus máximos directivos aplican la actitud racista, como en los últimos tiempos se insiste en adjudicárseles. Permiten confirmarlo, aparte de Bola de Nieve, la presencia en su diversa programación, de Rita Montaner, Benny Moré, Celia Cruz, Olga Guillot, Paulina Álvarez, Barbarito Diez, Zenaida Manfugás, Luis Carbonell, Facundo Rivero, Olguita Rivero, Orlando de la Rosa, Bertina Acevedo, Amador Domínguez, Carmen Solar, Isolina Carrillo, las orquestas Sensación, Fajardo y sus Estrellas y el cuarteto vocal de la profesora Aida Diestro, integrado en su primera fase por Elena Burke, Moraima Secada y Omara y Haydée Portuondo, colectivo por el que Ignacio Villa siente una profunda admiración tras verlo debutar…

---

165. Bola de Nieve. Entrevista a Radio Panamericana, de Lima. Vid nota 9.

Con la prestigiosa mezzosoprano cubana Marta Pérez poco antes de emprender una actuación en CMQ-TV

El Primero de diciembre de 1950 las carteleras del cine-teatro Warner lo anuncian como una de las principales atracciones junto con la diva Maruja González, quien entonces regresa a Cuba tras otra de sus exitosas temporadas en coliseos españoles. Por otra parte, su labor en la radioemisora CMQ resulta notable. Con Esther Borja trabaja el 14 de este mes en el programa *Variedades Zenith y Norge*, en el cual, siete días más tarde, canta, dirige la orquesta y acompaña al tenor René Cabel. En las páginas de *Avance* puede leerse cuarenta y ocho horas antes de finalizar el año: «Se dice que el éxito de Bola de Nieve en *De fiesta con Bacardí*, a la 10 de la noche, es extraordinario. Comparte los honores con Josephine Baker».[166]

En un programa de televisión en el cual actúa, entre otros, Pedro Vargas

Un mediodía del mes de mayo de 1950 conocí a Bola en la esquina de M y 23, en la parte delantera de la CMQ, donde solía encontrarme con algunos compañeros de la Universidad de La Habana, una vez terminadas nuestras clases, para irnos un rato a La Arcada, la cafetería de aquel entonces prácticamente recién inaugurado edificio [cuenta el pintor, dibujante y ceramista Salvador Corratgé].

Yo tenía cerca de veintidós años de edad, mi cabello era negro, no me hacía falta afeitarme, por ser lampiño, y casi siempre estaba vestido con una guayabera blanca y pantalón de dril 100 del mismo color, me gustaba estar muy pulcro. Ese día, vestido de tal forma, me encontraba en aquella esquina y de pronto, al divisarlo a cierta distancia, pensé: «Mira quién viene por ahí: Bola de Nieve». Aquel trozo de negro no dejó de impresionarme, era como si hubiesen picado metro y medio de ceiba o de ácana y le hubiesen puesto encima una cabeza.

Aunque desde niño sentí admiración hacia él y su

---

166. Como parte de una gira internacional, en diciembre de 1950 comienzan las actuaciones en Cuba de Josephine Baker, La *Vedette Mundial,* que por primera vez visita la isla caribeña.

música, solo lo conocía desde el escenario, jamás pensé que la vida me propiciaría tratarlo, pues a veces a uno le parece difícil llegar a esos personajes de renombre, sobre todo en una época en que la gente era tan educada y se imponía el respeto. La forma de conocernos resultó graciosa, porque, de momento, me percato de que Bola venía directamente hacia el lugar en que yo estaba situado. Al llegar, me dice: «Venga acá, señor, ¿sabe usted quién soy yo?». «¡Cómo no! Usted es Ignacio Villa». «No, a mí no me llaman Ignacio Villa, sino Bola de Nieve». Por las buenas costumbres que a uno le habían inculcado, le respondí: «Pero como no tengo el gusto de conocerlo, me es imposible decirle Bola de Nieve». «Pues mire, con toda esa ropa blanca en medio de este calor, el que parece una bola de nieve es usted parado aquí, en M y 23». «Es una afirmación suya que respeto». «Bueno, vamos a conocernos: soy Bola de Nieve». Le di la mano y mencioné mi nombre. «Me imagino que para estar vestido con esa elegancia a esta hora del mediodía usted debe esperar a una pepilla de CMQ». «Sí, vengo mucho a la CMQ para reunirme con compañeros de estudio y algunas amigas». «¿Pero parece que lo han dejado plantado?». «No, a mí no me dejan plantado, ya que nunca espero a nadie más de cinco minutos del tiempo acordado». «Entonces, si pasan cinco minutos y nadie viene, lo invito a tomarnos un refresco o un helado en La Arcada».

Como no llegaron a tiempo mis amistades decidimos irnos para la cafetería. En el trayecto le expliqué: «Voy a aprovechar la oportunidad, pues soy pintor, y le mostraré algo que hice allí». Porque La Arcada contaba con una pequeña barra, tras la cual yo había pintado un mural en las dos paredes que formaban una L. Se trataba de un mural sobre el tema del espacio, el tema del átomo y unas figuras realistas. «¡Ah!, ya tengo quien me pinte cosas». «Aunque eso de que le pinte cosas no sé si será posible, sí podemos ser amigos». Entramos, pedimos algo de tomar y a él le encantó aquella obra mía que era muy comercial. Pasados unos minutos, me dijo: «Lo siento muchísimo, pero ahora debo marcharme.

Trabajo bastante en la CMQ y aquí puede localizarme».

Así fue mi primer encuentro con Bola de Nieve. Transcurrió algún tiempo, comenzamos a vernos esporádicamente y nuestra amistad se consolidó aún más en una etapa en que yo abandoné aquella experiencia un tanto farandulera de la juventud, me casé por primera vez y tuve mis hijos. Bola adoraba a mi esposa y al nacer mi primogénito fue como si hubiese sido suyo, lo quería muchísimo.

Yo tenía el estudio en la planta baja de mi casa y, siempre que él pasaba a verme enseguida subía a encontrarse con mi mujer y mis muchachos. Con su familia, principalmente su madre, tenía adoración. Yo me considero un buen hijo, pero jamás a la altura de Bola de Nieve, quien siempre estaba relatando anécdotas acerca de su mamá, de cómo trataba a las personas en su casa, era un fanático de ella y eso me gustaba.

Pasaron los años y al igual que Bola, otro de mis cercanos amigos era Nicolás Guillén. Entre los tres nació un triángulo de amistad entrañable, muy fuerte. Y a través de nuestros encuentros comunes con Nicolás se acrecentó mi afecto hacia Bola. Él era muy ocurrente, poseía una chispa extraordinaria, igual que la de Guillén, en eso se parecían mucho. Pienso que ambos se llevaron tan bien, que fueron grandes amigos por tener una característica en común: eran extremadamente inteligentes y agudos en sus criterios.

Sin embargo, Bola no era muy dado, como Guillén, a recorrer sitios increíbles o a comer en restaurantes de La Habana Vieja. Más de un día en la semana nos reuníamos, nos íbamos hasta la Terminal de Trenes y emprendíamos una caminata por Luz, Picota y otras calles de esa área de la capital. De momento, Nicolás Guillén decía: «Mira qué solar más lindo... mira esa puerta... mira como viven los negros...». Para él cada uno vivía bien, aunque no era cierto, los solares de este país siempre han sido horrendos. Entonces, nos dirigíamos, según nuestros deseos, a la Casa de los Vinos, El Baturro, El Faro de Sagua o La Bodeguita del Medio, el restaurante preferido de Nicolás por ser un punto especial de contactos intelectuales, aunque Bola, debo aclarar, no se sentía a gusto en aquel ambiente bullicioso.

Una de las cuestiones que siempre más me emocionó internamente fue ver que Bola nunca renunció a su raza negra. Lo afirmo porque no había un lugar por el cual pasáramos caminando en aquellos recorridos que dejara de caernos atrás un negrito de los solares, algo que para mí resultaba insoportable, pues si bien no soy racista, nunca he sido amigo de negros. Solo he tenido en mi círculo de afectos un gran amigo negro, Bola de Nieve, y dos mulatos: Nicolás Guillén y el pintor Roberto Diago. Y me asombraba al contemplar cómo Bola les daba las monedas que traía en los bolsillos a negritos que insistentemente repetían su nombre: «Bola de Nieve, Bola, Bola...». Me sentía feliz al verlo cultivar un acercamiento humano tan espontáneo con esos muchachitos de los solares, lo cual mostraba su profunda sensibilidad. Nicolás no era así, era un tipo que no los menospreciaba ni algo por el estilo, pero se sentía más personaje. Bola, por el contrario, era todo sencillez y, sin ser racista, había blancos que no soportaba. Decía: «Estos blanquitos café con leche...».

Bola de Nieve fue uno de los seres humanos más finos, correctos y respetuosos que he conocido en mi vida. Era un *dandy*. En su aspecto personal se mostraba exquisito en el uso de la corbata, del traje... de cada pieza de su vestimenta, y en la elección de sus amigos procedía estrictamente. Eso si, saludaba a todo el mundo, era el hombre sonrisa. Una vez le pregunté: «¿Tú no puedes cerrar un día la boca, dejar de reír e impedir que se te vean los dientes?» Me respondió: «Es que yo soy todo sonrisa».

Fue un hombre con una gran cultura universal y el arte le gustaba en sentido general, lo mismo podia hablar sobre el David que de la Pietá, de Miguel Ángel. Y no se debió a que llegó a viajar mucho, hay individuos que pueden haber ido veinticinco veces a Italia e ignoran qué son las plazas del Duomo y San Pedro, la Capilla Sixtina... Bola me comentaba. «En este viaje que hice sentí necesidad de volver a ver tal cosa, qué maravilla». Yo, que no había salido nunca de Cuba, me nutría en mi juventud con los cuentos de las bellezas que él viera en sus recorridos por el mundo. Todas las expresiones artísticas le gustaban y, en especial, amaba la pintura. Me decía: «Siento mucho no ser rico para comprar todos los cuadros que deseo».

En su casa puso dos obras pintadas por mí. Él era muy amante de los gallos y se empecinó en que le pintara uno. A mí eso no me satisfacía, mis intereses e inquietudes se basaban en la pintura abstracta, geométrica. Por eso sentí golpes en mi cabeza cada vez que me insistió en aquel animal. «Sí, te lo voy a hacer», pero nunca se lo pintaba.

Un buen día se apareció en mi estudio con una tela montada y un marco para que se lo pintara. Le dije: «¡Caray, tu insistencia es grande! Tú derrites el Polo Norte nada más con pensar que se derrite. Dame acá». Situé la tela en mi caballete y no sé si duraría 10 o 15 minutos, cuando empezó a surgir el gallo. «Lo quiero con más plumas rojas y azules, quiero un verdadero gallo cubano y sus espuelas de forma tal que den la impresión de estarse fajando».

No me agradaba oírle sus orientaciones sobre lo que debía pintar. Sin embargo, a pesar de mi disgusto, concebí el gallo y lo único que tuve que hacer, para complacerlo, fue ponerle unas plumitas más en azul y rojo. Se lo llevó aún mojado. Le advertí: «Deja el cuadro aquí, es un óleo y debe secarse bien». Le iba a hacer un fondo y no quiso. «No, déjalo así, en el aire». De esa forma terminé aquella pintura, la cual colgó en la sala de su casa. Y si he pintado algo malo en mi vida, entre los primeros lugares está dicho cuadro que, en realidad, pintó Bola. Yo solo fui su instrumento.

A él le gustaba mucho mi pintura abstracta y una vez que yo preparaba un cuadro para exponerlo en un Salón Nacional de Artes Plásticas, en el Museo de Bellas Artes, llegó y me dijo: «¡Qué cuadro más lindo! Ese no me lo vas a regalar, te lo voy a comprar». «Busca bastante dinero, la cifra va a ser tan grande que no vas a poder comprármelo. No te lo voy a a vender, ya te hice tu gallo». «Ese cuadro yo me lo llevo». A mí me extrañó que prácticamente me obligara a medirlo y después se fuera.

Fotografía de Bola de Nieve, en la cual puede apreciarse, al fondo, el gallo que le pinta Salvador Corratgé

Seguí trabajando en mi obra y, pasados unos días, se apareció en mi estudio con un enorme y precioso marco de madera plateado. «¿Para qué lo trajiste?. ¿Quieres otro gallo?». «No, es el marco para el cuadro que tienes en el caballete, porque me lo voy a llevar». «Bueno, te lo llevarás después de la exposición». A mí me fascinó el marco. No estaba acostumbrado en aquella época a montar un cuadro mío con tanto lujo, exclusivamente le ponía unas varillas sencillas o un simple marco. Pero el de Bola era precioso. Hice el montaje del cuadro, lo expuse y del Salón Nacional de Artes Plásticas fue a parar a la casa de Bola, que le había destinado un espacio en una de las paredes de la sala.

Más adelante le tuve que pintar otros tres o cuatro cuadros. Después quiso un retrato de su madre a partir de una fotografía, pero nunca he podido lograrlo, hasta mis autorretratos he terminado destruyéndolos para pintar otra cosa. Le fui dando un poco de larga y hoy me pesa no haberlo intentado, dado su amor tan grande hacia ella.

Nuestra linda amistad se mantenía con el transcurso de los años. Se fundamentaba en mucho respeto y cariño.

Bola era en mi casa un familiar más. Se deshacía en regalos para mi mujer y mis hijos y era tan generoso que una sortija que poseo, con una esmeralda en el centro, es exactamente igual a la que él llevaba en uno de sus dedos en nuestro primer encuentro. Como soy amante de las piedras de color verde, a mí me impresionó su sortija que, además, tenía en los laterales dos largos brillantes muy lindos. No pude contenerme ante aquella piedra y se la elogié: «Oye, qué sortija más linda». «No te la puedo dar por tratarse de un regalo. Pero te prometo que si un día te considero mi amigo te daré una igual».

Pasaron los años y en una ocasión me pidió: «Acompáñame a El Encanto, necesito comprar unas corbatas y después a La Bodeguita, donde nos veremos con Nicolás». Cogimos un taxi, fuimos a la tienda, compró sus corbatas, que le tenían separadas, y salimos a caminar por San Rafael. Entramos en la joyería Cuervo y Sobrino, saludó a los empleados y a uno de ellos le dijo: «Vengo a buscar la pieza que encargué». Enseguida le entregaron un pequeño estuche y me explicó: «Como estaré en México el 5 de noviembre, que es tu cumpleaños, te voy a adelantar el regalo y así verás cómo cumplo a mis amigos lo prometido». Me quedé pasmado cuando lo abrí y vi una sortija igual a la de él, nunca imaginé que después de pasar tanto tiempo recordaría su promesa y me hiciera ese obsequio, que significó uno de los momentos más inolvidables de mi amistad con Bola.

Él me decía: «¿Sabes por qué eres amigo mío?. Porque el día que te conocí, observé en ti a un hombre joven preocupado por su aspecto en el vestir, por mostrarse elegante, educado». Bola me subrayaba la importancia de proyectarse socialmente así. «Su tarjeta de presentación está en su corbata, la limpieza de sus zapatos, de su ropa y en su risa. Yo soy Bola de Nieve, pueden mirarme de la cabeza a los pies y verán qué corbata más linda tengo puesta». No importaba si la corbata procedía de El Encanto o fue confeccionada en un solar, él pensaba que las cosas no adquirían valor a causa del rango del establecimiento en que se compraran, ni por su precio. Más bien se lo daba la forma de llevarlas, porque la ropa, como la palabra, hay que saberla usar. Todos hablamos, pero no todos sabemos hacerlo de la manera debida.

Jamás le oí decir una mala palabra. Tuvo un léxico tan sutil que estaba capacitado para decir frases equivalentes a las más grandes malas palabras del idioma español, sin necesidad de pronunciarlas, hasta podía ofender tremendamente a alguien sin insultarlo con groserías. Además, nunca lo oí expresarse mal de nadie o emplear términos desagradables para recordar si Fulano de Tal era esto o lo otro...

Él impactaba con su educación, naturalidad y sencillez. Yo pienso que aunque todos somos seres humanos, no todos sabemos proceder humanamente. Y más allá del hecho de haber sido su amigo, sino porque es la más absoluta verdad, Bola de Nieve fue una persona excepcional. Cada cubano debe estar feliz porque alguien como él haya nacido en esta tierra, de que se sintiera tan criollo... Bola sudaba guarapo en su cubanía.

Quiero referirme a algo que no constituye un secreto para nadie en este país: se afirmaba que Bola era homosexual. Mas yo quisiera que en mi patria hubiesen muchos individuos como él, porque nunca he conocido un homosexual más hombre que Bola de Nieve. Era intachable en todos los sentidos. Incluso, tras del triunfo de la Revolución aquí hubo una cacería de brujas durante la cual se censuró, marginó y fustigó a numerosos intelectuales homosexuales caídos en desgracia hasta que esa política se consideró un craso error. Pero Bola no se vio afectado por ella. Como era una persona de tanto prestigio moral difícilmente alguien se hubiese atrevido a afirmar públicamente: «Bola de Nieve es homosexual».

Recuerdo una pequeña frase, no sé si si es de un poema: «Hay aves que cruzan el pantano y no se manchan. Mi plumaje es de esos». Bola de Nieve, quien siempre permanecerá en mi corazón, tuvo ese plumaje que nada ni nadie pudo manchar.[167]

---

167. Testimonio que el autor graba a Salvador Corratgé en 1998.

Bola de Nieve actúa el 3 de enero de 1951, en el teatro Martí, durante la segunda parte de la función de despedida que a las 9 :00 p. m. dedica un grupo de artistas a la actriz y cantante María de los Ángeles Santana, a unas 72 horas de su partida hacia Madrid para cumplir un largo contrato con la Compañía de Operetas y Revistas Españolas de Antonio y Manolo Paso. En ese segmento del programa colaboran también Celia Cruz, Olga Guillot, Maruja González, Mimí Cal, Eulogio Peraza, Orlando de la Rosa y su conjunto vocal, Olga Chorens, Tony Álvarez, Lina Salomé, Carmen Torres, Las Mamboletas de Gustavo Roig, Las Mulatas de Fuego y los directores de orquesta Ramón Bastida y Rodrigo Prats, entre otros.

Teatro Martí, 3 de enero 1951. Homenaje de despedida a María de los Ángeles Santana. De izquierda a derecha, entre otros: José Sánchez Arcilla, Enrique Santisteban y Maritza Rosales (tercero, cuarto y quinta); Mario Martínez Casado (sexto) y, a su lado, la bailarina Brenda. Bola de Nieve, Mimí Cal, Candita Quintana, (detrás de ellas, Orlando de la Rosa), Alicia Rico, la Santana y Maruja González.

Al siguiente día, se presenta en el espacio Cabaret Regalías, del Canal 6 CMQ–TV, junto con la Baker. Un hilo de simpatía común ya existe entre el *disseur* cubano y la estrella negra del Folies Bergère y el Casino de París, que —a pesar de su fama en casi todas las latitudes del planeta— el color de su piel le impide hospedarse en el suntuoso hotel Nacional antes de debutar en el teatro América.

En una demostración palpable de su interés hacia el teatro, asume uno de los personajes secundarios de la obra El travieso Jimmy, de Carlos Felipe, que el 27 de febrero lleva el Patronato del Teatro a las tablas del Auditórium con la dirección del actor y declamador Eduardo Casado.

Ignacio Jacinto Villa y Fernández hace de nuevo las maletas en 1951 y emprende una nueva aventura europea para cumplir un contrato en la famosa boite Chez Florence, de París. En la Ciudad Luz se extasía ante el Sena, los numerosos puentes, palacios, parques, iglesias, avenidas y calles, la catedral de Notre Dame, el Teatro de la Ópera, el Museo del Louvre, los Campos Elíseos, el Arco de Triunfo, la torre Eiffel, el barrio Latino...

Allí reafirma su amor hacia el sobrenombre artístico que lo identifica cuando le obsequian una partitura editada de *La Boule de Neige*, de Ferdinand Lucon. Lo entusiasman piezas del compositor y poeta Charles Trenet, principalmente En *ce temps-là*. Adquiere una copia impresa de *Passo pal prat,* canción del folclore francés de gran popularidad, por el vigor con que la entonan los labriegos provenzales mientras labran la tierra con sus arados tirados por bueyes; y comienza el aprendizaje —imprimiéndole un total desgarramiento interior— de *La vie en rose* (*La vida en rosa*),[168] título asociado a la célebre Édith Piaf, quien al venir a La Habana en 1956 confesará que sentía cierto pudor al cantarla en Cuba, pues nadie interpretaba su obra como Bola de Nieve: *Des nuits d' amour à en mourir/ Un grand bonheur qui prend sa place/ Les ennuis, les chagrins s' effacent/ Heureux, heureux à en mourir.// Quand je la prends dans mes bras/ Elle me parle tout bas/ Je vois la vie en rose/ Elle me dit des mots d' amour/ Des mots de tous les jours/ Et ça me fait quelque chose/ Il est entré dans mon coeur/ Une part de bonheur/ Dont je connais la cause/ C' est elle pour moi, moi pour elle dans la vie/ Elle me l' a dit, l' a juré pour la vie/ Et dès que je l' aperçois/ Alors je sens en moi/ Mon coeur qui bat.*

Al concluir aquel compromiso, retorna a Buenos Aires a finales de 1951 para actuaciones en Radio Belgrano y en varias de ellas acompaña a René Cabel. En esta radioemisora abraza a reconocidas figuras del arte cubano que se presentan ante sus micrófonos: Elizabeth del Río, el tenor Fernando Albuerne, el pianista Santos Menéndez y el compositor y director de orquesta Humberto Suárez. Asimismo felicita a Hugo del Carril por su éxito —como

---

168. La letra de la canción corresponde a la Piaf y la música a Louiguy (Louis Gugliemi).

actor y director— en la película *Las aguas bajan turbias*, una de las principales realizaciones del cine argentino.

Radio Belgrano, Buenos Aires, 1951. Durante la actuación de Elizabeth del Río. A la izquierda, el director de orquesta y pianista Humberto Suárez y los tenores René Cabel y Fernando Albuerne. En el extremo derecho, Bola de Nieve y el pianista cubano Pedro Santos Menéndez. Rodean a la cantante funcionarios de la planta radial.

De esa urbe regresa a La Habana y se instala en su casa de Guanabacoa, pero será por poco tiempo. Vuelve a España en 1952 a fin de presentarse en el Lara, de la capital de ese país, en virtud de un contrato del empresario Conrado Blanco. En el Ateneo de Madrid —después de ser ovacionado por su interpretación de *El Caballero de Olmedo*— evoca públicamente al Liceo Artístico de Guanabacoa y habla de sus méritos, entre ellos cómo esa institución sirve de «[...] tribuna patricia [...] donde Martí reveló su fuego oratorio».[169]

En el teatro Madrid lo aclaman el 13 de junio al participar en un homenaje que la Compañía de Antonio y Manolo Paso rinde a María de los Ángeles Santana trece días antes de cumplirse las mil representaciones de su exitosa actuación en la revista-opereta *Tentación*, escrita expresamente para ella por ambos autores y música del maestro aragonés Daniel Montorio.

---

169. Fernando G. Campoamor: Artc. cit., p. 37.

Buenos Aires, 1951. Con el actor y director de cine Hugo del Carril

[...] esa noche, tras la presentación de la revista, se hizo un espectáculo en el que sobresalieron el humorista Gila y mi paisano Bola de Nieve, quien se encontraba contratado en la sala de fiestas El Pingüino y al arribar a la capital española fue de inmediato a verme actuar y a llevarme recados de compañeros y amigos que dejé en mi siempre presente isla de Cuba [narra María de los Ángeles Santana].

Teatro Lara, Madrid, 1952. Con el poeta español José Antonio Ochaíta y el percusionista cubano Pablo Olano

Fue un acto inolvidable, en el que se mezclaron las reacciones de admiración y cariño del público con las de mis compañeros del elenco y los artistas invitados que participaron en el fin de fiesta. Entre estos descolló Bola, quien llegando a Madrid fue a ver *Tentación* y el día del homenaje, al que los Paso lo invitaron a participar, me explicó: «Se supone que aquí todo el mundo te haga un regalo y no voy a ser la excepción, pero te lo entrego frente al público». ¿Y qué hizo a partir del momento en que se sentó ante el piano que le pusieron en medio del escenario? Pues no tocó las esperadas obras afrocubanas de su repertorio, sino un popurrí con casi todas las piezas de la revista. ¡Fue algo grandioso! ¡Dio una muestra más de su fantástica capacidad de memorizar en el acto cualquier música que escuchara! No quiero decir lo que representó aquello para el público y los artistas. Los primeros que se lanzaron a felicitarlo fueron algunos de los integrantes de la orquesta del teatro Madrid, que estuvieron a punto de cargarlo y pasearlo por el escenario. Montorio solo atinaba a afirmar: «¡Es algo realmente genial que una persona, en tan poco tiempo, de una sola oída, haya podido lograr esto!». Cuando pudo abrazarse a mí, lleno de emoción, me dijo bajito: «¿Viste cuál era mi regalo? Lo único que no lo escribí, así que solo es para ti y esta noche».[170]

Teatro Madrid, 13 junio 1952. Homenaje a María de los Ángeles Santana en ese coliseo de la capital española

De la Villa del Oso y el Madroño viaja a Dinamarca para ofrecer conciertos en Copenhague. Pero en suelo danés se ve obligado a poner fin a aquella gira europea, pues recibe noticias de La Habana acerca de que la diabetes padecida durante años por su madre le causa un serio deterioro en los sistemas cardiovascular y respiratorio y origina graves complicaciones en ambos. Regresa

---

170. Ramón Fajardo: *Yo seré la tentación: María de los Ángeles Santana.* Editorial Plaza Mayor, San Juan, Puerto Rico, 2004, pp. 405-406.

apresuradamente a la natal Guanabacoa y apenas se separa del lecho materno a lo largo de un mes, cuando su progenitora fallece en la casona familiar de la calle División a las 8: 00 p. m. del domingo 22 de marzo de 1953.

Al lado de su madre: Inés Fernández

Ese día será el más triste de toda su vida, según recordaría, sobre todo porque coincidentes compromisos artísticos plantean su participación en los espectáculos del Warner, en Radiocentro, al lado del Niño de Utrera, a quien la prensa identifica «el más popular intérprete de la canción española», Luis Carbonell, el Conjunto de Baile del coreógrafo Alberto Alonso y la orquesta del maestro Adolfo Guzmán. Una semana más tarde, el 28 de marzo, otro duro golpe lo estremece: la muerte de su padre, Domingo Villa, cuyo corazón no soporta la ausencia de su cónyuge.

A los cuarentaiún años de edad, la pérdida de los padres lo fortalece para sobrellevar el peso de ulteriores penas que la vida le impone. Un tanto recuperado espiritualmente, en la postrimerías de abril de 1953 participa en Chez Merito en un homenaje de despedida a la bailarina Alicia Alonso —considerada ya una de las celebridades de la danza mundial— poco antes de su partida hacia Europa como primera figura del American Ballet Theatre.

El 3 de mayo se reproduce ese agasajo a través del programa *Desde el Estudio de Armand*, de Radio Mambí, que conduce «El Fotógrafo de las Estrellas». En presencia de la Alonso, ante los micrófonos de la emisora desfila un grupo de los artistas que, aparte de Bola, se dieran cita en el mencionado restaurante del hotel Presidente, de El Vedado: Xonia Benguría, Isidro Cámara, Mario Fernández Porta y el trío Montecarlo, a quienes se suman los críticos Rafael Marquina, Nena Benítez, Antonio Quevedo y Manolo Alonso.

Para protagonizar a partir del 9 de junio de 1953 la revista *Danzón*, en el Montmartre, la gerencia de ese cabaret de El Vedado contrata a Rita Montaner, Bola de Nieve, René Cabel, Rosendo Rosell, en calidad de actor y animador, las parejas de baile Elpidio y Margot y Los Barranco, el Ballet de Alberto Alonso —con Sonia Calero como solista— y las orquestas Casino de la Playa y de Esteban Antúnez.

Radio Mambí, La Habana, 1953. Con Alicia Alonso y el locutor y conductor de programas radiales y televisivos José Antonio Alonso

Con libreto de Juan Herbello, producción de Mario Agüero y arreglos musicales de Félix Guerrero, Rita y Bola bailan y cantan por separado o a dúo en las siete semanas que duran las representaciones del espectáculo *Danzón*, el cual despierta el interés del público ante los pocos conciertos y puestas en escena que entonces tienen lugar en las salas teatrales de la capital a causa de la indiferencia oficial hacia las manifestaciones de la cultura, entre ellas el teatro, tras el golpe militar de Fulgencio Batista el 10 de marzo de 1952.

Su éxito entusiasma a Herbello a escribir otro libreto para un nuevo *show* del Montmartre: *Son*, cuyo estreno tiene lugar el 28 de julio de 1953 con producción de Agüero, orquestaciones de Guerrerro y diseños de escenografía de Ignacio Villa, quien forma parte del elenco, que también integran la Montaner, Cabel, Rosell, Elpidio y Margot, Ray Carson, el Ballet de Alberto Alonso —con Raúl Díaz y Sonia Calero en calidad de solistas—, el Sexteto Habanero, el Trío Matamoros y las orquestas Casino de la Playa y de Esteban Antúnez.

Rita y Bola descuellan al respectivamente cantar «Para mi Cuba un son», de Mario Fernández Porta, y «Bruca maniguá», de Arsenio Rodríguez, en las cinco semanas que dura la escenificación de *Son*,[171] el cual se suspende el 22 de agosto, cuando la empresa del

---

171. En esas semanas *Son* se presenta a las 10: 30 p. m., mientras que a la 1: 15 a. m. la gerencia ofrece la anterior producción: *Danzón*.

Montmartre rescinde los contratos de la Montaner y Rosendo Rosell, ya que ciertas divergencias entre ambos trascienden al público. En el espectáculo del Montmartre se trabajaba en base a un libreto [recuerda la bailarina Sonia Calero].

> Había una parte en que se presentaban Rosendo Rosell, Rita y Bola, que le acompañaba al piano parte de los números. En un momento del *show* Rosendo y Rita hablaban y llegaban hasta a salirse del guión, o sea, «morcilleaban». Rosendo siempre tenía respuestas en ese trance, aunque aventajar a Rita resultaba difícil, pues al ver que trataban de írsele por encima se «montaba» y aquello no terminaba nunca. Parece que, a consecuencia de eso, una noche se estableció una tirantez entre los tres en el escenario. Rosendo decidió hacer únicamente lo indicado en el libreto y se limitó a mirar a Rita cuando empezó a «morcillear», y Bola no la siguió al piano. Rita se vio como haciendo un monólogo. Después que se despidieron del público, entraron en una oficina que había en el cabaret y se produjo una discusión entre Rosendo, Rita y Bola, a quien ella dio una bofetada.[172]

Esa bofetada significa para Bola de Nieve una ruptura total en su compleja relación afectiva con Rita Montaner —sin dejar de mantener en su fuero interno la deferencia artística que siempre le tuviera—, porque en medio de aquel altercado, según explicaría años más tarde, la temperamental mulata ofende a la persona más venerada por él en su existencia: Inés Fernández.

> [...] si te digo por qué al final yo no le hablé más a Rita, no lo puedes repetir nunca en la vida, no porque yo tenga miedo, sino porque da pena que una persona llegue a eso por una... Me dijo que se alegraba que mi mamá se hubiera muerto, me lo dijo delante de el Baby y Mario Agüero, de Robertico Rodríguez. Mira cómo sería que yo le dije: «Chica, yo te lo juro por mi mamá que no es verdad lo que tú estás diciendo», y dice: «No jures por esa, que no es más que una manejadora y mi lavandera»,

---

172. Ramón Fajardo Estrada: Ob. cit., pp. 361-362.

cosa que era muy honrado. Pero no fue ni su lavandera, ni su manejadora. No porque no lo necesitáramos. Fue muy feo que, a los cuatro meses de haberse muerto mi madre, delante de una oficina llena de gente, una señora por envidia, porque no existía otro... Y yo la quiero así. Así la quiero todavía... pues ella dijo que yo ponía el piano allá delante para que ella se cayera.[173]

Cabaret Montmartre. La Habana, 1953: con Rita Montaner y las parejas de baile Los Barranco y Elpidio y Margot

Dando otra muestra de su talento como actor, el 3 de diciembre de 1953, desde el espacio *Un romance cada jueves*, del Canal 4, Bola encarna el personaje de Sam —el pianista negro de Casablanca, la famosa película norteamericana que en 1942 dirige Michael Curtiz— en una adaptación del argumento de este filme por el director Antonio Losada. Su interpretación de la canción-tema del largometraje, «As time goes by», de Herman Hupfeld, también es sumamente elogiada, junto con la labor de los protagonistas de la transmisión: Raquel Revuelta y Manolo Coego, a quienes secundan César Carbó, José Antonio Rivero, Rogelio Hernández y Ernesto de Gali, entre otros.

Durante este diciembre Ignacio Villa vuelve a presentarse en el Montmartre, donde conmueve al público con su interpretación

---

173. Bola de Nieve. Entrevista por el cineasta Octavio Cortázar. Vid nota 14.

de «No puedo ser feliz», partitura que poco antes crea el maestro Adolfo Guzmán para un programa de televisión:

> Había necesidad para un programa de televisión de una canción específica con la construcción que tiene *No puedo ser feliz*. Era un argumento de una muchacha que está enamorada de un joven y se entera, a través de un cristal por el que ella está mirando, cómo él la había engañado y se está casando. Mientras ella cantaba, se veía la boda. En esa transmisión *No puedo ser feliz* empezaba con la conocida Marcha nupcial y acto seguido venía mi composición [describe Adolfo Guzmán].
> Eso se hizo un día y no pasó nada. Entonces, más tarde Bola de Nieve me dijo: «Tú sabes que me gustó mucho la canción, pero quitándole la introducción esa». «No, chico, tuvo eso porque fue para un programa de televisión. Pero, si tú quieres, se lo quito». «Mira, a mí me interesa la canción, que está muy bonita, pero le falta un detalle: quisiera que tú me le inventaras algo que le llamara la atención al público». «Bueno, ¿qué cosa puedo inventarle yo?». «Trata de ver si yo puedo hacer la canción y entonces con un dedo hacer este *obstinato*» y me tareó el que identifica a *No puedo ser feliz*. Le hice el contrapunto ese, que en música se llama *obstinato*, por ser siempre lo mismo...
> La estrenó en el cabaret Montmartre, los primeros días el público la oyó y yo pensé: «Me parece que tampoco ha pegado esta cuestión» y entonces salió uno por allá y gritó: «Bola, cántame la canción del dedo». Yo pensé: «¿Qué cosa es esto?». Y entonces me dijo Bola: «No importa, lo importante es que pidan la canción». Después él aclaró: «Esta canción no es la canción del dedo, se llama *No puedo ser feliz* y es del maestro Guzmán, quien me está acompañando». Aunque la gente aplaudió, varias veces le volvieron a decir «la canción del dedo» hasta que empezaron a identificarla con su debido título: *No puedo ser feliz.*
> Después él tuvo la satisfacción de que fue a México y tuvo éxito con esa canción, al extremo de que cuando

estuvo aquí el compositor Sabre Marroquín, que vino con Lucho Gatica, al entrar en Montmartre dijo: «Quiero conocer al autor de *No puedo ser feliz*». Me dio un abrazo y agregó: «Cada vez que Bola canta esa canción a mí se me salen las lágrimas».[174]

Con el cantante chileno Lucho Gatica (a la izquierda) y el compositor mexicano José Sabre Marroquín

«No puedo ser feliz» es el principal éxito de Bola de Nieve durante su nueva vista a la Ciudad de México, en 1954, para actuaciones en el entonces más exclusivo restaurante-bar de esa urbe: Villa Fontana, sito en el Paseo de la Reforma, número 240. El 21 de abril de aquel año envía una carta a Guzmán y le cuenta:

> Querido Adolfo:
> Yo quisiera que no me recriminaras el no haberte escrito antes, pues ya me conoces y sabrás por esta razón que en mí jamás hay olvido ni mala intención. El éxito que me ha dado tu canción *No puedo ser feliz* ha llegado a ser cosa de que el jefe de la Victor me ha exigido que ese será el primer surco del disco de larga duración que grabe yo acá, pues aún no se ha realizado esta grabación por enfermedad de Sabre Marroquín, que es uno de los que cuando la escucha parece una imitación de una Magdalena al punto de suplicarme que cuando él esté en el cabaret no la toque porque le descompone la noche. La orquesta la toca para bailar y algunos se paran delante de los violines para escucharla; los hermanos Rigual la quieren adaptar como tema de ellos para la hora *Sal de*

---

174. Adolfo Guzmán. Entrevista por el periodista Orlando Castellanos. Archivos de Radio Habana Cuba.

Uvas Picot, en fin, que me tienes que creer que después de hacer cinco o seis números en repetidas noches se paran más de tres del público y empiezan a grito pelado a pedir, como es natural, tu canción.

Lo único que quisiera si te fuera posible es que por conducto de Garrote hicieras llegar a mi hermana,[175] que está por salir de Cuba a fines de este mes, aunque sea el papel de piano y letra de *La vida es humo que se va*, esta molestia te la doy por haber tenido yo la suerte de que seas tú el autor que has servido de clave a mi gran éxito en este país. Quiero que saludes mucho a tu mujer y recibas mucho cariño para tus hijos y si puedes me consigas el apellido de Antonio, para enviarle aunque sea una postal.

En espera de tus gratas letras, se despide de ti con un fuerte abrazo de tu amigo que sabes te quiere.

Bola

No puedo ser feliz,/ no te puedo olvidar,/ siento que te perdí/ y eso me hace pensar.// He renunciado a ti,/ ardiente de pasión,/ no se puede tener/ conciencia y corazón.// Hoy que ya nos separan/ la ley y la razón,/ si las almas hablaran,/ en su conversación/ las nuestras se dirían/ cosas de enamorados./ No puedo ser feliz,/ no te puedo olvidar.

Su versión de «No puedo ser feliz» es llevada al cine en una intervención musical que Bola realiza en el melodrama mexicano *Una mujer en la calle*, el cual, bajo la dirección de Alfredo B. Crevenna, se filma a partir del 5 de julio de 1954 en los estudios Churubusco con Marga López, Prudencia Grifell, Ernesto Alonso, José María Linares Rivas, Raúl Ramírez, Amparo Villegas…

Junto con Armando Silvestre, Lilia de Valle, Ana Bertha Lepe, Julio Taboada, Carlos Múzquiz, Joaquín García Vargas y el boxeador Kid Azteca, Ignacio Villa participa asimismo en la película *Kid Tabaco*, de Zacarías Gómez Urquiza, cuyo rodaje se inicia el 15 de noviembre en los estudios CLASA.

Entre uno y otros filmes, sus actuaciones en Villa Fontana y la televisión, Bola de Nieve disfruta en el Distrito Federal de la

---

175. Se trata de un viaje a México que por esa fecha prepara Raquel Villa.

compañía de fraternales amigos, entre estos el compositor Vicente Garrido, a quien unos dos años antes graba en disco «No me platiques», con lo que contribuye a la difusión internacional de este bolero.

Tuve el placer de conocer a Bola de Nieve desde que yo tenía ocho o nueve años de edad, en la primera visita que él hizo a México, junto con Rita Montaner. Como mi padre era amigo de ellos, fueron varias veces a comidas y fiestas organizadas en mi casa y en mi mente quedó grabada una ilusión, un deslumbramiento, hacia aquel artista [relata Vicente Garrido].
Luego surgió nuestra entrañable amistad, después de iniciarme como profesional, en 1945, y encontrarnos en la casa de Pepe Sabre Maroquín, quien —quizás por su interés de darme un «empujón»— le dijo: «Bola, quisiera que escucharas las canciones de este señor». «¡¿Ah, ya compones, chico?!». «¡Cómo no voy a componer, si tú me enseñaste eso cuando te conocí de niño!». Entonces, se tomó mucho interés en lo que escuchó, tanto que decidió llevar por el mundo, incluida en su repertorio, mi canción *No me platiques*, creada en 1950, la cual él me grabaría dos años después.

En la capital de México lo abraza el compositor mexicano Carlos Almarall y, a la extrema derecha, Vicente Garrido

Con esa y otras composiciones mías que trajo a Cuba, *Bola* comenzó a despertar el entusiasmo de nuevos cantantes en mis partituras y personalidades con mucho éxito, en el campo de las grabaciones discográficas, se interesaron por mi música. Así fue como al llegar a

México Los Tres Ases y Lucho Gatica también quisieran grabar *No me platiques*, que marcó la consagración continental de la obra y del propio Lucho.

En México se me acusó un tiempo de copiar a *Bola*, porque yo, sin voz, decía mis cosas acompañándomelas al piano. Claro, consideraron que carecía del ímpetu de su entusiasmo y de un repertorio tan amplio como el suyo, pues me circunscribía a mis canciones. No se daban cuenta de que él era inigualable, porque *Bola* fue un maestro en todo el sentido de la palabra.

Él me enseñó su gran cuidado en seleccionar lo que cantaba, cómo recogía joyas musicales de cada país visitado, su rigor al poner una canción en un programa, el respeto con que la estudiaba para encontrar el fraseo perfecto, su manera de arreglar las canciones mal hechas cambiándoles la acentuación... una serie de cuestiones de inestimable valor para mí las aprendí cerca de ese señor, que era todo profesionalidad.

Tuve la oportunidad de verlo trabajar en innumerables ocasiones en México, e incluso de llevarlo a actuar a un lugar que abrí en Guadalajara, Las Calandrias:[176] donde relacioné a *Bola* con nuevas amistades, entre ellas la que más tarde sería mi esposa. Desde entonces, permanecíamos con la añoranza de verlo regresar a nuestra patria, de irlo a recibir al aeropuerto y de estar entre los primeros en darle un abrazo de bienvenida. Y aunque han pasado muchos años de su muerte, el intérprete que más me ha emocionado sigue siendo Bola de Nieve. Sin voz, con sus gritos desgarrados, en algunos momentos, pero dándole a cada canción el verdadero sentido y sentimiento.[177]

No me platiques ya/ lo que debió pasar,/ antes de conocernos;/ sé que has tenido horas felices/ aún sin estar conmigo.// No quiero yo saber/ qué pudo suceder/ en todos esos años/ que tú has vivido con otras gentes,/ lejos de mi cariño.// Te quiero tanto que me encelo/

---

176. Esas actuaciones serían en octubre de 1968.
177. Testimonio que el autor graba a Vicente Garrido durante 1989, en La Habana, para un programa de Radio Habana Cuba.

hasta de lo que pudo ser/ y me figuro que por eso/ es que yo vivo tan intranquilo.// No me platiques ya,/ déjame imaginar/ que no existe el pasado/ y que nacimos/ el mismo instante/ en que nos conocimos.

Venezuela será, en 1955, un nuevo punto geográfico de América Latina que aprecia el arte de Ignacio Villa, al presentarse en teatros y Radio Caracas TV (Canal 2). En Maracaibo se abraza fraternalmente con Libertad Lamarque, y al actuar en el Ateneo de Caracas hace llorar al auditorio por su interpretación de «Be Careful, it's my Heart». Cuando termina el concierto, encomian su labor escénica, entre muchos otros, María Teresa Castillo, presidenta de esa institución, el compositor y musicólogo Hilario González y Alejo Carpentier, que reside desde años atrás en esa capital.

El 9 de agosto de 1955 Bola de Nieve inicia un ciclo de presentaciones en el teatro Nacional, de La Habana, en el cual participan también Stella Gil, Paco Michel y la orquesta Hermanos Castro. Desde los meses finales de este año —y hasta enero del próximo— es contratado en Montmartre para el fastuoso espectáculo *Medianoche en París*, con la dirección artística de Mario Agüero, arreglos musicales de Arturo (Chico) O'Farrill, coreografías a cargo de Carlyle y las actuaciones, entre otros, de la bailarina Carlisse Novo y los cantantes María Marcos y Manolo Torrente.

Venezuela, Ateneo de Caracas, 1955, con María Teresa Castillo

A finales de diciembre, su nombre aparece en una lista de los más altos valores artísticos de Cuba durante 1955 —en la categoría de excéntrico musical—, como parte de la selección anual de la revista *Show*, que dirige el abogado Carlos Palma.

Canal 2, televisión venezolana, con el actor cubano Hugo Montes

Retorna a México en mayo de 1956, y luego inaugura los conciertos de la temporada de verano en el lujoso y confortable Salón de las Américas, de la Unión Panamericana, en Washington, con un programa que considera uno de los más importantes de su carrera profesional por abarcar obras de distintos géneros y estilos correspondientes a compositores de España, México, Argentina, Brasil y Cuba: «El caballero de Olmedo» (M.: J. Solano / L.: J. A. Ochaíta -X. Valerio,); «La nit de Nadal», villancico catalán anónimo; «La canción del entremés», título del cancionero popular castellano; Cita (M.: Carlos Guastavino / L.: Lorenzo Varela); «Se equivocó la paloma» (M.: Idem / L.: Rafael Alberti); «Saudade» (Hekel Tabare); «O mar» (Dorival Caymmi); «Os quindins de yayá» (Ary Barroso); «El patio de mi casa» (canción infantil anónima); «Mi mejor verdad» (María Grever); «Corazón» (Eduardo Sánchez de Fuentes); «No te importe saber» (René Touzet); «Mamá Perferta»[178] (canción cubana anónima del siglo XIX); «Búcate plata, Me bendo caro» y «Bito Manué, tú no sabe inglé» (M.: Emilio Grenet / L.: Nicolás Guillén); «Ecó, Baró y El botellero» (Gilberto Valdés); «Mesié Julián» (A. Oréfiche) y «Drumi, Mobila» (I. Villa).

A principios de 1956, acto de entrega de los premios de la revista Show correspondientes a 1955. A la derecha, Carlos Palma y, a la izquierda, Nereida Martínez, locutora del Canal 4

Poco después declara al periodista Raúl Nass:

> [...] abro un capítulo nuevo. De ahora en adelante tocaré cada vez menos en variedades de cabarets y teatros y daré más conciertos. [...] yo soy fundamentalmente concertista. Hace años me dijo Paco Aguilar (el gran laudista español): «Los latinoamericanos se empeñan en presentarte como artista de variedades. ¡Tú eres concertista, no músico de cabaret!»[179]

Y al precisar algunos planes en torno al nuevo rumbo que piensa dar a su arte, afirma:

> Grabar un disco en México y cumplir algunos contratos pendientes de la «vieja etapa» en teatros y cabarets. Para el futuro, pienso presentarme como solista acompañado

---

178. En un artículo intitulado «Bola de Nieve en Washington» —que se publica en *El Mundo* el 9 de junio de 1956, p. B-13—, el periodista José Manuel Valdés Rodríguez afirma que «Mamá Perferta» es una canción recogida por Simeon Naranjo.
179. Raúl Nass: Art. cit.

de un conjunto de instrumentos cubanos y orquesta completa, para intrepretar obras de compositores cubanos y contemporáneos escritas o arregladas con ese objeto. Más tarde, quiero componer y montar un ballet y dar conciertos...[180]

Acerca de la presentación de Bola de Nieve en Washington, José Manuel Valdés Rodríguez comenta en el diario habanero *El Mundo:*

> En el Salón de las Américas, de la Unión Panamericana [...] tuvo efecto, recientemente, la presentación de un artista cubano de los primeros entre nuestros cultores de la música y el canto populares y folklóricos: Ignacio Villa. El triunfo de Bola de Nieve en esa actuación en la capital de Estados Unidos ha sido tan decidido como en nuestra tierra, en América toda y en Europa.
> No hay un artista nuestro tan personal en la expresión de los motivos afrocubanos como Bola de Nieve, lo que puede afirmarse también de su labor como intérprete de la canción internacional. [...]. A su éxito en Cuba no hemos de referirnos ahora. ¿Quién ignora la devoción criolla por este artista inteligente y responsable que eleva a un plano superior el género por él cultivado con integridad y fervor? Del éxito en tierras de nuestra lengua hemos sido testigos gratamente sorprendidos y orgullosamente satisfechos de la ovación de que fue objeto.
> Una de las características de Bola de Nieve como artista es la acertada concertación del programa, extremo en que suelen fallar figuras eminentes de todas las artes. [...].
> Son pocos los artistas, reiteramos, capaces de organizar un programa con tal sentido de la jerarquía y tan radical comprensión de la función y las características del recital. Es posible encontrar obras iguales o con parecida condición representativa de esos momentos de la música, la canción y la poesía en nuestra lengua; pero superiores, sin duda que no. Y en cada una de ellas Bola de Nieve hace toda una creación, en la que la voz, el gesto, el claro decir integran una unidad de expresión hecha de finas

---

180. Ibídem.

notaciones, de fugaces matices, de sutiles acentos, de extrañada emoción, de aquilatado gusto y de ausencia de divismo y ostentación.

[…].

Bola de Nieve es desde hace tiempo un gran artista radicalmente nuestro; dueño de un estilo original y propio en medida tal que es acreedor a que se le considere un sitio prominente y único. Sus éxitos de siempre, y de modo muy especial este de ahora en la capital de Estados Unidos, deben ser motivo de vivísima satisfacción para todos.[181]

El Viejo Continente lo reclama en 1957. Regresa a Francia y luego a España, país en el que graba el disco *Bola de Nieve con su piano*,[182] en el cual incluye dieciocho títulos de distintos creadores cubanos, entre ellos dos de su autoría. Por primera vez viaja a Inglaterra —donde solo actúa en la radio— e Italia. Venecia lo deslumbra con sus canales y la Plaza de San Marcos, en cuyo entorno están los dos edificios más importantes de la ciudad: la catedral homónima y el palacio Ducal, así como los inmuebles, en estilo renacentista italiano, de la Procuratie Vecchie y de la Procuratie Nuove. De Milán lo más sorprendente para él será la Piazza del Duomo —en un extremo de la cual se levanta la catedral— y el castillo de la familia Sforza, de inapareciable riqueza en obras de arte. En tan hermoso sitio le toman una fotografía rodeado de palomas y una de ellas posada sobre su mano derecha.

Pero indiscutiblemente es Roma la que hace palpitar en su espíritu el máximo de emociones al contemplar lugares inolvidables: el Coliseo, el Panteón, el Foro romano, las catacumbas, mu-

---

181. José Manuel Valdés Rodríguez: Art. cit.
182. Las piezas incluídas son «Espabílate, Belén, Mersé» (Eliseo Grenet); «Allá en el batey» (E. Lecuona); «Tanislá» (Gonzalo Roig); «Tú me has de querer» y «El reumático» (Ignacio Villa); «El botellero», «Ogguere», «Ecó», «Baró» (Gilberto Valdés); «No te importe saber» (Mario Fernández Porta), «Bito Manué, tú no sabe inglé», «Bucate plata» y «Mi chiquirta» (M.: Emilio Grenet /L.: N. Guillén) y «Mamá Perferta».

Bola de Nieve en Milán

seos, galerías, palacetes, plazas, tantas calles llenas de historia... Al lado de la la soprano Maruja González,[183] se extasía ante las esculturas de los dioses, delfines, caballos y tritones de la barroca Fontana di Trevi, donde ambos cumplen con la costumbre de arrojar tres monedas al agua para que se cumpla la tradición de garantizar el regreso del visitante a la capital italiana.

Entre sus recuerdos de aquellas semanas, más de placer que de trabajo, relataría en una oportunidad: «Un día [...] tenía un hambre de más de tres varas y media y hacía cualquier cosa. Canté en italiano, bromeando. Me contrataron para Eurovisión y me cansé de volar entre Milán y Roma».[184] Quizás de aquel tiempo daten sus interpretaciones de «Monasterio Santa Chiara», de Antonio Barbieri, quien afirma que, a pesar de no hablar bien el italiano, nadie cantaba esa obra como el cubano Bola de Nieve, y «Arrivederci Roma», de Renato Rascel.

Ante la Fontana de Trevi al viajar a Roma en 1957. A su izquierda la soprano Maruja González

---

183. Maruja González realiza un viaje turístico a Italia en aquellos días.
184. Fernando G. Campoamor: Art. cit. p. 37.

Carteles reproduce una entrevista concedida a ese semanario habanero por Ignacio Villa para la edición del 27 de enero de 1957. Le antecede el titular *Las tres enes de Bola de Nieve:*

> Entrevistar a Bola de Nieve —menos conocido como Ignacio Villa— no es tarea fácil. El tema original era extraerle un juicio sobre el *rock n' roll*, pero su personalidad inquieta, expresiva y aguda se desparrama en una charla *zigzagueante* sobre todo un panorama musical y personal.
>
> A Bola le disgusta hablar de sí mismo, pero casi sin darse cuenta, comienza a autodefinirse en función de la música, mientras define la música casi como un fluido vital que lo traspasa.
>
> —Mi secreto está en creer en lo que hago, en tenerle fe y en hacerlo. Mira —dice ya con tono anecdótico—, una vez toqué delante de Arturo Rubinstein. Y alguien me preguntó si no me sentía acomplejado… ¿Acomplejado yo, que no tengo complejos? ¡Qué va, mi hijito! Él tocará muy bien a Chopin, pero yo canto muy bien *El manisero* en La Habana, que fue donde lo inventaron.
>
> Y, con esa sonrisa suya, toda dentadura y ojos apretados, lanza el dardo de la autocrítica.
>
> —¿Verdad que soy un negro nuevo y necio?... Las tres enes que llevo como iniciales del alma.
>
> Y lanza una carcajada calmosa, rítmica, sin apuro:
> Centramos el tema: *rock n' roll*. Y él responde, como si ya tuviera pensada de antemano sus imágenes:
>
> —El *rock n' roll* tiene de todo. Es la música de una época de transición. En ella ningún color se fija. Es, en realidad, nada más que música de laboratorio. Es una cosa que reinventaron los americanos de quince a diecinueve años para hacer menos aburridas las canciones de los *cow boys*.
>
> A una pregunta nueva, responde:
>
> —¿Un coctel?... No. Es una palabra muy fina. No es ni siquiera una mezcla pura. Yo llamo mezcla pura, por ejemplo, al mulato que es hijo de una negra retinta y un blanco rubio. Como el mambo. El mambo quedará…ya quedó, en el mundo entero, gracias al genio instrumental

de Pérez Prado. Pero el *rock n' roll* no tiene nada que tenga color «fijo». El tiempo lo «lavará».

Se detiene un momento, chupando el cigarro que apenas mueve entre sus dedos que son increíbles en un pianista. Luego define el *rock n' roll* en una técnica suya:

—Es una mezcla de dos ritmos distintos que se apoyan. Por un lado el de las canciones de *cow boys* que cantaban los aficionados jóvenes americanos que no son *cow boys*. Por otra parte, el *boggie-woogie* sin demasiadas complicaciones. Y, en paso de baile, el *jitterbug* del fin de la guerra. Es ritmo, antes que melodía. Es una exaltación del primitivismo, que no podrá evitar un regreso a las corrientes románticas de la canción melódica.

Y aquí hace una frase: «El romanticismo es la iluminación de un punto del alma de cada cosa». Luego razona el por qué de la transitoriedad del *rock n' roll*.

—Es solo para jóvenes de quince a diecinueve años. Los adultos no pueden resistir este ritmo, por falta de energía física. El *rock n' roll* resulta incompleto como sensación auditiva. Es, sobre todo, visual. Si no es bailado, o interpretado en explosión de energía joven y jovial, no sirve. Es el inicio de un viaje a otra cosa, sin decir a dónde y sin saber demasiado bien de dónde viene. Eso sí, hay que reconocer que es jovial, fresco, como un botón de flor... aunque no importa si la flor será luego bonita o fea.

Bola de Nieve no puede evitar una digresión casi filosófica:

—La juventud, que se siente inferior a sus mayores, se para en el pedestal de los más viejos para construir a toda costa su propia superioridad. El triunfo actual del *rock n' roll* es el triunfo de la juventud del momento, porque la inferioridad es la base de toda superioridad.

Le preguntamos si ha incluido algún ritmo *rock n' roll* en su repertorio:

—No— responde casi indignado, pero sin perder la sonrisa eterna. Eso no es para mí... o yo no soy para eso. Aunque quizás fuera una buena forma de morirme. Porque quiero que sepas que yo ansío morir en un teatro, o en la pista de un cabaret.

Otra pregunta, y:

—¿El chachachá? Es un *schotis* con tambores. Es la venganza de los españoles.

En resumen, preguntamos, ¿a qué grupo musical se siente ligado?

—A mi continente: África. Porque el africano es el continente del siglo XXII. Por eso hablo de exaltación y no de retroceso al primitivismo del ritmo. El ritmo no se inventó; lo tenía África, ya antes de que nadie pensara en ponerse a cantar. Yo soy fiel a lo mío. Ya te dije que mi símbolo son las tres *enes*... que muy pocos saben comprender en estas tres palabras: negro, nuevo y necio.

Y, para despedirnos, a la puerta de su casa en Guanabacoa, Bola de Nieve nos da una fotografía tomada el mes pasado, en París, por el poeta Nicolás Guillén.

En marzo de 1957 regresa a la capital de Venezuela para trabajar en el programa El Show de las 12, de Radio Caracas TV, y después en el *Tony's Bar*. Y en abril de 1958 se encuentra en la capital del Perú, tras recibir un contrato del hotel Bolívar. El día 18 de ese mes concede una entrevista y actúa en el programa *Pablo y sus amigos*, cuyo anfitrión es el maestro de ceremonias Pablo de Madalegoltía y transmite Radio Panamericana, ocasión en la que comenta —brevemente— el fallecimiento en La Habana, veinticuatro horas antes, de Rita Montaner.

Por aquellos días intima con la cantautora Chabuca Granda (María Isabel Granda Larco), que unos seis años atrás, luego de un escandaloso divorcio para la sociedad peruana de la época, da a conocer un vasto número de valses y canciones destinadas a alcanzar extraordinaria aceptación mundial: «Fina estampa», «Gracia», «José Antonio» y, principalmente, «La flor de la canela», en la cual ella realiza una magistral versión musical de la popular fábula de igual nombre en la Lima colonial.

Enamorado de la melodía y la letra de la última obra mencionada, Bola procederá a su inmediato y riguroso estudio, hasta ubicar —entre sus principales creaciones interpretativas— a tal vals peruano correspondiente a la etapa primaria de Chabuca como compositora:

Déjame que te cuente, limeño,/ déjame que te diga la gloria/ del ensueño que evoca mi memoria/ del viejo puente, del río y la alameda./ Déjame que te cuente, limeño,/ ahora que aún perfuma el ensueño,/ ahora que aún se mecen en un sueño/ el viejo puente, el río y la alameda.// (Estribillo:) Jazmines en el pelo y rosas en la cara,/ airosa caminaba la flor de la canela,/ derramaba lisura y a su paso dejaba/ aroma de mixtura que en el pecho llevaba./ Del puente a la alameda, menudo pie la lleva/ por la vereda que se estremece/ al ritmo de su cadera;/ recogía la risa de la brisa del río/ y al viento la lanzaba del puente a la alameda.// Déjame que te cuente, limeño,/ ay, deja que te diga, moreno, mi pensamiento,/ a ver si así despiertas del sueño,/ del sueño que entretiene, moreno, tu sentimiento./ Aspira de la lisura que da la flor de canela,/ adórnala con jazmines matizando su hermosura,/ alfombra de nuevo el puente y engalana la alameda;/ el río acompasará su paso por la vereda./ Y recuerda que: (Estribillo).

Los cambios políticos, económicos y sociales que se emprenden en Cuba a partir del Primero de enero de 1959 —tras el derrocamiento de Fulgencio Batista— sorprenden a Ignacio Villa en Ciudad de México. Pocas semanas después regresa a La Habana, y al ofrecer a sus lectores información en tal sentido, se afirma en la la revista *Bohemia*:

> Bola de Nieve —sin adjetivo, porque resulta innecesario— dejó todo lo que estaba haciendo en México, para gozar por unos días en esta Cuba nueva. Si ya no se ha ido, porque en la capital mexicana tiene labor en TV, en la radio y en el «Afro», está al irse. Claro, que contra su voluntad, porque Bola es de los que en todo momento, pese a que es un triunfador en el extranjero, añora el terruño...[185]

Cumplidos sus contratos en México, vuelve a su patria, donde recupera fuerzas antes de iniciar el más intenso decenio de su trayectoria como embajador de la cultura criolla. Y, «cuando triunfa

---
185. *Bohemia*. La Habana, 8 de febrero de 1959, p. 62.

en cualquier parte del mundo, sienta al piano a su Guanabacoa natal, al pregonero que pasea sus calles en la resolana del mediodía. Con él canta el país, como para el pregonero cantar la fruta recreándola es razón de vida. Con Bola de Nieve va el entorno en que su sensibilidad se enriqueció de música».[186]

«Mi secreto está en creer en lo que hago, en tenerle fe y en hacerlo»
Bola de Nieve

---

186. Reynaldo González: *La ventana discreta*. Ediciones Ávila, Ciego de Ávila, 1998, p.189.

¡Cantaré hasta la eternidad!

«*Hay otro personaje clave en mi formación sentimental. Para descubrirme a mí mismo, para advertir lo que me ha producido felicidad y dolor, no he acudido al psiquiatra, sino a Bola de Nieve. En mi opinión es otro de los genios que habéis engendrado aquí [...]*».

Pedro Almodóvar

Ignacio Villa y Fernández continúa sus faenas artísticas a escala nacional e internacional en medio de los cambios que, en todos los órdenes, tienen lugar en Cuba después de 1959. Por aquel entonces llega a tiempo a La Habana para asistir a un suceso familiar: el nacimiento de la primera hija de Raquel, Marinés Mieres Villa, cuyo nombre él escoge.

En marzo viaja una vez más a México. Un momento trascendente ocurre al actuar en el programa televisivo *Visitando las estrellas*, que dirige el periodista Paco Malgesto, al cual concurren en esa ocasión Olga Guillot, Lucho Gatica, Daniel Riolobos, Carmen Delia Dipini, Vicente Garrido, René Touzet, José Sabre Marroquín, lo tríos Los Ases y Los Soles y Memo Acosta, dirrector de la firma discográfica Muzart.

De vuelta a La Habana, reaparece en el programa de televisión *Casino de la alegría* el 15 de julio. En tal fecha, al anunciarse su presentación, en el periódico *Revolución* se escribe: «Bola de Nieve, quien con su estilo definitivo ha hecho viajar nuestra música por los siete mares».[187] Al siguiente día, también en las páginas de ese rotativo, la compositora Marta Valdés le da la bienvenida:

> Tenemos a Bola de Nieve otra vez entre nosotros. El de Bola es un caso fantástico: es una de las figuras de mayor peso en nuestro mundo artístico; tiene muchos que no gustan de su arte, pero del lado contrario nos encontramos con que hay hay un bando, no de fanáticos, sino de verdaderos devotos. Y debe ser algo muy grande para un artista contar con un público que se mantenga fiel a través del tiempo y a pesar de las numerosas ausencias. Tal vez sea este el grado más alto a que se

---

187. *Revolución*. La Habana, 15 de julio de 1959, p. 15.

pueda aspirar en el pleno del arte.[188]

En Guanabacoa con sus hermanos Raquel, Berta y Domingo

Durante abril de 1959 se encuentra en Checoslovaquia y el día 6 actúa en el Teatro de la Música, de Praga. Con Adolfo Guzmán, Zenaida Manfugás, Sara Jústiz, Rafael Somavilla, Isolina Carrillo, Felo Bergaza, Erundina Rocha, Ofelia Jiménez y Mario y Zenaida Romeu, Ignacio Villa es uno de los once pianistas que el 19 de octubre —en sus respectivos instrumentos y sumados a una orquesta bajo la dirección de Gonzalo Roig— secundan a Ernesto Lecuona en sus piezas «Andalucía» y «Malagueña», en el teatro Blanquita, al organizarse un acto para la inauguración oficial de la XXIX Convención de la *American Society of Travel Agents* (ASTA), a la cual asisten dos mil delegados.

En diferentes secciones del espectáculo —que artísticamente dirige Roderico Neyra, Rodney, el famoso coreógrafo de Tropicana— desfilan por el escenario de la barriada habanera de Miramar los cantantes Marta Pérez, Celia Cruz, Rosita Fornés, Esther Borja, María Teresa Carrillo, José Le Matt, Ana Margarita Martínez Casado, Rosaura Viada, Zoraida Morales, Blanca Varela y René Cabel, los intérpretes de música campesina Radeunda Lima, Celina González y Reutilio Domínguez, los tríos Servando Díaz y Matamoros y los cuartetos de Cuca Rivero y Aida Diestro, entre otros.

En diciembre está en Santiago de Chile y realiza un concierto en el coliseo Camilo Henríquez. Orlando Rodríguez, crítico del diario *El Siglo*, de esa capital, considera: «Resulta difícil clasificar a *Bola de Nieve*, porque la riqueza de matices exhibida en su interpretación excede el concepto del cantante, aunándose en él esas

---

188. *Revolución*. La Habana, 16 de julio de 1959, p. 14.

```
TEATRO CAMILO HENRIQUEZ
    RECITAL DE CANCIONES
              POR
        BOLA DE NIEVE
Primera Parte
ESPABILATE ..................... Eliseo Grenet
OGGUERE ....................... Gilberto Valdés
ECO ............................ Gilberto Valdés
BAHO ........................... Gilberto Valdés
VIK MANUE ........... Emilio Grenet-Nicolás Guillén
MERCE .......................... Eliseo Grenet
DRUMI MOBILA ................. Bola de Nieve
CARLOTA TA MORI ............... Bola de Nieve

Segunda Parte
VEREDA TROPICAL ............... Gonzalo Curiel
YA NO ME QUIERES ............... María Greyer
AY! QUE ADIOS .................. Mario Armengol
CUANDO TE ENCUENTRE ........... Cruz Muñoz
TU ............................. María Grever
NO ME PLATIQUES MAS ........... Vicente Garrido
ES TAN DIFICIL ............ J. Sabre Marroquí
NO PUEDO SER FELIZ ............ Adolfo Guzmán
VETE DE MI .................... René Cuspito
TE OLVIDARE ................... Manuel Merodio

Tercera Parte
O MAR .......................... Dorival Caimi
SAUDADE ........................ Nokel Tabaré
OS QUIDINGUIS YA YA ............ Arí Barroso
MONASTERIO STA. CHIARA ......... Barbieri
SI TU VAS A PARIS ............. Charles Trenet
EL CABALLERO DE OLMEDO ......... Solano
SO DICEMBRE CONOELAT ....... Anónimo S. XVIII
ARRIVEDERCI ROMA .............. Renato Rasciel
CHIVO QUE ROMPE TAMBO ......... Moisés Simons
CUANDO YO SE VA A LA HABANA .... Bola de Nieve

      Santiago de Chile — Diciembre 1959
```

características junto a las de actor y concertista».[189] El también periodista chileno Herbert Milles opina que el artista criollo «[...] es a la música cubana lo que Chevalier a la francesa, o Louis Armstrong a la música norteamericana».[190]

Bola participa el 26 de marzo de 1960 en un homenaje al compositor y director de orquesta Rodrigo Prats Llorens —en el teatro Martí— por cumplirse treinta y cinco años de su labor profesional. Entre otros, cooperan en el lucimiento de esa gala Marta Pérez, Celia Cruz, Armando Oréfiche, Manolo Álvarez Mera, Zoraida Marrero, Miguel de Grandy, Alicia Rico, Candita Quintana, Carlos Pous, Pedrito Fernández, Rolando Ochoa, Xenia Marabal, Blanca Varela, Estela Santaló, Paúl Díaz, Adolfo Guzmán, el coro de David Rendón (hijo), la orquesta Fajardo y sus Estrellas, así como el actor argentino Pepe Biondi y el cancionero chileno Luis Aguilé.

Trece días después, en el teatro de la CTC —Central de Trabajadores de Cuba— Bola de Nieve interpreta canciones con textos de Nicolás Guillén y Rafael Alberti, al ofrecer un mano a mano poético los dos renombrados bardos, tras pronunciar las palabras iniciales María Teresa León. En esa jornada, una de las más relevantes al volver Alberti a Cuba, luego de veintiséis años de ausencia, el intelectual español reitera su criterio de que «Bola de Nieve es un García Lorca negro».[191]

Dentro de tan memorable espectáculo, Bola deleita al público con poemas guillenianos musicalizados por Eliseo y Emilio Grenet, y emociona a la mayoría de los presentes cuando canta «Se equivocó la paloma», con texto de Rafael Alberti y partitura del argentino Carlos Guastavino:

Se equivocó la paloma.

---
189. *Revolución*. La Habana, 13 de julio de 1964.
190. Ibídem.
191. Miguelito Ojeda. *Bola de Nieve* (Selección de textos, anexos y notas). Editorial Letras Cubanas, La Habana, 1998, p. 21.

Se equivocaba.

Por ir al Norte, fue al Sur.
Creyó que el trigo era agua.
Se equivocaba.

Creyó que el mar era el cielo;
que la noche, la mañana.
Se equivocaba.

Que las estrellas, rocío;
que la calor, la nevada.
Se equivocaba.

Que tu falda era tu blusa;
que tu corazón, su casa.
Se equivocaba.

(Ella se durmió en la orilla.
Tú, en la cumbre de una rama).

Según Nicolás Guillén, Bola le contó que cuando ambos se conocieron, allá por 1932 en la casa de Rita Montaner, le cayó mal «[...] aquel mulato bajito, cabezón, de un insoportable pelo negro, que recitó algunos Motivos de son con voz gruesa y monótona».

En una representación de *La viuda alegre,* con música de Franz Lehár y libreto de Leo Stein y Victor Léon, que el 7 de mayo de 1960 se dedica en el Martí a Miguel de Grandy por el trigésimo segundo aniversario de su debut teatral, Bola de Nieve protagoniza el personaje de Pritschitsch, y se incorpora al conocido septimino (*Las mujeres*) con los cantantes líricos Humberto Diez, Armando Pico, René Cabel, José Le Matt, Jorge País y Waldo González. Cabe destacar que tal función ofrece una multiplicidad de roles protagónicos en los diferentes actos de esa opereta: tres Ana de Glavary (Marta Pérez-Blanca Varela-Alba Marina), dos Valencienne (Zoraida Beato-Rosa Elena Miró) y dos Camilo de Rosillón (Manolo Álvarez Mera-Miguel Ángel Castro). El conde Danilo lo asume De Grandy; Olga: Lola Vilar; Prascowia: Eva Vázquez; Niegus: Antonio Palacios; barón Mirko Zeta: Rolando Ochoa; Vizconde de Anglada: Rolandito Ochoa; Norka: Alicia Rico; señora de Bogdanovitch: Mimí Cal; señora de Kromow: Julita Muñoz y el criado: Pepe Biondi. A tan estelar elenco se adicionan los nombres, entre otros, de María de los Ángeles Santana, Sara Escarpanter, América Crespo, María Remolá y Zoraida Beato, quienes realizan una actuación especial en la escena del cabaret Maxim.

Reunidos en un programa de televisión, de izquierda a derecha: María de los Ángeles Santana, Rosita Fornés, Sara Escarpanter, Miguel de Grandy, el actor argentino Adrián Cúneo y Bola de Nieve.

Un denominado Festival de Actores Cómicos, que se programa en Martí el 14 de mayo de 1960, anuncia en su elenco a Bola de Nieve, Pepe Biondi, Leopoldo Fernández, Guillermo Álvarez Guedes, Rolando Ochoa, Armando Bianchi, Jesús Alvariño, Rafael Correa, Amador Domínguez (Bartolo), Carlos Pous, Enrique Arredondo, el Chino Wong, Idalberto Delgado, Antonio Palacios, Armando *Cholito* Soler, Rosita Fornés, Floriana Alba, Elena Burke, Blanca Rosa Gil, René Cabel, Armando Pico, Jorge Félix, Rolando Barral, Carlos Barba, Alberto Insua, el dúo de las chilenas Sonia y Miriam y la orquesta del maestro Prats.

José Manuel Valdés Rodríguez, uno de los más reputados críticos de la cultura cubana, encomia el recital que el 4 de julio de 1960 Ignacio Jacinto ofrece en la sala Talía, de El Vedado:

> Y «el corazón sonoro» pobló de mágicas voces, de acordes delicados, de sofrenados acentos la sala pequeña, callada y trémula. ¡Imposibles igual sencillez, semejante pulcritud, tan entrañada emoción, parecida propiedad en la intención, en el decir, en el acompañamiento acompasado, ni gusto en tal manera aquilatado! Y en la sala callada y trémula estalló la tempestad de aplausos y bravos, tras de la interpretación ceñida, irreprochable de *El Caballero de Olmedo*.
>
> Ese fue el recital de Bola de Nieve en la Sala Talía: una sucesión de milagrosos aciertos del inimitable artista, seguidos de aplausos y vítores reiterados.
>
> Señalemos en primer lugar lo atinado del programa, seleccionado con el gusto y la comprensión, producto del conocimiento musical y de la cultura de quien no ha cesado de estudiar y trabajar desde el día en que se presentó al público por primera vez.

«[...] cada canción de Bola de Nieve tiene belleza inconfundible, diferente y única»

José Manuel Valdés Rodríguez

> De ahí la superación ininterrumpida de nuestro gran artista, que domina por igual el folklore afrocubano,

las diversas manifestaciones del cancionero criollo y la canción internacional en la inagotable variedad de sus expresiones populares y cultas.

Con ser muy subido el juicio, infrecuentementre merecido por artista nuestro o extranjero, deja por señalar una cualidad presente en contadas figuras. Sobre todo en el género cultivado por Bola de Nieve; Ignacio Villa no le debe nada a artista alguno de ayer o de hoy. Es él en medida absoluta. Él y solo él. Nadie antes, y nadie ahora. Y quizás nadie en el mañana, porque será preciso que se den las limitaciones gravosas y el talento que las supera hasta hacerlas desaparecer, desvanecidas, inexistentes aún para quien tenga la voluntad de percibirlas.

Bola de Nieve pone cuanto tiene en cada canción, en aquellas que le son caras y en las que apenas le rozan la epidermis. Talla, pule, bruñe, acrisola cada canción y su acompañamiento hasta hacer de ella un pequeño milagro de medida, de propiedad, por el raigal acuerdo entre el carácter que la distingue y los medios puestos en juego para plasmarla. Por eso cada canción del extenso y diverso repertorio de Bola de Nieve tiene belleza inconfundible, diferente y única.

Ejemplo señaladísimo de lo afirmado, fue la noche del lunes, *La vie en rose*. Digamos *La vie en rose* de Bola de Nieve, que sin dejar de ser la canción parisiense de todos conocida, un poco trasnochada, es otra cosa. Animada por un hálito nuevo, arreciado el acento un poco sensiblero, cobra vitalidad, adquiere de súbito alegría, júbilo entrañado. El alma antillana vibra en ella con el fuerte ímpetu negro, que tiene en Bola de Nieve un exponente superior, genuino producto de la cultura cubana en granazón magnífica, mezcla de España, de los factores europeos y los de América. Por eso es Bola de Nieve tan nuestro, al par que universal [...].

¿Cómo explicar, si no, su interpretación acabadísima y personal de obras tan diversas como *El Caballero de Olmedo*; [...] o su creación delicada y emocionante, de *Be Careful, it's my Heart*, de Irving Berlin, o *Lo decembre congelat* [...], o las dos canciones [...] *O mar*, de Dorival

Caymmi, y *Os quindins de yayá*, de Ary Barroso, con una ingenuidad cálida y fragante explotada por Bola de Nieve con insuperable pureza.

Referirnos a cada una de las interpretaciones y los encores del sin par artista negro, en la noche del lunes, es tarea ardua, imposible de concretar en esta nota periodística. Digamos que en todo momento fue el intérprete de siempre, en el canto y en el acompañamiento al piano. Como siempre dialogó Bola con su piano, peleó y lo castigó con rabia, se reconcilió con él y lo acarició con ternura infinita y jugó y se divirtió con el teclado. Fue en todo momento cantante y pianista magistral, actor en modo que envidiarían los histriones mejores, por el gesto, por el ademán, por la inimitable expresividad de sus manos. Fue, en suma, el gran artista de siempre, en permanente decantación de sus dones y su saber; eterno aprendizaje de genuino maestro, sabia actitud que ha hecho de él uno de los muy contables artistas relevantes de hoy. En Cuba y en el escenario universal. Por eso, y por la gracia de los dioses, es un artista de genio, uno y diverso.[192]

Un sitio especial ocupa Bola en la lista de primeras figuras que en el Martí se dan cita el 11 de julio de 1960 para homenajear al actor cómico Amador Domínguez (Bartola). Aparecen en tal relación Marta Pérez, Armando Oréfiche, Olga Guillot, Rosita Fornés, Elena Burke, René Cabel, Frank Domínguez, Alberto Garrido, Federico Piñero, Zoila Pérez, Los Bucaneros, el cuarteto de Meme Solís, Pacho Alonso, Rolando Laserie, Fernando Albuerne, Alba Marina, Manolo Coego, Otto Sirgo, Blanca Varela, Elizabeth del Río, Ñico Membiela, Germán Pinellli, Gina Cabrera, el dúo Cabrisas-Farach, Armando Bianchi, Berta Dupuy, Doris de la Torre, Miguel Ángel Ortiz, Jorge Félix, Rolando Barral, Alberto Insua, Enrique Montaña, Jorge Guerrero, Violeta Vergara...

Este año empieza a ponerse a la venta en Cuba el disco de larga duración *Este sí es Bola*, de la firma Sonotone, en cuyas dos caras aparecen quince títulos que son un valioso testimonio de su

---

192. José Manuel Valdés Rodríguez: «Bola de Nieve: artista de genio, uno y diverso». *Cinema*, La Habana, 10 de julio de 1960, p. 7.

singular temperamento artístico. Acerca de tal placa discográfica comenta el crítico Antonio Quevedo en *Información:*

> Este «Bola» no es un bola cualquiera. Es una Bola de Nieve negra, que es la mayor paradoja que puede concebirse. Dientes que son un destello de luz al reír su dueño, y un signo de salud física que desafía lo perecedero de la vida humana. Unos ojillos maliciosos, turbadores en la intención, que ríen por arriba, así como sus dientes ríen por abajo. La frente se abomba sobre los temporales como un arco de bóveda sobre sus apoyos. La nariz se desparrama sobre las mejillas, gozadora de los olores del mundo. Y toda esta cabeza con sus atributos es una bola de billar que no juega en mesa alguna, salvo en la del comedor a las horas del almuerzo y la cena. Bola que puede ser de ébano o de obsidiana, de azabache o de carbón mineral. Y que, tras larga y misteriosa evolución de la materia, ha llegado a convertirse en Bola de Nieve. ¡Milagro!
> Yo no sé a derechas el nombre del ciudadano «Bola de Nieve». Puede llamarse Pedro o Virgilio, y Rodríguez o Hurtado de Mendoza. Es igual. El ha nacido para «Bola de Nieve», y si muere algún día, su esquela mortuoria le despedirá como «Bola de Nieve». Y los que vayan en el cortejo llorarán lágrimas de «café negro». Probablemente no iré yo, por dos razones: porque jamás podré creer que «Bola de Nieve» no sea un ser viviente y riente, y porque el café no me gusta.
> En fin, de este «Bola» extraordinariamente simpático, «bon enfant», libertino, elegante y discreto, como Oliverotto da Fermo del tiempo de los Médici, que Tintoretto retrató gladiando desnudo y cantó en versos yámbicos el mejor poeta del Renacimiento italiano; de este «Bola» humano, refinado y gentil como un príncipe del Congo perfumado con Jicky, acabo de recibir un disco «Sonotone» con el título «Este sí es Bola», en cuya portada aparece un rostro que parece una máscara teatral, de países hiperbóreos, o un camafeo de Nigeria. Está rodeado de negrura, algo así como un cuadro surrealista con una cabeza flotando en un mar de calamares. En

su sencillez impresionante es una de las cubiertas más originales que se hayan hecho para discos.

Todo el mundo ha oído a «Bola de Nieve» cantar y tocar. Pero pocos le han tenido en intimidad, entre un grupo de amigos sin aparato ni protocolo, sorbiendo perfumado soconusco en tazas folklóricas mexicanas, tal como le he tenido yo hace unos catorce años, cuando una personalidad eminente de la música internacional; que me honraba con su visita en La Habana, quiso tener a «Bola de Nieve» entre sus invitados, de quien había oído decir en Europa superlativos que apenas daba créditos sin confirmación personal.

Y aquella noche, abierto el piano de cola, sentados junto a Bola una docena de amigos, nos tuvo hasta horas de la madrugada embrujados con su arte, presos de sus canciones y de su piano, que también parece hablar como «Bola». No diré que las cantó bien, pues lo que hace «Bola» con su voz no es propiamente canto, ni declamación, ni siquiera vocalismo, sino una mezcla feliz de todo ello, algo lleno de encanto sensual y refinado, vagaroso, elusivo, confidencial, hasta pecaminoso. Su arte es así.

Todo ello está grabado en este disco «Sonotone» y en la colección de 15 canciones hay preciosidades [...].

En el dorso de la cubierta vienen algunas opiniones sobre este artista único; la que le define mejor es la del poeta Nicolás Guillén: «Por supuesto que nunca se las vio con Rigoletto, ni ha interpretado a Chopin. El es Bola, simplemente Bola y su piano. Bola y su frac. Bola y sus canciones suyas de cualquier autor —las cuales dice a media voz, casi recitadas dejándolas escapar en el aire de la sala absorta, donde vagan sostenidas por la frágil melodía que se desprende suavemente de sus manos ágiles y negras».

¡Este sí es Bola![193]

---

193. Antonio Quevedo: «Bola y piano». *Información*. La Habana, 18 de agosto de 1960.

El mencionado disco recoge grabaciones de páginas de su autoría «Señor, ¿por qué?» y «No me comprendes», así como de Ernesto Lecuona «El dulcero», Manuel Merodio «Te olvidaré», Moisés Simons «Chivo que rompe tambó», María Grever «Devuélveme mis besos», Vicente Garrido «No me platiques», Facundo Rivero «Lacho», Charles Trenet «En ce temps-lá» y su expresiva interpretación de «Tú no sospechas», bolero de la compositora, guitarrista e intérprete vocal Marta Valdés que él estrena durante 1960 por la televisión y en un concierto en el teatro Amadeo Roldán (antiguo Auditórium).

Ante todo, Bola era un gran músico, un ser único, uno de esos tesoros musicales que esta Isla ha entregado al mundo. Yo admiro en él esa capacidad de observar en cada obra una arista diferente, como lo hizo cuando, magistralmente, adaptó a su estilo interpretativo *Corazón*, de Eduardo Sánchez de Fuentes [puntualiza Marta Valdés].

Es de admirar también su oficio, su disciplina, su rigor al preparar un programa. Era un artista de la estirpe de Luis Carbonell, que a diario se ejercita en busca de la mejor forma de llegar al auditorio. En ese sentido no olvido que Bola me dijo un día: «Mientras no lloro en mi casa antes de estrenar una canción, no se la presento al público. Solo cuando en medio del ensayo la emoción me interrumpe y tengo que parar, porque se me salen las lágrimas, comprendo que la obra está lista para ser estrenada».

En 1960 me grabó *Tú no sospechas*, y me considero una persona muy afortunada por figurar entre los autores cubanos que llevó al disco. Asimismo me fue posible acercarme bastante a él, le visité en muchas ocasiones y no creo exagerar si digo que pude beber en la fuente de su sabiduría al escucharlo, en deliciosas sesiones junto al piano, expresar sus conceptos acerca del arte de intepretar una canción y el oficio de preparar el orden de un programa y de colocar en su desarrollo la pieza que más nos importa entregarle al público en esa ocasión.

Él había escogido para grabar más adelante otra canción mía que, finalmente, no llevó al disco porque no volvió a grabar. Elena Burke la había cantado en vivo y la dejó grabada en su disco *Juego a olvidarme de ti*, dedicado a mi obra. El título responde a la primera línea de la letra, y él me pidió que lo acortara y la llamara «Jugando a olvidarte». Yo le dije que no tenía inconveniente…

La última lección que recibí de él, me ayudó mucho a centrarme y a precisar el rumbo que luego tomaría para consolidar el cancionero propio que me empeñara en configurar. Ya había aprendido a escribir mis canciones en el pentagrama sin ayuda de un transcriptor, ya había comenzado a encontrar maneras de abrir caminos a partir de la guitarra, pero no me había dado cuenta de qué era lo que estaba pasando en mi evolución.

Estaba terminando la década de los sesenta y le llevé un grupo de canciones bien diversas entre sí. Las analizó una a una y me dijo: «Has encontrado una forma de componer que está esencialmente ligada a la naturaleza de la guitarra. Conozco otro caso así (me mencionó a alguien cuyo nombre no fijé en la memoria, aunque sí sé que era de Suramérica). No te apartes de ese camino». Y por ese camino ya estoy cumpliendo cincuenta años de entrega a la canción.[194]

A un riguroso estudio somete cada partitura que iba a estrenar

Tú no sospechas, cuando me estás mirando, / las emociones que se van desatando; / te juro que a veces me asusto de ver / que te has ido

---
194. Testimonio que Marta Valdés redacta para este libro en el 2005.

adueñando de mí / y que ya no puedo frenar / el deseo de estar junto a ti. // Tú no sospechas estas furias inmensas / que me dominan cada vez que te acercas, / y aunque no ha habido intención en ti / de provocar lo que siento, / te vas a enterar de una vez / de que ya te quiero.

De izquierda a derecha, junto con la actriz Amelia Pita, la arquitecta Margot del Pozo, Marta Valdés, Sonia (cantante chilena), el cantante y compositor Eusebio Delfín, Miriam (cantante chilena) y Nitza Villapol, especialista en arte culinario

Además de su participación en numerosos programas televisivos y radiales, de recitales en las salas Talía y de Bellas Artes, en 1960 Ignacio Villa vuelve a Matanzas y actúa en el Sauto. En tal oportunidad recorre el primer museo que se funda en Cuba después de 1959, ubicado en aquella época en los bajos del recinto teatral, y en un libro destinado a recoger las firmas e impresiones de los visitantes anota: «Me honra, firmar este libro, de tan artística obra, como es el museo de la historia de mi País, en Matanzas, a mi retorno».

En septiembre de ese año regresa a Ciudad de México para actuar en teatros y el cabaret La Terraza, donde entonces aclaman su interpretación de «Vete de mí», canción con respectiva letra y música de los hermanos argentinos Homero y Virgilio Expósito: *Tú, que llenas todo de alegría y juventud/ y ves fantasmas en la noche de trasluz/ y oyes el canto perfumado del azul, vete de mí./ No te detengas a mirar/ las ramas muertas del rosal/ que se marchitan en la flor, /mira el paisaje del amor,/ que es la razón para soñar y amar.// Yo, que ya he luchado contra toda la maldad,/ tengo las manos tan deshechas de apretar,/ que ni te puedo sujetar, vete de mí./ Seré en tu vida lo mejor/ de la neblina del ayer/ cuando me llegues a olvidar/ cómo es mejor el verso aquel/ que no podemos recordar.*

Las presentaciones de Bola de Nieve durante su nueva etapa en la capital mexicana se extienden hasta marzo de 1961. Pocos días después la revista *Cinema* informa a sus lectores:

> Bola de Nieve, el hombre espectáculo, triunfador en México durante siete meses consecutivos en los principales centros nocturnos de la capital, ya de regreso a La Habana ha sido contratado por el INIT[195] para que se presente en los locales turísticos de una instalación. Posiblemente comenzará en el Monseigneur. Si ustedes lo vieron el pasado programa de «Casino de la Alegría» interpretando, en una formidable creación, el número *Vete de mí*, comprenderán unos y otros, el por qué de su triunfal carrera. Bola de Nieve es un magnífico pianista y un creativo intérprete que prestigia nuestro arte ¡Bienvenido![196]

Con motivo de la celebración del I Congreso de la Uneac —la Unión de Escritores y Artistas de Cuba—,[197] Ignacio Villa participa —a principios de septiembre de 1961— en recitales que se organizan en la sala-teatro de Bellas Artes. Desde el programa televisivo *Álbum de Cuba* —cuya conducción desempeña Esther Borja durante dos décadas y media— a mediados de octubre Bola anuncia su nueva gira, la cual abarcará hasta casi la totalidad de los meses del primer semestre del próximo año y prevé conciertos en Rumanía, Bulgaria, Hungría, Checoslovaquia, Alemania Democrática, Unión Soviética, China y Corea Democrática.

> Bola de Nieve ha actuado siempre junto a los más altos exponentes de la farándula mundial. Aquí el público ve y admira a quien tan dignamente ha glorificado su patria. Gestando dentro de sí la genial creación de un estilo, Bola de Nieve se nos va, para conquistar nuevos lauros [...]. En el programa *Album de Cuba*, se despidió el domingo [...] interpretándonos, como solo él sabe, la canción *Mamá Perferta* —anónimo del siglo XIX— una

---

195. Se trata del entonces Instituto Nacional de la Industria Turística.
196. *Cinema*. La Habana, 9 de abril de 1961, p. 17.
197. En este congreso de la Uneac resulta electo como primer presidente de la oganización Nicolás Guillén.

emotiva estampa de negros africanos, que es una de sus creaciones.[198]

Por el monte carulé./ que me lo dijo mi pare,/ que habían muchos animales/ por el monte carulé// Iñale bambulé, Iñale bambulé/ Iñale bambulé, eh, Iñale bambulé/ Iñale con su sati Iñale,/ su sati Iñale bambulé.// —Mamá Perferta, deja su yijo bailá./ — ¡Que no!./ —Mamá Perferta, deja su yijo bailá./ —¡Que no!;/ porque ustedes los muchachos cuando se juntan,/ ustedes los muchachos cuando se juntan,/ ustedes los muchachos cuando se juntan..../ Gua la la ri la ri la la ri la,/ no quiero, no, no quiero, no.// Yo, como que no soy de etiqueta,/ yo, como que no soy de etiqueta,/ canto mi canto antiguo ambó./ Oh bella! tumba la curibanga, mi negra, y tumba./ O bella!; tumba la curibanga, mi negra, y tumba,/ Iñale bambulé, Iñale bambulé,/ Iiñale bambulé, ehhh, Iñale bambulé./ Iñale con su sati Iñale/ su sati Iñale bambulé,/ Iñali con su satiI Iñale,/ su sati Iñale bambulé.// —Mamá Perferta, deja su yijo bailá./ —¡Que no!

Iniciada la gira en Rumanía, Bola define al público de ese país como gente «[...] muy sensible, finas de espíritu, que integran un auditorio ambicionable por el artista menos emotivo».[199] Acerca de sus presentaciones en Bucarest, Constanza y Cluj-Napoca, el crítico M. Radian afirma en las páginas de *Magazine*:

> [...] ha cantado en las salas mejores donde han aplaudido su talento, admirando la riqueza de la cualidad musical, poética e interpretativa de su labor. El aprecio de nuestro público ha sido muy alto, pues Bola de Nieve, consciente de la dificultad de la canción en lengua extranjera, nos ha ofrecido lo mejor y más hondo de su repertorio dejando a un lado las obras comerciales, de amplia repercusión. Pudimos escucharle así el amor infortunado de Rosalia, canción del siglo XVI sobre texto de Lope de Vega (sic.), más canciones de Édith Piaf, de Charles Trenet y los tres delicados poemas *Motivos de son*, de Nicolás Guillén, el más representativo de los poetas contemporáneos

---
198. *Cinema*. La Habana, 22 de octubre de 1961, p. 15.
199. José Manuel Valdés Rodríguez: «Bola de Nieve». *El Mundo*. La Habana, 27 de diciembre de 1961.

cubanos, con música de Eliseo Grenet. Y Bola ejecutó brillantemente canciones populares latinoamericanas y, muy especialmente, cubanas. En *Tú me has de querer*, genuina creación del propio artista, Bola de Nieve pone en juego, con raro talento, todos sus recursos hasta extraer a la obra todas las posibilidades.

[...] Los «negro spirituals», los vibrantes pregones, canciones convincentes de los vendedores ambulantes en las cuatro estaciones, cantados en lengua popular, consiguieron para el artista verdaderas ovaciones. *Babalú, Ecó, Drume negrita, El manisero*, la canción de la caña de azúcar y la de *La flor de la canela* y la satírica *Mesie Julián* fueron interpretadas magistralmente y aplaudidas ardorosa y largamente por el público.

Bola de Nieve es un artista y un poeta, que vive con pasión su labor. Y su acompañamiento al piano es el de un virtuoso al mismo tiempo que realiza la labor histriónica de un gran actor, cabal expresión de la música y de la letra y produce una impresión profunda que llega al corazón del pueblo. Al escuchar a Bola de Nieve se comprende lo acertado de las críticas de arte que consideran a Bola un intérprete de la música cubana a la altura de Maurice Chevalier en Francia, y de Louis Armstrong, en Norteamérica.

Bola de Nieve (*Boule de Neige*) consigue algo en contradicción con su nombre: caldear nuestros corazones. No es ello sorprendente, si consideramos su gran talento, la calidad como intérprete, y sobre todo, hace que nuestro público vea en él al mensajero del [...] pueblo de Cuba [...].[200]

Desde Sofía, Bulgaria, hace llegar una carta en La Habana a su amigo José Manuel Valdés Rodríguez —quien publica fragmentos de la misiva en su sección de *El Mundo*—, en la cual el artista criollo expresa que no pasa un momento sin recordar a Cuba, pues «[...] yo sin mi tierra cubana no he de poder vivir».[201]

Entre enero y febrero de 1962, selectas salas de Alemania Democrática y Checoslovaquia abren sus puertas al arte de Bola de

---

200. Ibídem.
201. Ibídem.

Nieve. Su recital en la célebre Chaikovsky, de Moscú, es solo comparable con sus anteriores presentaciones en el Carnegie Hall, de Nueva York, o en la Unión Panamericana, de Washington.

Bola de Nieve al presentarse en la sala Chaikovsky, de Moscú

También lo ovacionan en China. Acerca de su debut en Cantón, la agencia de noticias *Xinhua* subraya:

> Cosechó aplausos en todas las canciones que interpretó, que fueron más de veinte, con su propio acompañamiento. Ignacio Villa Fernández, un artista versátil que puede cantar, tocar el piano, escribir poemas y componer música, ha dado representaciones en muchas partes del mundo.
> Las baladas *El dulcero* y *El manisero* que cantó en Cantón dieron una viva pincelada de la vida diaria del pueblo cubano.
> Después de las representaciones, Lin Si, teniente-alcalde de Cantón, Lu Chi, presidente de la Unión de Músicos Chinos, y muchos destacados músicos locales, felicitaron al cantante cubano por su exitoso debut. [...].[202]

Su presentación en la capital china está acompañada de un éxito incalculable. «Los chinos me aplaudieron. No entendieron lo que cantaba, pero es que la música va de un lado a otro y si es buena, la entienden en todas partes».[203] Mao Tse-Tung y el primer ministro Chu En-Lai lo felicitan. La revista cubana *Cinema* refiere al respecto: «El líder máximo del pueblo chino, Mao Tse-Tung,

---

202. *Cinema*. La Habana, marzo de 1962, p. 19
203. Marta D. Solís: Art. cit.

recibió en Pekín al conocido artista cubano Bola de Nieve, entablando con él una cordial y amistosa conversación».[204]

Durante una de sus actuaciones en Pekín. 1962

De allí viaja a Pyongyang, la capital norcoreana, en la que Bola termina su gira por ocho naciones con un total de sesenta y siete conciertos. «Pero lo mejor para mí como cubano y artista, es que el público acogió con verdadero calor mi mensaje y tuvo reconocimientos clamorosos para la música cubana».[205] A su regreso a La Habana recibe distintos reconocimientos, reaparece en el espacio *Noche cubana* y luego actúa en otros dos programas de la televisión: *Casino de la Alegría* y *Álbum de Cuba*.

El Consejo Nacional de Cultura le organiza un homenaje el 30 de junio de 1962 en el Amadeo Roldán, con un concierto en el que canta veintitrés obras y patentiza al público capitalino las satisfacciones experimentadas lejos de la patria. Alejo Carpentier, entonces vicepresidente de esa entidad oficial y de la Uneac, escribe:

> Dijo un poeta nuestro, hace poco, que Ignacio Villa (Bola de Nieve ante el teclado de los pianos, nacionales e internacionales) era el único artista acerca del cual los intelectuales cubanos se ponían de acuerdo.
> Otros son discutidos, impugnados; o, por el contrario, elevados en zócalos. Bola de Nieve, en cambio, es el hombre a quien todos tienen en su justo lugar, reconociendo que, en él, la gracia desenfadada de la persona se impregna con una auténtica musicalidad. Puede Bola de Nieve hacernos reír con su caricatura sonora —vocal y pianística— del *Mesié Julián* de una de sus canciones; pero muy poco

---

204. *Cinema.* La Habana, abril de 1962, p. 20.
205. Recorte de prensa correspondiente al archivo del autor. Tiene como fecha el 30 de junio de 1964, sin precisarse el periódico.

después nos admira con su interpretación de una canción del siglo XVI español, dicha con el cabal estilo que a tal música corresponde. Manejar los ritmos entrelazados del *Chivo que rompe tambó* no le impide, cuando viene al caso, irrumpir con sonoridad de gran empaque en un villancico hispano-portugués sacado, acaso, de algún Cancionero de Palacio... Por lo demás, me consta, por experiencia propia, que Bola de Nieve puede entregarse a la lectura de una partitura de Alban Berg con la más pasmosa facilidad. Bola de Nieve ha sido enviado por nuestro Consejo Nacional de Cultura a varios países socialistas, donde llevó el mensaje de nuestros ritmos, las inflexiones de nuestro *folklore*, las ocurrencias de un ánimo musical que tanto ha interrogado lo hispánico, además, como lo brasilero y lo italiano. Hemos sabido de sus éxitos en la República Popular de China y en la Unión Soviética. Lo hemos visto deambular, siempre magníficamente acogido, por el mapa de Europa. Y si bien Bola de Nieve tiene en Cuba, el poder de «poner de acuerdo a todos los intelectuales», en cuanto se refiere a su gracia y musicalidad, he de decir que ese acuerdo se hace un tanto ecuménico cuando se menciona su nombre en el Continente Americano; rectores de universidades centenarias (la de Chile, por ejemplo), austeros sinfonistas, compositores de cantatas y oratorios, también se ponen de acuerdo cuando se trata de alabar a Bola de Nieve. Podríamos recordar, también, que fue amigo de Alfonso Reyes.[206] Y es porque nuestro artista se ha creado un ámbito, se mueve dentro de ese ámbito, lo anima, lo llena, lo puebla de personajes que, como el de *Mamá Perfecta*,[207] se integran ya, por derecho propio, en la imaginería contemporánea de Cuba. Ya podría escribirse una estupenda comedia usándose

---

206. Alfonso Reyes (1889-1959). Escritor mexicano. Uno de los grandes humanistas de América. Se le considera una figura excepcional, pues trabajaría muy diiversas disciplinas y llega a ocupar una posición singular en la cultura de su patria, pero con relaciones hacia todo el mundo hispánico y también, algo poco frecuente, al Brasil. Sus obras completas aparecen en más de veinticinco tomos, y en ellas abarca tanto el ensayo literario como el histórico.
207. Aunque así se escribe casi siempre, en este libro usamos como título de

de los personajes que Bola de Nieve ha creado con sus canciones, interpretaciones y ademanes.

Nos pone a todos de acuerdo, evidentemente. Pero ha tenido, por encima de esto, el talento necesario para ponerse de acuerdo con todos los públicos del mundo. Lo cual demuestra que su arte, nutrido de esencias cubanas, de sensibilidades nuestras, es de los que pasan garbosamente, por encima de las fronteras, haciéndose inteligible a todos.[208]

«[...] su arte, nutrido de esencias cubanas, de sensibilidades nuestras, es de los que pasan garbosamente, por encima de las fronteras, haciéndose inteligible a todos».

Alejo Carpentier

Sobre la fascinación que ejerce Bola de Nieve en todos los públicos, asimismo reflexiona el profesor universitario, periodista y escritor Salvador Bueno:

> [...] Al comentar este punto algunos gustan subrayar el buen humor de algunas de sus canciones. Pero de ninguna manera podríamos quedarnos con esta apreciación parcial. Tendríamos que observar como Ignacio, o Bola de Nieve, se vuelve alternativamente tierno, burlón, irónico, cursi, nostálgico. Se gana al público lo mismo con una nana mulata que con una sofisticada interpretación de alguna melodía francesa. Recoge el aire de una vieja canción española o utiliza,

---

tal obra el de «Mamá Perferta». Así aparece en un cancionero que se edita en ocasión de un recital de Bola de Nieve en el Amadeo Roldán el 25 de julio de 1964, en el cual se incluye, además, el texto de la pieza. También recurrimos a la grabación discográfica de ella por el artista.

208. Miguelito Ojeda: Ob. cit., pp. 22-23.

junto a sus propios versos originales, palabras de Rafael Alberti o Nicolás Guillén.

Hay que ver cómo el público es conquistado paulatinamente con las sucesivas interpretaciones de Bola de Nieve. A veces la sorpresa tiene mucho que ver con esta atracción envolvente. Porque no siguen los programas de sus conciertos —téngase esto en cuenta— un orden arbitrario, sino que están sopesados los efectos, los matices, de una forma tan especial y curiosa que podría anotarse en esa misma selección de su repertorio una buena parte del éxito que obtiene con su público.

Cuando el público lo rodea antes y después de sus interpretaciones, el artista continúa ejerciendo la misma atracción, con la misma fluidez, gracia e ingenio que destaca al estar ante su piano. Porque hay que reparar en la forma en que el cantante mezclado con su público habla, hace chistes, comenta todo lo imaginable. A la postre el público se convierte en su amigo. La charla de Bola de Nieve envuelve de nuevo a sus oyentes. Si se habla del cantante valioso que es también vale destacar la agudeza de su plática. Y al final todos aplauden por igual al cantante famoso y al amigo cercano que después conversa con brillantez y agudeza.[209]

«Hay que ver cómo el público es conquistado paulatinamente con las sucesivas interpretaciones de Bola de Nieve».

Salvador Bueno

Distintos ejemplos de las apreciaciones finales de Salvador Bueno quedarán en las habituales visitas de Bola al despacho de Nicolás Guillén en la sede de la Unión de Escritores y Artistas de Cuba, en El Vedado, donde nuestro poeta nacional y otros amigos disfrutan al escuchar las

---

209. Salvador Bueno: «Sobre una música oída». *El Mundo*. La Habana, 25 de febrero de 1964.

inteligentes reflexiones del pianista, cantante y compositor acerca de literatura, pintura, música, ballet, arquitectura y escenas de películas que dejan una huella imborrable en su vida, como la muerte de Greta Garbo en el filme norteamericano *La dama de las camelias*, de George Cukor.

En tal sentido diría Guillén:

> Bola, además de su cultura musical, tiene una bien hecha cultura literaria. Su charla (no pública, pues no es charlista de ese jaez, sino la corriente y moliente entre amigos) está siempre salpicada de ingenio, con lo que hace buena la observación del clásico, según la cual, la destreza en decir donaires es signo de grande inteligencia.[210]

Ángel Augier, Premio Nacional de Literatura 1992, expone sus consideraciones acerca del intelecto de Ignacio Villa:

> Conocí a Bola de Nieve por sus frecuentes contactos con Nicolás Guillén, lo cual propició que surgiera entre nosotros una buena amistad. Recuerdo como algo excepcional una conversación que le escuché con el escritor Pablo Armando Fernández, cuando lo designaron consejero cultural de la embajada cubana en Gran Bretaña, motivo por el cual Guillén le organizó una comida a la que asistió Bola. Lamento mucho que no hubiese existido una grabadora allí, porque en su interés de ofrecerle detalles acerca de Inglaterra y sus habitantes, principalmente de Londres, Bola de Nieve le dio a Pablo Armando una especie de conferencia íntima muy interesante.
>
> Era tan elevada su visión acerca de aquel país, de su cultura, que hoy hubiese sido un documento de sumo valor histórico. Eso me dio una medida de la inteligencia, de la sensibilidad de aquel artista irrepetible, uno de esos personajes inolvidables que uno puede conocer a su paso por el mundo.[211]

---

210. Fernando G. Campoamor: Art. cit., p. 37.
211. Testimonio que el autor graba a Ángel Augier en 1999.

Abunda la humedad en los ojos de Pablo Armando Fernández, Premio Nacional de Literatura 1996, al recordar esos días y lo que para él aún significa Bola de Nieve.

Conocí de siempre a Bola de Nieve, pues desde los largos años que viví en Estados Unidos teníamos y escuchábamos en mi casa de Nueva York el disco que él grabó para la firma Montilla.

Tras mi regreso a Cuba, en 1959, nos hicimos muy amigos, y en nuestras conversaciones me hablaba mucho de Londres, me reiteraba la importancia de que conociera esa capital. Quizás eso influyó en que cuando me ofrecieron un cargo diplomático, en 1962, no acepté la propuesta inicial de ir a París; de salir de Cuba iría a Londres. Y lo logré. Estuve allí tres años como consejero cultural de la embajada cubana en Gran Bretaña. Por eso Bola me decía luego: «¡Cómo te regalé Londres!».

Porque la gente que piensa en la sensibilidad urbana de Bola de Nieve, lo asocia a París, Nueva York, Ciudad de México o La Habana. Sin embargo, él amaba a Londres; tenía un amor infinito hacia lugares de un Londres muy íntimo para disfrutar de la noche y de la música, como el barrio de Chelsea, punto de residencia, desde siglos atrás, de escritores, actores y músicos y en el cual se reúne tanta gente poseedora de una gran percepción artística.

Contradictoriamente, nunca me visitó allá, lo cual me disgustó, ya que existía un acuerdo de que se pasaría unos días con nosotros. Eso sí, fue una compañía perenne del espíritu, dado que todas las mañanas, al desayunar, poníamos grabaciones suyas. Esa experiencia la compartí con las cuarenta personalidades cubanas que pasaron por mi hogar londinense, entre ellas Lisandro Otero, Antón Arrufat, Mariano Rodríguez, Jaime Sarusky y Heberto Padilla, que me dijo: «¡Qué manera de entrar al mundo de la mañana!».

Una vez, al salir de la Uneac, empezó a sentirse mal y me preguntó: «¿Por qué no vienes conmigo hasta mi casa?». Fuimos para su apartamento y al llegar me dijo: «Pónte cómodo», y me sirvió un trago de *whisky* con hielo. Él, que no tomaba bebidas alcohólicas, se sentó enseguida ante el piano y, durante más de una hora, estuvo tocando para él mismo. Jamás me aclaró qué le sucedió; nunca me explicó si estaba triste o mal físicamente. Tal vez nada más quería saber que alguien permanecía cerca y lo escuchaba...

En una ocasión en que comíamos en el Sloppy Joe's, cogí una servilleta y empecé a escribir un poema dedicado a él. Me dijo: «¡Esa servilleta es mía!». Entramos en una larga polémica. Intenté explicarle que el texto no estaba concluido, que carecía de sentido entregárselo. Me respondió: «¡Qué importa! ¡Así la quiero!». Le contesté: «Es tuya entonces». Se llevó la servilleta con el esbozo de ese poema, del cual no recuerdo una línea, pero seguramente se relacionaba con el Londres que él me regaló.

Después de su muerte, me hablaron una vez por teléfono para invitarme a participar en un homenaje que le darían en el parque Lenin, de La Habana. No recuerdo exactamente si fue su propia hermana Raquel quien lo hizo. Lo cierto es que con rapidez surgió mi poema dedicado a Bola, el cual titulé *Para Raquel Villa*. Fue un poema que escribí para estar aquel día con Raquel, para estar con Bola, porque pensé que se encontraría presente, como siempre, entre nosotros.

Esta tarde,
Ignacio Villa
convoca a sus amigos en el Parque Lenin.

Llega risueño, alegre:
luz que dejaron los pasados cielos;
agreste aroma, pasto y flor.
Las ramas secas tiemblan
y recuperan su verde errante.
Como rebaños, en silencio,
quietos, bajo la sombra
de mangos y eucaliptos,
impacientes, se acomodan los jóvenes.
Los viejos buscan la luz

del cielo que atardece.
Saben que la alegría
tiene memoria,
y para ser dichosos
se echan a recordar.
Sorprendidos, oyen la voz
de Bola, cada vez más cercana
a los labios que, en coro,
cantan con voz que encanta
a pájaros y hormigas.
Qué silente la tarde entre las rondas,
cuando Bola saca su pañuelo verde
que agita con la mano, mientras desaparece,
y somos un instante
su pañuelo
de prodigiosa y verde eternidad.

Bola de Nieve era su propio personaje. Se inventó a sí mismo, apoyado en ese sobrenombre que, en su caso, era un contraste. Un hombre poseedor de tanta ternura, de tanto calor humano, nada tenía que ver con la nieve. Siempre lo evoco con su sonrisa, que aunque parece muy actuada, como un performance, era espontánea, natural, al igual que su tristeza y silencio a ratos. Siempre lo evoco como un niño que le gustaba andar por los mundos hasta el último aliento. Hace un instante me pareció sentir despierto a ese niño juguetón al escuchar, a lo lejos, su grabación de «No puedo ser feliz». Y me pregunto: ¿en cuántos lugares cantará en este justo momento?, ¿cuánta gente lo estará escuchando en este instante en América, Europa, África, Asia o Australia?, ¿a cuántas personas acompañará su voz a esta misma hora?

Para mí, Bola de Nieve fue un creador, un poeta. Era un hombre que se daba a sí mismo a través de su voz, de su acento. Su arte exige cierto tipo de adiestramiento auditivo por su forma de decir. Bola no canta, expresa las cosas. Si uno se olvida del piano y se detiene en su voz, verá que no canta; nos dice algo de una forma íntima, familiar. Y ese algo no es una confesión doméstica, cotidiana, sino universal, que él manifiesta a su manera. Su mensaje nos llega de una manera distinta a cada uno de nosotros, acorde con la sensibilidad que tengamos: Por lo tanto, pienso que no es un artista para intelectuales —como erróneamente se afirma a veces—, sino para seres humanos con una sensibilidad muy desarrollada.[212]

«Siempre lo evoco como un niño que le gustaba andar por los mundos hasta el último aliento».

Pablo Armando Fernández

César López, Premio Nacional de Literatura 1999, formula sus consideraciones en torno al criterio final de Pablo Armando Fernández:

> Al principio de su carrera fue más aceptado en determinado público y por eso podría decirse que en tal etapa se le considerara un intérprete, un cantante, para intelectuales entre los que quizás algunos llegarían a pensar que al fin teníamos el equivalente a una Édith Piaf, a una Amália Rodrigues[213] o un Maurice Chevalier. Llegué a escuchar, en algún momento, que era bueno oírle el piano, no escucharle la canción, ni verlo. No fue en un nivel intelectual de capillas, pero tampoco popular, sino de media burguesía, en el que comentaron: «Ese negro mono... ¿por qué no toca el piano y se calla?». Nunca olvidemos los elementos discriminantes y de carga peyorativa en la sociedad de su surgimiento en el arte y que, desgraciadamente, aún persisten en algunos niveles. Entonces se podían escuchar expresiones como la citada.

---

212. Testimonio que el autor graba a Pablo Armando Fernández en 1998.
213. Amália Rodrigues (1920-1999): cantante portuguesa que es considerada la genuina encarnación del fado en su patria y el exterior.

Menos mal que en esa coyuntura recibió el respaldo de una vanguardia intelectual capaz de reconocer su talento, darle apoyo e imponerlo. Después obtuvo una extraordinaria popularidad al saber estructurar inteligentemente un repertorio con la posibilidad de satisfacer a públicos de cualquier nivel. No olvidemos que la propia Rita Montaner —en su interés de alcanzar una fama diferente, tras sus primeros tiempos dedicada a la música operística, de concierto— cantó un vasto número de piezas populares e hizo el personaje de Lengualisa, «La Chismosa». Gracias a su sagacidad, una aparente concesión se transformó en otra cosa y la situó en el máximo del sentir de la gente común al ella decir: *Fue Secundina, la negra china,/ que por desgracia me encontré/ en la esquina...* O sea, pudo trascender a la calle, como lo concebimos al más alto nivel del espíritu popular.

No olvidemos también que muchos fenómenos de índole popularísima han sido rescatados por la supuesta inteligencia, aunque a veces con cierta reserva en un momento, con una cierta discreción de no proclamar, por ejemplo, que me gustaba el chachachá «La engañadora» más allá del instante de baileteo. El mambo se bailó, pero al principio muchos intelectualizados no se declararon admiradores de ese género, como sucedió después de su aceptación mundial, cuando casi le dieron la categoría de monumento nacional.

Como Bola tenía un diapasón interpretativo tan amplio, podía satisfacer a un público exigente y lograr que este también disfrutara de obras más populares, sobre todo en unos momentos de «aristocratismo» intelectual en Cuba. Podía existir un sector de la inteligencia nacional buscando nuestras raíces en Amadeo Roldán, Alejandro García Caturla y Nicolás Guillén, y gente más joven con una posición distante de eso. Pero Bola supo convencer a ambas partes luego de una paciente labor personal. Y pienso que al final logró obtener una audiencia homogénea con un razonamiento de esta índole: «Si con este público no funciona *El Caballero de Olmedo* voy a tocar primero «Mamá Inés» y no voy a cantar una página de Irving Berlin».

La voz de Bola es un fenómeno interesante en una lectura múltiple de la cubanía, cómo ella despierta el interés en generaciones sucesivas, cómo pasa por la superficie de la conciencia nacional y se establece más allá del tiempo, se sitúa en el espacio, pero siempre superando lo esquemático de nuestra picardía, de nuestra sensualidad, con esa «voz de persona», de la que nos habló en incontables oportunidades.

Mis primeras impresiones acerca de él son de la radio y la televisión hasta que vine a estudiar Medicina en la Universidad de La Habana. En ese período era para mí una especie de dios que yo contemplaba en un espectáculo o en la pantalla del televisor. Lo saludé en los años que seguí y terminé mi carrera en Madrid. Él era un artista muy exclusivo. En el Pavillón fue uno de los tres o cuatro cubanos que actuó allí; digo tres o cuatro al ser un cabaret superexclusivo situado en El Retiro, solo funcionaba en el verano y por el desfilaron, entre otras celebridades, Édith Piaf, Amália Rodrigues y Chevalier. Si mal no recuerdo, de Cuba actuaron Bola de Nieve, Olga Guillot, Miguelito Valdés y Armando Oréfiche con la orquesta Havana Cuban Boys, entre otros.

Nuestro trato cercano vino después, a mi regreso a La Habana, en la década de los años sesenta. Fue como una secuencia de recuerdos: primero haberlo visto aquí, luego de una forma más conmovedora en España, lo cual sucede cuando se vive fuera, sobre todo en una época en que nuestro arte no se encontraba tan cotizado. Las pocas cosas cubanas de trascendencia, que valían, estaban en llegar a un importante museo o a una exposición, como bien recuerdo en el caso de la Expo de Bruselas, en 1958, y contemplar un cuadro de Wifredo Lam en una selección de cincuenta pinturas famosas del siglo XX. A uno le daban ganas de llorar, le salía a uno del alma lo cubano. Esa estremecedora impresión experimenté al ver a Bola en Madrid. Con mi retorno a La Habana, esa secuencia se completó en la Unión de Escritores y Artistas de Cuba al iniciarse mi amistad con un hombre tan increíble, simpático y agudo.

Entre los rasgos de su carácter que más admiré estaba precisamente su agudeza. Una vez conversábamos acerca de un lugar y, de pronto, sentenció: «Esos lugares no se pueden frecuentar. Hay que ir a los bares, a los clubes que posean aire acondicionado y alfombras, porque ahí nunca hay broncas. Cuando hay ambas cosas la gente habla bajito y, si la gente habla bajito, nunca surgen broncas». Otra vez nos dijo en la Uneac: «Es muy bueno que se discuta, pues de la discusión sale la luz. Aunque también, a veces, salen los piñazos».

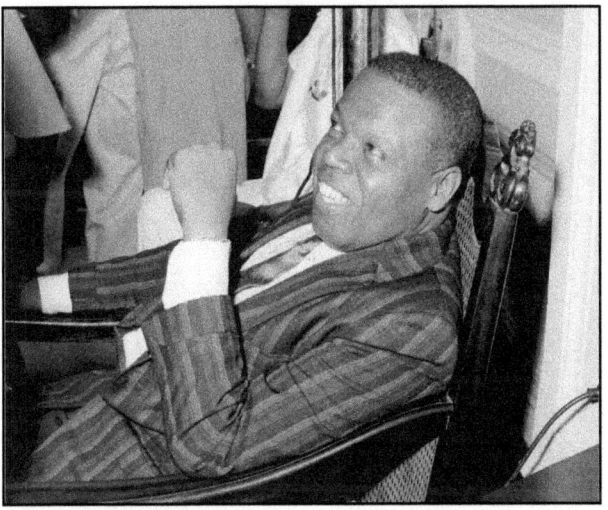

«*Entre los rasgos de su carácter que más admiré estaba precisamente su agudeza*».

César López

Su agudeza podía incluso resultar a ratos paradójica. Un día, como lo hacía con frecuencia, fui con mi esposa, Micheline Labourdette, a Monseigneur, en la época que él era el anfitrión de ese restaurante. Veníamos muy elegantes de una recepción en la embajada de Canadá por un importante aniversario de la fundación de ese país. Al vernos llegar, vino hasta los escalones de la entrada y le dijo a Micheline: «No te vuelvas a poner ese vestido». Me quedé estupefacto, casi patidifuso, porque me parecía bello, era la última moda en Europa, incluso le había traído la tela de allá y era todo un atuendo. Además, había sido un éxito de ella en el acto de la embajada, por lo cual su comentario me pareció fuera de lugar. Micheline también se quedó desconcertada y, al darse cuenta, Bola agregó de inmediato: «Las mujeres muy bellas no deben ponerse vestidos tan bellos, tan de buen gusto, pues la primera mirada va para él, no para la persona». Todo eso lo manifestó con una rapidez, con una gracia, con un brillo intenso en los ojos, de los que brotaba cierta picardía... porque sus palabras podían interpretarse de muchas formas: ¿se equivocó?, ¿arregló el entuerto? o ¿desde el inicio concibió su criterio tal y como lo expresó? Claro, ambos tenían una confianza y complicidad muy profundas. Vino con frecuencia a nuestra casa, compartía mucho con nosotros en fiestas, en teatros, en el propio Monseigneur.

Hay una anécdota en la que, si bien no fue el partícipe directo, sería la única ocasión en que lo vi paralizarse. Asistíamos a un *cocktail* en la embajada británica. Micheline conversaba con él y la esposa de un embajador europeo. Mi mujer me llamó desde aquel grupo, necesitaba preguntarme si tenía algún compromiso en una fecha específica y, al responderle negativamente, esa señora nos invitó a cenar tal día. Inmediatamente, giró hacia Bola y le dijo: «¡Maestro, qué lástima, como no tenemos piano en casa no lo podemos invitar!». Aunque la frase estaba envuelta en una forma exquisita, era una grosería tan grande que Bola, cuya lengua era bastante larga, no pudo reaccionar. Sin embargo, enseguida Micheline abrió su cartera de noche, sacó una supuesta libretica de anotaciones y recordó: «¡Ay, señora embajadora, va a disculparnos!, César olvidó que esa noche tenemos un compromiso». Aquello no pasó inadvertido para Bola de Nieve. Tomó del brazo a Micheline, la llevó a un rincón, le dio un beso de agradecimiento y le explicó: «Yo no hubiera podido reaccionar así». A partir de ese incidente siempre nuestro chiste, tratándolo de usted, sería: «Esta noche tenemos algo en casa. Qué lindo que pudiera usted ir, maestro, pero no tenemos un piano». O el mismo Bola irónicamente nos preguntaba: «¿Ustedes creen que podrán alquilar un piano para que vaya a comer a su casa?».

En cierta ocasión nos enteramos que se iba a Canadá y fuimos para Monseigneur como parte de un grupo en el que estaban Pablo Armando Fernández, Nicolás Guillén, Raúl Roa y Juan David con sus respectivas esposas, René Portocarrero y otras personalidades. Bola se puso muy contento al ver reunidos a tantos amigos, y pidió que, tan pronto fuese posible, cerraran el acceso al público y los camareros nos dieran toda la atención posible. Se armó una fiesta a puertas cerradas en aquel restaurante con él tocando el piano espléndidamente. No sé cómo entró un fotógrafo, vio aquellas ilustres cabezas y se dispuso a tomar fotografías. Bola hizo un gesto que interpretamos como: «¿Estará bien?». Rosa Portillo, la mujer de Nicolás, le contestó: «No importa». Acto seguido, se bajó bien el escote, todavía era una mujer muy bella en esa época, se acercó al fotógrafo, con Bola de una mano, y le dijo: «¿Qué va a hacer usted? ¿No se da cuenta que aquí todos somos adúlteros?». Dicho esto, al lado de Bola de Nieve, causó pánico en ese individuo que salió como un diablo huyendo de la cruz. Cosas así servían después para enriquecer el arsenal de anécdotas y chistes relacionados con Bola.

Quiso entrañablemente a Pablo Armando y se reía a carcajadas por la respuesta que este le diera mientras preparaba el estreno de una obra en inglés y le preguntó cómo debía cantarla: «Como una puta vieja, un poco borracha y sin la posibilidad de conseguir un hombre». También recuerdo la sorpresa que se llevaron nuestros amigos catalanes, principalmente el poeta José Agustín Goytisolo, al oírle cantar en catalán el viejo villancico «Lo decembre congelat». Se quedaron pasmados, como solía ocurrir si lo hacía en inglés, en francés, portugués, en italiano. Era una delicia tenerlo, en cierta intimidad, cantando para ocho o diez poetas, fue una experiencia muy interesante.

Su muerte causaría un doloroso efecto entre sus amigos. Recuerdo que, después de ir a la funeraria, el poeta salvadoreño Roque Dalton tuvo una reacción de violencia en su casa y empezó a tirar vasos desde la terraza hacia la calle; aquella muerte le produjo una especie de enajenación. Quizás con aquel deceso intuyó el inicio de la partida de varios seres humanos, no voy a decir figuras, que tanto significaban para uno estar cerca de ellos: Portocarrero, Mariano, Lezama, Juan David, Nicolás y todos los demás...

En Quiebra de la perfección incluí un poema dedicado a Bola con el título de *El artista, persona*. Fue un libro que escribí en años difíciles en mi país, de silencio involuntario durante una etapa en que un grupo de autores cubanos estuvimos prohibidos. La mayoría de los textos son homenajes a Alicia Alonso, Benny Moré, Rita Montaner, Alejandro García Caturla, Amadeo Roldán, Juan David, Raúl Martínez, René Portocarrero, Servando Cabrera Moreno...

Examinado desde ahora, aún me parece entrañable haber escrito *Quiebra de la perfección* en la misma casa donde vivo desde hace tanto tiempo y de que integre mi etapa de búsqueda en lo cubano, cuando se nos negaba nuestra nacionalidad a algunos intelectuales. Aquella obra creció en medio de ese ostracismo, sin ninguna posibilidad de publicarse. Superada tan penosa coyuntura, vio la luz gracias a Ediciones Unión, en 1982. En la fecha de su presentación, Nicolás Guillén —ya con ochenta años de edad— estuvo a mi lado, gesto que nunca olvidaré. Fue un acto multitudinario a causa de las razones expuestas, y ese día sentí la presencia espiritual de gente citada en sus páginas, como Bola de Nieve, acompañándonos, acompañándome...[214]

¡Qué risa más risueña, qué derroche
de ritmo y melodía en la mirada
y en el piano, en la mano,
como una delicada fantasía!

¡Qué llanto casi apenas insinuado,
apagada la voz, ronca en el grito,

---
214. Testimonio que el autor graba a César López en 1999.

un diálogo sostiene indescifrado
solo con el destino y con la muerte!

¡Qué picardía más pícara y criolla
le rige la cintura desafiando
la gravedad del suelo y la banqueta
que reciben su cuerpo y su golpeo!

¡Qué silencio más súbito se impone
cuando calla el teclado, pudoroso,
y en soledad se asienta
el tremendo vacío de la sala desierta!

Que nadie toque su cadáver ni sus flores,
sea su pueblo convocado a la sonrisa,
llámenlo por su nombre,
díganle Ignacio, que la vida sigue.

En los días de la organización del I Festival de Música Popular Cubana, en el Amadeo Roldán, con la cantante Elena Burke y Reinaldo Henríquez

Auspiciado por el Consejo Nacional de Cultura, del 18 de agosto al 4 de septiembre de 1962 se desarrolla en el Amadeo Roldán el I Festival de Música Popular Cubana, que muestra todos sus géneros a través de seis programas en orden cronológico: desde el legendario *Son de la Ma' Teodora* hasta composiciones del decenio de los 60 de la pasada centuria. Bola de Nieve participa en el del sábado 25 de agosto en un cuadro denominado «Cantos negros», el cual se inserta en el espectáculo *El cancionero cubano*. Durante su actuación interpreta «Allá en el batey» (Ernesto Lecuona), «Ogguere» (Gilberto. Valdés) y «Chivo que rompe tambó» (Moisés Simons), entre otras piezas.

En días en que se prepara el I Festival de Música Popular Cubana. Bola departe con tres grandes artistas del legendario teatro Alhambra. De izquierda a derecha Blanca Becerra, Luz Gil y Amalia Sorg, quien inspira a Miguel Barnet la novela-testimonio Canción de Rachel, *en la cual se basa el filme* La bella del Alhambra, *del director Enrique Pineda Barnet.*

Prestan también su colaboración a ese programa Elena Burke, José Antonio Méndez, Fernando Álvarez, Gladys Puig, Miguel de Gonzalo, Miguel Ángel Ortiz, Marta Justiniani, Ela O' Farrill, Reinaldo Henríquez, Orlando Vallejo, Ela Calvo, Frank Domínguez, Gina León, Doris de la Torre, Orlando Contreras, los dúos Hermanas Martí, Lago y Romay, los cuartetos Gómez-Oviedo, de Meme Solís, Aida Diestro, Los Bucaneros…

El 5 de septiembre de aquel año es invitado en el Canal 4 al *espacio Pueblo y Cultura*, en el que, según la revista *Cinema*:

> […] Hilario González, charlando con nuestro gran Bola de Nieve, fue mostrando con fotos, grabaciones y pícaras charlas su vida artística, desde el debut con la

orquesta de Gilberto Valdés en el cabaret La Verbena, donde tocaba charlestón, hasta nuestros días. Su triunfal carrera, orgullo de los cubanos, ha sido fructífera y creadora.[...].

La nota emotiva fue brindada en la canción *Quirino con su tres*, interpretada por la gloriosa voz de Rita Montaner, mientras en la pantalla se pasaban diversas fotografías de la inolvidable máxima intérprete de nuestra «sabrosa» música. Bola, cancionista, actor, hizo un recuento musical de sus éxitos, llegando al final con populares composiciones.[215]

Al Amadeo Roldán regresa Ignacio Villa en la medianoche del domingo 22 de diciembre de 1962 para celebrar las tres décadas de su debut profesional con un concierto en que interpreta significativas piezas de su repertorio a lo largo de diferentes etapas. *Cinema* destaca en sus páginas: «[...] Como era de esperarse resultó brillantísimo y las cálidas ovaciones fueron demostrativas del entusiasmo del público, que logró emocionar sinceramente al amigo-artista, quien, con su habitual sonrisa, solo atinaba a reprisar sus grandes éxitos».[216]

Con la soprano Gladys Puig

Dada mi admiración hacia él, desde la infancia, al publicarse mi poemario *La piedrafina y el pavorreal*,

---
215. *Cinema*. La Habana, septiembre de 1962, p. 20.
216. *Cinema*. La Habana, 10 de enero de 1963.

en 1963, le envié un ejemplar a través de un amigo de ambos. Un buen día, durante ese mismo año, Bola fue a visitar a Nicolás Guillén en la Uneac, cuando aún yo no trabajaba allí, y me lo presentaron. Me dijo: «Ah, tú eres el muchachito blanco que escribe poemas negros», y se rió. A mí me cayó bastante mal que me dijera aquello, pues en ese momento intentaba hacer en Cuba, de una forma distinta, una poesía con temas de la cultura negra, como sucediera en la década del treinta [cuenta el poeta, escritor y etnólogo Miguel Barnet, Premio Nacional de Literatura 1995].

Lo más importante fue que en esa ocasión comenzó la amistad. Empezamos a hablarnos por teléfono o coincidíamos en reuniones o fiestas de amigos comunes, principalmente en las de Felito Ayón. También me relacioné un poco más con Bola a través de su hermana Berta, quien era cantante y trabajó conmigo en una época en que dirigí un grupo folclórico, y de Elena Burke, la artista cubana que él más respetaba y quería.

Una vez mudado para su apartamento frente al parque Zoológico, en el Nuevo Vedado, comencé a visitarlo; me encantaba conversar con Bola y escucharle las historias sobre su madre, el pavorreal venerado por ella en el patio de su casa... a él le oí los cuentos más lindos acerca de Susana Cantero, la famosa santera de Regla, hija de Yemayá. Era un cuentero sabiducho, un verdadero *taita, un griot.*

A esa vivienda también le llevé mis libros. Al publicarse *Biografía de un cimarrón* lo leyó con mucho entusiasmo. Por mi simpatía y admiración, Bola de Nieve estaba entre las primeras personas a quienes les llevaba un ejemplar de todo lo que me editaban en esos años, pues, aparte de saber que se trataba de un hombre de una gran cultura literaria, hasta su muerte fue un insaciable lector.

Una vez coincidimos en Caracas, y otra etapa de acercamiento común transcurrió al yo escribir, empleando un seudónimo, para el programa de televisión *Álbum de Cuba*, que dirigía Ernesto Casas, en cuya vivienda fue donde precisamente me extasié, en la adolescencia, al escuchar por primera vez discos que Bola grabó en Cuba o en México. Entonces no resultaba muy fácil llevarlo a ese programa, porque en los años sesenta siempre tenía un contrato en el bolsillo para actuar hasta en lugares muy remotos, como China. Fueron años en que alcanzó su máximo reconocimiento internacional. Se convirtió, junto con Alicia Alonso, en la personalidad más notable del arte cubano. Eran los dos pilares del arte criollo y las figuras que más viajaban con el fin de representar la cultura nacional en el extranjero. Alicia, en la danza; Bola de Nieve, en la música.[217]

«[...] se trataba de un hombre de una gran cultura literaria, hasta su muerte fue un insaciable lector».

Miguel Barnet

Alicia Alonso, directora general del Ballet Nacional de Cuba, narra algunos detalles de su amistad con Bola de Nieve, la cual antecede a la fundación de esa compañía danzaria, en 1948.

En el mismo año de la fundación de nuestro conjunto, que entonces se llamaba Ballet Alicia Alonso, hicimos una gira por más de diez países de América Latina, la cual se extendió hasta 1949. No podría precisar si esto ocurrió en Perú o en la Argentina, pero el caso es que,

217. Testimonio que el autor graba a Miguel Barnet en 1998.

al terminar una función, me dijeron en el camerino que deseaba pasar a saludarme Bola de Nieve. Por estar aún bajo los efectos de la emoción de los aplausos del público, pregunté, un poco extrañada: «¿Bola de Nieve?».

De momento imaginé que se trataba de una broma, porque como antes de debutar expresé mi deseo de ver la nieve, pensé que a alguien se le había ocurrido traerme una bola procedente de las montañas. Cuando empiezo a comentarlo con quienes estaban a mi alrededor, se abrió la puerta y entró Bola, sonriendo como siempre y diciéndome: «Chica, ¡soy yo!». ¡Qué sorpresa! ¡Cómo iba a suponer que él también se encontraba en ese país! Después nos reunimos y conversamos un rato, pues siempre lo estimé muchísimo. Él siguió muy de cerca mi carrera y la trayectoria del Ballet Nacional, y llegamos a un punto de tanta confianza que, en una oportunidad, me dijo: «Alicia, a mí lo que más me gusta es el ballet. Sin embargo, ¿tú puedes concebir a este negro tan gordo y feo parado en puntas o bailando un clásico?». Muerta de la risa, le contesté: «No, no lograría imaginármelo». Escribió el argumento de un ballet, acerca del cual me habló con extraordinario entusiasmo, aunque de la música solo me mencionó ciertas ideas... Sería bueno localizar ese manuscrito, porque como él amaba la danza, pudiera ser llevado a la escena en homenaje a Bola, poseedor de una encantadora personalidad artística. En Cuba nada más ha surgido un Bola de Nieve.[218]

En una crónica escrita en 1960, Nicolás Guillén valora determinados elementos acerca del libreto para ballet que Ignacio Villa escribe en el decenio de los cincuenta del siglo XX, cuando se lo enseña en Ciudad de México, al coincidir ambos en esa capital:

—Lo he escrito para darme gusto a mí mismo —me dijo a gritos, con su personalísima manera de hablar—. Para montarlo como yo quiero, hay que gastar treinta mil pesos... Lo voy a imprimir en un cuaderno de lujo y en una edición bien exclusiva, de no más de diez ejemplares.

---

218. Testimonio que el autor graba a Alicia Alonso en 1998.

Bola me largó un rimero de cuartillas escritas apretadamente a máquina. Era un ballet en tres actos. Changó, Obatalá, Eleguá, Ochosi, Agayú... Y además, olas y peces y palomas y palmas y caracoles y pavos reales. Seguramente no sería menester tanto dinero como decía Bola, y de ello había que felicitarse. Solo que nunca más volvimos a vernos por aquel entonces, y en uno de esos viajes nuestros, tan vertiginosos y violentos, los originales se extraviaron. ¿Los tendrá él, guardará alguna copia? Ojalá que no los haya perdido y que el ballet se monte.[219]

El hallazgo de una copia del original de ese libreto permite conocer que en julio de 1963 Ignacio Villa termina en Guanabacoa el proceso de redacción y revisión del argumento de su ballet —inspirado en mitos lucumíes—, cuyo título encabeza la primera página: *Amor del fuego y el viento*. Dividido en tres actos («Orun y Fiesta en casa de Obatalá», «Romance» y «Kabwe-Kabiosile»), su autor también deja las siguientes anotaciones en la referida hoja: «Las danzas de este ballet deberán conservar todo el sabor primitivo y diabólico, atendiendo específicamente a las bases estéticas de los bailes lucumíes que se conservan y bailan aún en Cuba, en los llamados «tambores batá», o vulgarmente «santería», por ello el coreógrafo deberá asesorarse de un conocedor, no profano en la materia.

Todos los trajes, adornos, peinados, armas, así como la línea general de la decoración y de las danzas, deberán estar inspiradas en forma, ritmo y colorido, en las de las tribus lucumíes o yorubas».

Desde el primer acto Bola de Nieve inserta el desarrollo de la acción dramática en una época que define «el espacio sin tiempo» y precisa aspectos de la escenografía, características de la música, de las danzas, así como las divinidades involucradas en su ballet, con su correspondiente simbología en el panteón yoruba. Ollá: el viento, la brisa, las centellas, las tempestades y dueña de la puerta delantera del cementerio; Changó: el fuego, el trueno, la guerra, los ritmos y bailes; Obatalá: dios supremo, su poder se extiende a todo lo creado en el cielo y la tierra; Oggún: la guerra, la forja y el hierro; Eleguá: guardián de las puertas, los caminos y las encruci-

---

219. Nicolás Guillén: «Paréntesis: Bola de Nieve». *Hoy*. La Habana, 21 de julio de 1960.

jadas; Ochosi: la caza y la guerra; Obba: los castigos y sufrimientos; Yewá: la muerte; Yemayá: el mar; Ochún: el amor, los placeres y los ríos; Aggayú: los caminos terrestres; y Los Mellizos: la infancia.

La condición inédita del libro de Bola para su ballet *Amor del fuego y el viento* determina que hasta nuestros días ningún coreógrafo cubano haya procedido a la representación escénica de la obra, lo cual sería de gran atractivo si se considera quién es el autor y la temática del argumento. Según Guillén:

> [...] cuando el público lo vea desplegarse en su maravillosa fábula, resplandeciente el palco de rojos, azules, morados y amarillos, y los guerreros con sus danzas, y Oyá con sus vientos, y Yemayá en medio de la mar, y Ochún paseando alegre por los ríos, admirará también en el *disseur* [...] al poderoso evocador de un vasto mundo lírico, favor que solo conceden las musas a quien es un poeta verdadero.[220]

Junto con Esther Borja, Elena Burke, el percusionista Tata Güines y otros, en agosto de 1963 Ignacio Jacinto se presenta en el Amadeo Roldán durante uno de los programas del II Festival de Música Popular Cubana. Pocas semanas antes se ve obligado a rechazar las pretensiones de sus organizadores, el musicólogo Odilio Urfé y el director artístico y de cine Rogelio París, quienes lo exhortan a probar su talento de actor al encarnar el negrito Apolonio de la pieza escogida por ambos para clausurar el evento: *La casita criolla* (1912), la cual, con música de Jorge Anckermann y argumento de Federico Villoch, figurara entre las más significativas del repertorio del teatro Alhambra.

Mas Bola no acepta. No se siente seguro de poder redoblar esa gran creación de Sergio Acebal, uno de los más memorables intérpretes del personaje-tipo «negrito» en el desaparecido coliseo de la calle Virtudes:

> ¡Qué va, yo no puedo hacer ese papel! [...] es un papel del glorioso Acebal, y para interpretarlo tendría que hacerlo mejor, lo cual es imposible. Yo llevo 30 años sentado al piano, soy como un cupletista inválido. No

---
220. Ibídem.

voy a levantarme ahora para caer de narices.[221]

Independientemente de esa determinación, la posibilidad de debutar a plenitud como actor anima por aquellos tiempos a Bola de Nieve. Casi en secreto fragua un empeño superior: protagonizar, en una versión escénica, el personaje principal de la novela *El negro que tenía el alma blanca*, del escritor Alberto Insúa, quien nace en la capital cubana durante 1883, pero —desde sus años juveniles— se radica en España, donde fallece en 1963.

> Esta no iba a ser la primera vez que hablaba personalmente con el músico cubano Ignacio Villa [...]. Creo que fue en el año 1956 o 1957 que lo vi en un concierto que se daba en el famoso Carnegie Hall de Nueva York. Íbamos entrando juntos al lunetario y le dije a mi esposa Olga algo así como: «Mira quién esta ahí». Y los dos estuvimos de acuerdo en que efectivamente era él [relata el escritor, dramaturgo y director Humberto Arenal]. Yo era un periodista cubano y quería saludarlo. Al final del concierto volvimos a hablar y comentamos la formidable ejecución que había brindado el gran pianista Vladimir Horowitz. Bola de Nieve, que era un buen pianista, con una excelente cultura musical, admiró mucho el magistral concierto del gran maestro ruso. «Yo soy un músico de conservatorio y aprecio mucho la genialidad de un pianista como Horowitz», me diría entonces. [...] Estuvimos hablando un rato en el vestíbulo del hermoso teatro neoyorquino, donde me confesó que una de las razones por las que estaba en Nueva York era «porque en esta ciudad se pueden encontrar muchas maravillas, entre ellas un lugar como éste». Fue cortés, inteligente, amable. Le pregunté que si iba a hacer alguna presentación personal y me dijo que era probable y prometí ir a verlo, pero me fue imposible asistir. No nos vimos más hasta 1963.
> El nuevo encuentro fue extraño y fortuito. Un actor cubano que había logrado trabajar en algunas películas importantes en Hollywood (*Por quién doblan las campanas*, *Arco de triunfo*, y otras) con el nombre

---

221. *Cinema*. La Habana, 21 de junio de 1963, p. 44.

profesional de Lilo Yarzun, me dijo que Bola de Nieve quería hablar conmigo. ¿Para qué? Me contestó un poco misterioso con una sonrisa enigmática que no lo sabía. Acepté porque se trataba de alguien a quien siempre admiré mucho. Su fama estuvo cimentada en un quehacer de excelente intérprete y de compositor de finas melodías. Además, era un hombre de una cultura universal y vasta. También había estudiado inglés y francés como comprobé cuando lo conocí mejor.

Acordamos que nos encontraríamos en el restaurante El Carmelo de Calzada y D en El Vedado para almorzar y hablar de «aquello» que le interesaba mucho a Bola de Nieve. Todos fuimos puntuales. Le comenté al gran intérprete de nuestro breve encuentro en el Carnegie Hall de Nueva York, y para mi sorpresa lo recordaba y volvimos a hablar de la maestría de Horowitz, a quien él conocía bien por sus grabaciones. Cumplimos todas las formalidades de la buena mesa. Tomamos un aperitivo. Ordenamos el almuerzo y mientras esperábamos por el servicio Bola de Nieve me dijo lo que motivaba ese misterioso encuentro.

Había visto recientemente en Madrid una película española basada en una novela que se llamaba *El negro que tenía el alma blanca*, el autor era Alberto Insúa [...]. El intérprete principal era un actor negro cubano amigo suyo que se llamaba Marino Barreto y la intérprete femenina principal era la conocida actriz española Antonita Colomé. Tenía la novela y me la quería entregar para que yo hiciera una adaptación teatral. Él haría el papel masculino principal y alguna de las primeras actrices cubanas (quizás pudieran ser María de los Ángeles Santana, Raquel Revuelta o Rosita Fornés) el femenino. La idea la tenía desde hacía tiempo y Lilo Yarzun que me conocía bastante bien, pues había actuado en programas de televisión conmigo, pensó que yo sería el dramaturgo y director ideal. Estaba tan sorprendido que lo dejé hablar extensamente sobre el proyecto. Al final de la conversación le expresé que me entusiasmaba mucho la idea, pero que en esos momentos yo tenía varios trabajos a la vez y era muy poco el tiempo libre del que disponía. Quizás unos meses después podría hacerlo. Él me entregó la novela y también me pidió que tratara de averiguar si existía una copia de la película en Cuba.

Leí la novela en mis escasos ratos libres y francamente no la encontré interesante. Pensaba que había algunas partes un poco cursis, otras situaciones demasiado románticas e idealizadas. Había que hacer un prolijo trabajo de síntesis y limpieza que necesitaban dedicación absoluta y tiempo, del que no podía disponer en aquella época. Él me llamó posteriormente y le confesé que tenía algunas objeciones y mucho trabajo, que me diera tiempo. Me repitió dos cosas: tenía un gran interés en debutar como actor interpretando esa obra y seguía pensando que yo era el dramaturgo y director ideal. Era un hombre educado, persuasivo, vehemente al que respetaba y no quería herir, por eso le expresé que a mí también me interesaba el proyecto.

[...]

Además de efectivamente tener mucho trabajo en esa etapa, pensaba entonces que Bola de Nieve quizás no podía enfrentar una labor como actor teatral a plena satisfacción. Aunque es bien sabido que cuando cantaba interpretaba la música con tanta expresividad y creencia que prácticamente estaba actuando. Hoy con mi experiencia pienso que quizás hubiera sido un buen actor trabajando con él intensamente, pero entonces temía que fuera un riesgo muy grande para los dos. Así se lo dije a Lilo Yarzun un tiempo después, pero él trató de persuadirme de que estaba equivocado. Todavía lo pensé un tiempo y la última vez que hablamos por teléfono Bola de Nieve y yo le dije —lo que era cierto— que estaba trabajando en la versión teatral y que este proyecto llevaría una preparación muy rigurosa y larga, que tendría que esperar un poco más. Él me reiteró lo que ya me había manifestado, que estaba dispuesto a trabajar con mucho interés todo el tiempo que fuera necesario. Tenía un largo viaje pendiente y cuando regresara hablaríamos. Esto fue en el año 1970. Unos meses después, en octubre del año 1971, murió en México, como es sabido.

Cada vez que veo ahora en la televisión las imágenes que se conservan de sus actuaciones u oigo en mi casa las grabaciones suyas, pienso que fue una verdadera pena no haber podido terminar una buena versión teatral de *El negro que tenía el alma blanca*. Y creo que Ignacio Villa [...], el gran intérprete de la música cubana, hubiera sido quizás un buen actor para esa posible obra teatral. Él tenía la calidad de un Maurice Chevalier, de un Ives Montand, de Louis Armstrong, de Carlos Gardel, de Hugo del Carril, de Frank Sinatra, por solo citar algunos buenos cantantes que lograron ser también buenos actores.[222]

«Él tenía la calidad de un Maurice Chevalier, de un Ives Montand, de Louis Armstrong, de Carlos Gardel, de Hugo del Carril, de Frank Sinatra, por sólo citar algunos buenos cantantes que lograron ser también buenos actores».

Humberto Arenal

Canciones cubanas y brasileñas interpreta Bola de Nieve en un acto que, en noviembre de 1963, organiza la Casa de las Américas con motivo del aniversario 74 de la independencia del Brasil. Al finalizar ese año, su vida atraviesa por emociones contrastantes: el santero guanabacoense Arcadio Calvo lo consagra en la religión afrocubana coronándole Changó, y se muda para el apartamento 23, en el segundo piso del edificio numerado con el 4 en la Avenida 26, del Nuevo Vedado, frente al Zoológico.

Con regocijo e ímpetu decora su nueva morada de tres dormitorios, cocina, patio y un balcón —que domina la entrada del

---

222. Humberto Arenal: *Encuentros*. Ediciones Unión, La Habana, 2002, pp. 104-109.

citado parque—, en el cual disfruta pararse, excepto si escucha rumores acerca de la escapada de algún mono, animal capaz de causarle un intenso pavor. El recinto más agradable será la espaciosa sala-comedor, donde impera su entonces recién adquido piano de un cuarto de cola marca Steinway entre esculturas, miniaturas de distintas partes del mundo, gallos de plata y cristal, porcelanas y cuadros de Portocarrero, Amelia Peláez, Abela, Juan David, Martínez Pedro, Raúl Martínez, Mariano, Diago, Puig, Corratgé...

Allí pasa largas horas enfrascado en el estudio cotidiano, se entrega al placer de la lectura mientras escucha CMBF—la emisora en que siempre permanece el dial de su radio— y recibe a sus afectos, principalmente a Raquel —seguida de sus hijas Marinés y María Antonieta, quien nace en 1961—, a las que considera sus nietas y, en respuesta a ese trato, nunca lo llaman tío, sino abuelo.

> A Bola de Nieve lo conocí prácticamente desde el inicio de mi carrera artística, en 1938, cuando él paraba poco tiempo en Cuba. Venía en etapas cortas y actuaba. En una de esas permanencias suyas en La Habana, me lo presentaron. Como fui amiga de Rita Montaner, a través de ella sabía un poco sobre los comienzos de Bola en el arte. Cultivaba la dualidad del pianista y el *chansonnier* y adquirió una maestría tal que creó en Cuba un estilo único e inimitable: el que desee imitarlo está condenado al fracaso; fue algo que nació con él y le permitiría conquistar públicos de distintas partes del mundo [narra la cantante y actriz Rosita Fornés].
>
> Bola fue una persona culta y nunca cayó en lo vulgar, lo rechazaba sobremanera. Independientemente de la etapa en que lo conocí, al cabo de los años hicimos una entrañable amistad luego de mudarse en el Nuevo Vedado para el edificio en que yo viví treinta años frente al parque Zoológico. Eso influyó en que me tomara mucho más cariño, me hablara de sus experiencias y lo pudiese tratar bien de cerca. Era un gran amigo y compañero.
>
> Incluso concibió una idea fantástica: como yo obtuve éxito en la opereta, principalmente en *La viuda alegre,* y él sabía de la existencia de una filmación de la obra en Estados Unidos protagonizada por Jannette MacDonald,

en la cual para el rol del conde Danilo en vez de buscar un barítono recurrieron al famoso *chansonnier* Maurice Chevalier,[223] Bola, quien también demostrara serlo en grande, me dijo en una oportunidad: «Rosita, uno de mis sueños es que tú y yo nos presentemos en un teatro con La viuda alegre de una manera distinta».

Pienso que, de llevarse a cabo el proyecto, triunfaríamos, a pesar de no tratarse de la tradicional puesta en escena en que siempre participé con tenores como Armando Pico; de hacerla a su lado hubiera sido muy original. Pero murió sorpresivamente en un viaje iniciado por él con mucho afán y nuestro proyecto se truncó, solo quedó en una idea, en un sueño.

En mis años de residencia en México recuerdo la extraordinaria aceptación que recibió. Daba gusto oírle cantar «No puedo ser feliz», cómo con su voz ronca y pequeña lograba dramatizarlo en un grado tal que provocaba lágrimas en el público. Allá lo admiraron mucho, igual que en España, Estados Unidos, Francia y en toda América Latina lo solicitaban; gustó dondequiera que se presentara, ¡sí señor!. Bola de Nieve es una de las grandes figuras que ha dado este país y un exponente muy especial de la cultura cubana.[224]

Contempla Bola de Nieve las transformaciones que el Poder Revolucionario inicia en todos los sectores durante los primeros años del decenio de los sesenta del siglo XX: las leyes de reforma agraria y la nacionalización de bancos pertenecientes a nacionales y extranjeros, menos los canadienses, así como de las numerosas empresas foráneas, en su mayoría norteamericanas.

La radicalización de las medidas oficiales que determina la ruptura de las relaciones cubano-estadounidenses, el embargo económico impuesto por Washington a la Isla, la Crisis de Octubre, la lucha contra bandas armadas en zonas montañosas del interior del país, los enfrentamientos del Estado cubano y la Iglesia Católica, la in-

---

223. La película se realiza en 1934 y la dirige el alemán Ernst Lubitsch, quien se radica en Estados Unidos de Norteamérica desde la década de los años veinte del pasado siglo.
224. Testimonio que el autor graba a Rosita Fornés en 1999.

En su apartamento del Nuevo Vedado

vasión a Playa Girón, la proclamación del carácter socialista de la Revolución, el éxodo de miles de personas a Estados Unidos de Norteamérica, entre ellos gran parte de sus colegas, son sucesos que repercuten en las convicciones humanas y políticas de Ignacio Jacinto Villa Fernández, quien patentiza su respaldo a cuanta medida gubernamental considera en defensa de los intereses populares.

En los primeros años que siguieron al triunfo de la Revolución tuvieron lugar en Cuba cambios muy profundos que eran noticia cotidiana en los diarios y, dolorosamente, los homosexuales de algunos sectores, principalmente el de la cultura, fueron víctimas de las arbitrariedades e injusticias de algunos personeros. A pesar de eso, Bola —que no ocultaba su homosexualidad— mantenía su fe en las medidas del nuevo gobierno, ya había superado una etapa de luchas internas, de traumas frente a los prejuicios sociales que lo asediaban, sin por ello dejar de ser un artista muy querido y respetado. A veces afirmaba: «A mí me gusta que digan de mí: ¡Qué clase de artista es Bola de Nieve, lástima que sea homosexual!, y no que digan: ¡Qué homosexual es Bola de Nieve, lástima que sea artista!» [refiere el escritor, periodista y humorista Enrique Núñez Rodríguez].

Si mal no recuerdo, por la época en que surgieron las UMAP —Unidades Militares de Ayuda a la Producción—, hacia las que fueron enviados numerosos homosexuales, un día en que almorzaba junto con el cantante y actor

Ramón Veloz (padre), llegó Bola. Conversamos acerca de tal cuestión y de otros aspectos. De pronto, le dije: «Te haría una pregunta si no te fueras a poner bravo». «¿Qué pregunta?». Le advertí que era dura, delicada. «Eres mi amigo y ninguna pregunta tuya me va a ofender. Si no me gusta, no te la contesto». Decidí hacérsela: «¿Cómo es posible que tú, siendo homosexual, seas revolucionario?». Sonriéndose, me contestó enseguida: «Debe ser porque a mí me gusta todo lo masculino y esta Revolución es muy macha». Según él, era una revolución muy macha, pues se acababan de intervenir empresas norteamericanas en Cuba, como la Esso, la Standard Oil... Me dio esa respuesta, que para mí resultó única, y al recordarla siempre pienso: ¡Qué clase de hombre fue Bola de Nieve!

Yo lo había conocido en 1949, cuando me contrataron en la CMQ, que acababa de inaugurar su nuevo edificio en L y 23. Escribía programas para la emisora de ese Circuito y un día, al entrar en el vestíbulo, me encontré con Bola de Nieve. Le extendí una mano y le expresé: «Hace tiempo deseaba conocerlo, lo admiro y respeto mucho». Él se comportó muy amable y, a partir de ese momento, se inició una amistad que dura más allá de su muerte.

Entonces solo tenía la impresión del artista. Después lo traté, incluso vivimos en el mismo edificio de apartamentos en 27, entre N y O, y hablábamos con frecuencia. Era un ser humano de tremendas dimensiones, con una gran sensibilidad, un excelente amigo y un excelente conversador, ya que fue sumamente culto. Hacía derroche de una ironía finísima y siempre que uno dialogaba con él sacaba algún provecho de sus opiniones, sobre todo con respecto a la música y el ambiente artístico, temas de los que era un conocedor de primera y un crítico extraordinario.

Recuerdo que en ese edificio coincidimos una mañana, después del desayuno, en el horario de partida hacia el trabajo. Posiblemente él iría para algún ensayo y le comentaba a un amigo sus desvelos durante las noches a causa de la existencia de un vecino que con el sonido de las teclas de su maquinita de escribir no lo dejaba dormir.

Me acerqué y le dije: «Bola, el de la maquinita soy yo». Se rio muchísimo y lo contó muchas veces, por ignorar que era yo quien precisamente escribía hasta altas horas de la madrugada, en una etapa en que redactaba a diario los libretos de tres programas radiales.

Indiscutiblemente, Bola de Nieve estuvo entre la gente que yo quise, es un artista irrepetible y se encuentra en el grupo de nuestros grandes, junto con Alicia Alonso, Ernesto Lecuona, Gonzalo Roig, Rita Montaner, Benny Moré...[225]

A lo largo de 1964 Ignacio Villa se presenta en Bayamo, Santiago de Cuba y Santa Clara. Uno de sus dos más importantes recitales del período lo realiza el 27 de febrero en la sala-teatro del Museo Nacional de Bellas Artes e incluye la participación de la pianista Zenaida Manfugás. El otro lo lleva a cabo a las 11: 59 p. m. del 25 de julio en el Amadeo Roldán, para iniciar así en tal día del año.

Sobre este último concierto —en el que canta más de veinte títulos de su repertorio— Marta Valdés expone en el semanario *Bohemia*:

> El público de Bola esperó el 26 a su gusto, llevado de la mano de este artista mundial. Podría decirse que el primer número de la noche se repartió a la entrada. Entre las exigencias que Bola se plantea cuando prepara una presentación, siempre se cuenta como cosa importante la efectividad de las notas al programa. Esto, que solo se ha conseguido en nuestro medio en algunos espectáculos teatrales, se logra siempre en sus recitales, y culminó en esta ocasión.
>
> Quienes fuimos allí en busca de Bola, recibimos, junto con el programa de la noche (sustituyendo los comentarios acerca del repertorio por juicios de escritores, críticos y artistas que intentan definir la entraña de este intérprete) un cancionero con los textos incluidos en el programa. Enlazando el programa, presentes en ambos libros, fotos expresivas de Bola y distintos momentos de un dibujo de Portocarrero. Con todo esto se lograba un primer número que preparaba nuestra actitud —el público de Bola ha de ser siempre un público activo, dispuesto a

---
225. Testimonio que el autor graba a Enrique Núñez Rodríguez en el 2000.

participar— y tendía a acercarnos conscientemente a un arte que conjunta lo nuestro y lo que pertenece al resto del mundo. Esto es lo que parecen querernos decir el cancionero y el libro que yo llamaría de notas al artista y su público, más que de notas al programa; lo que me obliga a añadir a lo misterioso de Bola esta necesidad de tocar en una crítica un aspecto aparentemente ajeno al hecho artístico. Creo que por lo menos en nuestro país, él inaugura esa rareza.

El recital mostró como única novedad en el repertorio, el «Adiós felicidad», de Ela O' Farrill. De entre los más recientes estrenos, seleccionó «Me contaron de ti», de Touzet, y «Balada» —con música suya sobre un poema de Guillén—. Ellas representan tres momentos de relación del artista con el público. Si bien está demostrado que Bola acierta siempre a encontrar la expresión justa de cada canción, pocas veces al proponer un estreno logra por parte del público una captación total de sus valores, equivalente a la reacciòn que provoca un clásico suyo como «No te importe saber» o «Vete de mí» —más reciente—. No creo que la explicación de este fenómeno se halle tanto en el grado de madurez de la interpretación como en la necesidad de aproximaciones sucesivas que requiere el público para llegar a la entraña de esa visión que Bola nos trae. El resultado posterior va surgiendo del ajuste entre ambos aspectos.

Se explica entonces que «Balada» haya alcanzado una acogida más alta en esta ocasión en que por otra parte se observó una tendencia cada vez mayor hacia el recitativo. Se explica que «Me contaron de ti», de aparición más reciente en su repertorio, haya provocado aplausos más crecidos que nunca —con la libertad de tratamiento que se observa en el cambio de orden de las estrofas—. Y que «Adiós felicidad», dotada de una fuerza interior que choca con la forma declamatoria que comúnmente se da a este número, haya sido recibida con cierta frialdad.

El momento más vigoroso de la primera parte fue «Arrivederci Roma». La segunda, en un tono más teatral, pasó revista a los éxitos más movidos de Bola, desde

«Mesié Julián» a «Mamá Inés», pasando por el «Chivo». Ahora, hasta el próximo.[226]

Iniciado el segundo semestre de 1964, Bola de Nieve empieza a actuar cada noche en el restaurante Monseigneur,[227] sito en 21 y O, en El Vedado, donde el público, además de una excelente oferta gastronómica, la elegancia de los establecimientos de este tipo y el exquisito trato de sus camareros, puede disfrutar de un artista único en el mundo. «Es un lugar con el más completo refinamiento, como corresponde a la gran capital que es La Habana [...]»,[228] afirma él en esos días.

Cantase allí lo que cantase, en español u otro idioma, su mensaje —jocoso o romántico— llega siempre a los comensales con su poder de encantar a todos. Por aquel entonces asimismo asevera: «A mí no me gusta dejar de cantar nunca, porque vivo enamorado de mi trabajo que me resulta un gran placer. Es algo así como si ligáramos amor con electricidad».[229]

Bola al comenzar a actuar en Monseigneur en 1964

Después de asistir al estreno del filme *Nosotros, la música*, de Rogelio París —en el cual participa junto con Elena Burke, Celeste Mendoza, el Septeto Nacional, el Quinteto Internacional de Música Moderna, la orquesta del trompetista Félix Chappotín y las comparsas del Orilé y del Cocuyé, entre otros—, Bola interrumpe en noviembre su etapa primaria de actuaciones en Monseigneur y vuelve a Ciudad de México, en respuesta a un contrato de Alex Cardini (hijo)

---

226. Marta Vadés: «El 26 con Bola». *Bohemia*. La Habana, 7 de agosto de 1964.
227. Monseigneur se inaugura el 13 de diciembre de 1953 y en aquella década de los años cincuenta pasan por allí numerosas personalidades, como Ernest Hemingway, Nat King Cole, Libertad Lamarque, Pedro Vargas y Sara Montiel, entre otras.
228. Recorte de prensa correspondiente al archivo del autor. Tiene como fecha el 30 de junio de 1964, sin precisarse el periódico.
229. *Hoy*. La Habana, 6 de septiembre de 1964.

para efectuar dos presentaciones diarias, de lunes a sábado, en su restaurante Cardini Internacional, ubicado en la calle Morelos, número 98.

Cuando al descender de la escalerilla del avión los periodistas le preguntan a qué volvía a México en esa ocasión, responde: «A devolverles el nombre que me han dado». Vicente Garrido y José Sabre Marroquín, entre otros intelectuales, así como mucho público conocedor de su llegada, le dan la bienvenida en el interior de la terminal aérea. Una gran emoción experimenta la noche de su debut en el famoso Cardini Internacional, luego de escuchar los términos que anteceden a su salida a la pista del restaurante: «¿Es poeta? ¿Es cantante? ¿Es compositor? ¿Es pianista? ¿Es políglota? —¿Qué clase de artista es Bola de Nieve?»

> Allí estaban mis amigos, los periodistas, los autores musicales desde Gabriel Ruiz, Sabre Marroquín y Tata Nacho hasta el último. Me ofrecieron un homenaje inolvidable.
>
> [...]
>
> Llovían jarras de flores por todos lados, provenientes de los propietarios de los mejores restaurantes mexicanos [...]. Ramón de Flores, dueño de Los Violines de Fontana, envió todos los crisantemos de la ciudad. Nunca imaginé que me hicieran tal recepción. Allí estaban también don Pepe de León, del Terrazza Casino, y Nick Noyes, que posee el restaurante hawaiano más bello del mundo, el Mauna Loa.[230]

Importantes diarios de la capital mexicana reportan el triunfal debut de Ignacio Villa en Cardini Internacional, cuyo propietario, debido al inmediato triunfo del intérprete vocal y pianista, le prorroga el contrato semana tras semana.

> Ni una sola noche pude quitar *No puedo ser feliz* de mi repertorio. Aparte de que los anuncios de Cardini por televisión iban acompañados con la canción, el público me la pedía con tanta insistencia como mi estreno de

---

230. María López Salas: «Nuestro Bola en La Habana». *El Mundo del Domingo*. La Habana, 22 de febrero de 1965.

este viaje para ellos, *Adiós, felicidad*.[231]

Adiós felicidad,/ casi no te conocí,/ pasaste indiferente,/ sin pensar en mi sufrir.// Todo mi empeño fue en vano,/ no quisiste estar conmigo,/ y ahora me queda más honda/ esta sensación de vacío.// Adiós felicidad,/ casi no te conocí,/ pasaste indiferente,/ sin querer nada de mí.// Pero tal vez llegue el día/ en que pueda retenerte,/ mientras con la esperanza/ de ese día, he de vivir.// Adiós felicidad.

Alex Cardini (hijo) recibe a Bola de Nieve en la entrada de Cardini Internacional

Al cantar cada noche «No puedo ser feliz», el elegante público que colma el Cardini Internacional se pone de pie, tributa una estremecedora ovación a Bola de Nieve y acto seguido profiere gritos de «¡Viva Cuba!». Más conmovida que el resto de los asistentes, en cierta oportunidad una señora le quita un valioso reloj de oro a su marido y, en gesto de profunda admiración, lo coloca en la muñeca izquierda del artista criollo. Las anécdotas de aquellas jornadas están matizadas de expresiones de cariño y elogios, como los citados en una fotografía que le dedica Tata Nacho, presidente de la Sociedad de Autores y Compositores de México: «El intérprete que he soñado para las canciones que he soñado».[232]

---
231. *Revolución*. La Habana, 8 de febrero de 1965.
232. Fondo fotográfico Bola de Nieve. Museo Nacional de la Música.

Las declaraciones formuladas a la prensa en esas semanas coinciden en reflejar, una vez más, el amor de Bola hacia su segunda patria: «A México [...] no vengo por dinero, vengo por amor a su pueblo que tanto quiere al mío, y cuando uno siente amor por algo siempre lo consigue. Únicamente por amor se tienen las cosas y por amor es que yo creo que consigo que este público me quiera y me aplauda tanto y me venga a oír».[233]

A su vez José Candela, redactor de la revista mexicana *Mañana,* opina en ocasiones distintas:

> Bola de Nieve es como decir el Chevalier, el Robeson o el Armstrong de Cuba: una entidad musical insustituible, una sensibilidad al servicio de la más perfecta expresión musical.[234]
>
> Es mejor decir que Bola de Nieve es un hombre con una cara enorme, en la cual lleva siempre un gesto bondadoso, que va por el mundo con la gran sonrisa abierta para dar, con música, el amor que lleva adentro. Su sitio está en La Habana, con un pueblo que se lo merece todo y con el cual se identifica plenamente, pero él pertenece al mundo.[235]

Diez semanas seguidas, que terminan el 24 de enero de 1965, se mantiene Ignacio Jacinto en Cardini Internacional. En su transcurso recibe un homenaje de mariachis, le regalan flores en las trajineras y chinampas de los canales de Xochimilco y cada mañana, con la disciplina de un principiante, ensaya en la embajada de Cuba —donde brinda un recital para el personal diplomático acreditado e intelectuales mexicanos—, y ofrece un concierto en la sede del Instituto Mexicano-Cubano de Intercambio Cultural en Mérida, Yucatán. Además, actúa en Bellas Artes y en los espacios televisivos *Revolución musical, Nescafé* y *Variedades Gerber Silvia,* este último conducido por la notable actriz Silvia Pinal, quien con infinito amor le da la despedida de México en nombre de los artistas nacionales y de sus amigos, principalmente José Sabre Marroquín, también participante en tal transmisión.

---

233. *Bohemia.* La Habana, 19 de febrero de 1965.
234. María López Salas: Art. cit.
235. *Revolución.* Art.cit.

La actriz Silvia Pinal, José Sabre Marroquín y Bola de Nieve en el programa de la televisión mexicana Variedades Gerber Silvia

A su retorno a La Habana, en los primeros días de febrero de 1965, se despoja en la terminal áerea de Rancho Boyeros de un descomunal abrigo que lo protege del intenso frío durante más de dos meses de actuaciones en México y disfruta de un benigno invierno en su isla caribeña. Con posterioridad, comenta a la prensa:

> Este viaje ha sido un sueño. La impresión más maravillosa de México. El público con mayor énfasis que nunca, como si fuera la primera vez que me escucharan. Vengo henchido de mexicanismo.
> [...]
> Todo México se volcó en mi trabajo; los cubanos fueron muy gentiles y no dejaron de asistir a mis dos presentaciones diarias en el Cardini.
> [...]
> He traído música para montar, pero es muy pronto para hacerlo. Primero hay que hurgar, ver sus venas, su sistema circulatorio, porque yo doy lo que llevo adentro, no mi voz.[236]

---

236. María López Salas: Art. cit.

Sala-teatro del Museo Nacional de Bellas Artes. Al finalizar el concierto que ofrece con María Cervantes

Luego de un breve descanso, el 31 de mayo Bola de Nieve comparte un concierto con María Cervantes en el Museo Nacional de Bellas Artes, en el cual ambos son aclamados al interpretar éxitos de sus respectivos repertorios. Un poco antes, vuelve a sus faenas en Monseigneur hasta mediados de 1965, cuando se cierran sus puertas unos dos meses para someter a un total remozamiento el restaurante. Solo determinados compromisos artísticos acepta en Cuba durante tal época, pues a diario se le encontrará en ese sitio de El Vedado, donde, bajo sus estrictas órdenes, se desarrolla el proceso de ambientación y decoración del inmueble.

En entrevista que concede al periodista Luis Marrero, de la revista *Bohemia*, describe los cambios en el establecimiento, cuya nueva marquesina indicará entonces: Monseigneur (*Chez Bola*), ya que —en lo adelante— él será el anfitrión de la casa:

¿Cómo? ¿Es esta tu casa ahora?
—Sí, señor.¡Estás en mi casa, en casa de Bola, *chez Bola*! ¿Cómo te cae? Y como estoy en mi casa tengo el derecho a limpiarla, a restaurarla, a remozarla...
[...]
—[...] Todo será igual, porque esto es bello. Lo que estamos haciendo es eso: restaurándola, reparándola. Allí donde había un defecto lo hemos arreglado. La vajilla, los cubiertos, la cocina, el bar, todo, todo está siendo remozado. Todo se hace a mi gusto...
Y señala para el piso del bar:
—Observa, ya le hemos puesto alfombras. Antes no la tenía. Así las pisadas serán menos fuertes. ¿No sabes tú que cuándo uno pisa una alfombra intuitivamente baja la voz? Queremos hacer del Monseñor un lugar a

donde la gente venga a recrearse, a comer sin prisa, a disfrutar de esto con verdadera fruición. ¿Por qué exigir que una comida se sirva rápidamente si con eso estamos impidiendo que el cocinero exhiba sus mejores galas en el arte culinario? ¡Aquí habrá la mejor cocina, cocina internacional, porque al frente de ella estará un gran maestro! ¡Ah, y no es cosa de estar sujeto siempre a las primeras letras del alfabeto del buen comer: pollo, pargo y filete. ¡Una langosta a la perugina es deliciosa!
Insistimos:
—Pero ¿qué habrá de nuevo aquí, Bola? ¿Tienes alguna función especial más allá o más acá de tus canciones?
—Te parece poco. Ahora no trabajo en el Monseñor, ahora voy a estar en mi casa, *chez moi, chez Bola*, sin prohibirle la entrada a nadie. La gente dirá chez Bola, en casa de Bola, que es como decir: «vamos a lo de Bola». Eso sí — pero mira, no sé cómo expresarlo, me resulta difícil—, ¿tú crees que los amigos o la clientela interpreten como una majadería mía pedirles que vengan con saco? Este hermoso marco lo merece. ¡Además, viejo, estoy en mi casa... *Chez moi... Chez Bola!*
Y vuelve a las reparaciones:
—El aire acondicionado será el mejor de La Habana. Mira, en aquellos paneles pondré dos cuadros al óleo con motivos de la época, en el escenario montaré una breve cortina en forma de cascada... Y tiraré una alfombra por todo ese pasillo que conduce a la calle hasta la entrada, donde se levantará una marquesina cubierta de un verde billar ribeteado de blanco. Allí se leerá: Monseñor. (*Chez Bola*).
[...]
—¿Y tú qué harás, Bola?
[...]
—¿*Chez moi, chez Bola*? Pues [...] charlar, animar, compartir. En suma, hacer lo que en francés se designa con una palabra luminosa: *compére*. ¡Ah, y cantar... cantar! [...].[237]

---

237. Luis Marrero: «*Chez Bola*. Una entrevista en casa de Bola». *Bohemia*. La Habana, 20 de agosto de 1965, p. 75.

Bola de Nieve en una de sus presentaciones en Monseigneur, tras su reapertura como Chez Bola *en 1965*

El miércoles 25 de agosto de 1965, se procede a la reapertura de Monseigneur que, como *Chez Bola*, ofrecerá sus servicios de 7: 00 p. m. a 1: 00 a. m.. Con su impecable frac, su piano, sus canciones, chistes, cuentos y saludos en cada mesa Ignacio Villa deleita a la clientela. En cierto período de su nueva etapa, lo secundan en aquel restaurante Los Violines de Monseigneur y la cantante y compositora Teresita Fernández, quien, acompañándose con su guitarra, es para él «[…] una guajirita exaltada con toda la fragancia del campo, con palmas, con ceibas, con caimitos, con un geniecillo de gallega que le viene de los padres».[238]

Durante la niñez me molestaba un poco que para ir a la escuela me levantaran temprano por las mañanas en mi natal Santa Clara, justamente en coincidencia con el comienzo de un programa radial que tenían las hermanas Martí, quienes al inicio de esa transmisión cantaban «Como arrullo de palmas», del maestro Lecuona. Mi madre sintió siempre una gran admiración hacia ellas y otras personalidades que ya valían en Cuba, como Esther Borja y Bola de Nieve [relata Teresita Fernández].

En esos años, Lecuona llevó su compañía artística a teatros de ciudades del interior del país y, como miembros de ese colectivo, pudimos ver los santaclareños a Esther

---

238. Orlando Quiroga: «Teresita ¿Quién eres tú?» *Bohemia*. La Habana, 10 de marzo de 1965, pp. 42-43.

y a Bola, quien había estrenado algunas de sus canciones. En mi casa existía una verdadera pasión por su música, al igual que por la de María Grever y Agustín Lara. Y teniendo yo cuatro o cinco años de edad, mi hermano mayor, que era músico, me sentaba sobre la tapa del piano mientras tocaba «Si me pudieras querer» y «Señor, ¿por qué...?», dos composiciones de Bola de Nieve que me provocaban muchos deseos de llorar.

Se podrá calcular cuál sería mi emoción cuando en los años cincuenta —tras venir a La Habana en medio de determinadas circunstancias personales— me relacioné estrechamente con las hermanas Martí, a las que vivo eternamente agradecida por su incalculable ayuda en mis comienzos artísticos en la capital, y ellas me llevaron a la vivienda de Bola, en Guanabacoa, para que me escuchase cantar. Yo no consideraba un hecho real tenerlo frente a mí en esa ocasión, envuelto en una bata de casa de cuadros escoceses. Me oyó con mucha atención y, al terminar de cantar, me dijo: «Usted es la única guajira que yo resisto con una guitarra en la mano».

Pasó el tiempo, llegó el año 1965, me encontraba en Santa Clara, y allá me envió un telegrama explicándome que empezaba con él en Monseigneur en tan solo unos pocos días. Por eso siempre afirmo que prácticamente comencé en el arte por donde se termina; compartir un escenario con Bola no podía significar un inicio. De inmediato, partí hacia La Habana. Pero en Matanzas, sin yo saberlo, sacaron mi maleta del ómnibus y la dejaron tirada en el andén. Ya en la capital, padecí el drama de carecer del vestuario adecuado para debutar en Monseigneur al transcurrir una época difícil con respecto a la compra de ropa en Cuba. Menos mal que una señora me regaló un *pullover* y una saya de color negro y, gracias a dicho atuendo, iba a poder trabajar.

Vestida así, y con una sencilla cadena de plata que también me dieron, fui a nuestro primer encuentro en Monseigneur. Bola me estaba esperando en la entrada y, al verme, de inmediato me quitó la cadena. Me dijo: «Usted no necesita más adorno que la canción». Aquello me impresionó mucho y no sé si luego influyó en mi decisión de nunca seguir los patrones del *vedettismo*, de romper el esquema de aquellos que solo conciben a una artista con plumas y lentejuelas, por lo cual algunos me han llegado a tildar de desaliñada, de no adornarme lo suficiente para salir a un escenario.

Debo decir que, como fui la hija menor, una niña mimada en algunos aspectos, en mi nueva etapa en la capital me sentí bastante desamparada. Me casé, no resultó, tuve que elegir entre el hogar y la guitarra; y todo eso influyó en la necesidad de recibir el apoyo de las hermanas Martí, Esther Borja y Bola de Nieve, que con sus consejos se convirtió en una especie de segundo padre.

Por ejemplo, una vez estábamos los dos en una mesa del restaurante y llegó un señor. Se puso a conversar y, en gesto de cortesía, me sacó su petaca, comparable con una obra de arte por sus incrustaciones en pedrería, etcétera. Cogí un cigarro y lo prendí. Bola sabía que yo no fumaba y, tan pronto se retiró el individuo, me preguntó: «¿Usted fuma ahora?». «No», le respondí. «¿Y por qué cogió el cigarro?». «Porque la pitillera era muy bella y, además, como no sé desenvolverme bien en este mundo de Monseigneur, entre tanta gente elegante, pensé que era de buena educación aceptar el cigarro». «Nunca lo vuelva a hacer en su vida. Hoy pudo darse el lujo al estar yo a su lado. Pero en cualquier otro país le ofrecen un cigarro hecho con marihuana y usted no puede cantar más en el resto de la noche».

En otra oportunidad me invitó a comer en su mesa el agregado cultural de la embajada de Portugal. Le pedí permiso a Bola, pues aunque soy muy desacatada, si hace falta serlo, también soy una mujer sumamente disciplinada, ya que mis padres me dieron una recia educación. Él me dijo: «Vaya, vaya...». Yo quise responder a la invitación porque me sonó en los oídos como algo grandioso recibirla de un diplomático de esa categoría. Al regresar a su lado, Bola me preguntó: «¿Cómo se sintió comiendo con un agregado cultural?». «Normal, nada en especial». «¿Qué comió?». «Frijoles negros y ensalada de berro». «Mire, no lo vuelva a hacer. La gente viene aquí buscando el encanto de su personalidad y el acto de comer es íntimo. La ven comiendo en una mesa y destruye un poco la magia de lo que usted representa para el público. Además, ¿trajo un cepillo de dientes?». «No». «Pues imagínese qué espectáculo daría si en esa boca suya, llena de dientes, se le ha quedado entre ellos una cascarita de frijol o una hoja de berro. ¡Nunca más sería artista!».

Todos esos consejos se los agradecía, excepto el siguiente: en Monseigneur servían la comida de los empleados antes de abrirse el restaurante, a eso de las seis de la tarde. Yo empezaba a cantar a las nueve de la noche y terminaba en la madrugada, sin ingerir otro bocado en respeto a las teorías de Bola. Entonces, tan pronto finalizaba, me iba hacia Las Bulerías, en la calle L, de El Vedado, comía algo, cogía la guitarra y cantaba un rato.

Una noche Bola me sorprendió allí y me regañó: «Oiga, yo la pongo a usted a precio de Monseigneur y después viene a regalarse por un plato de fabada en Las Bulerías». Ahí solo pudimos entendernos a medias; me resultó difícil explicarle que no solo lo motivaba la necesidad de comer algo, sino también cómo me inspiraba el ambiente de Las Bulerías, quizás por ser mis padres españoles. También se debía a la cariñosa acogida de los empleados y de gente sin la posibilidad económica de ir a un sitio tan lujoso como Monseigneur; me sentía feliz al propiciarles un rato de distracción, los asociaba a los pobres de la tierra para los que siempre me ha gustado actuar.

Mi experiencia al lado de Bola en Monseigneur me permitiría conocer a Joséphine Baker y al presidente Salvador Allende, que, luego de escucharme, se levantó de la mesa, me dio una mano y dijo:«Usted canta como las mujeres de mi pueblo». Y, sin pretender mostrar ni un mínimo de vanidad, los empleados de la cocina me contaron cómo Bola de Nieve entraba allí, se recostaba a una pared y le daba golpes con un puño al yo emitir las notas altas en canciones mías del tipo que lo impresionaron durante nuestro primer encuentro en su casa de Guanabacoa, muy distintas de las infantiles en que se me encasilló más tarde. Para mí todo eso aún equivale a consagraciones.

Tampoco puedo olvidar lo que me aportó en esa época ver actuar a diario a un artista de su jerarquía. Mucha gente criticaba a Bola de Nieve e, incluso, no le gustaba. Eso le sucede a quienes acostumbran sus oídos a lo convencional y rechazan la originalidad. Él tenía una manera especial al abordar la canción. No era un cantante en sí, mas al decir las composiciones con su talento de actor y su gran sensibilidad se convertía en el intérprete preferido. No era un pianista extraordinario y, sin embargo, se acompañaba las obras magistralmente, aparte de que las partituras debidas a su inspiración son muy sentidas y convincentes.

Claro, al uno tener el cariño y el apoyo de una figura de la magnitud de Bola de Nieve, se exponía a la envidia; esta se desencadenó en torno a la relación afectiva entre ambos y terminó por dañarla al surgir las manipulaciones de ciertas personas, a las cuales no me presté. Como no pudieron utilizarme, quizás le dijeron a Bola que me expresaba mal de él o algo por el estilo. ¡Vaya usted a saber! Si uno pudiera conocer lo que se habla en contra de uno, no existirían los seres envidiosos, solapados y mezquinos.

En un ensayo con Teresita Fernández para sus presentaciones en Monseigneur

En ese trance el INIT dispuso mi traslado de Monseigneur para el club El Coctel, que iba a inaugurarse, sin ello causar una disminución de mi cariño hacia Bola. Por última vez nos encontramos un día en la calle y me pidió una copia de mi obra «Dame la mano y danzaremos», pues deseaba cantarla. Con aquella solicitud, creo que ponía fin a una historia de intrigas de los recelosos.[239]

De Bola de Nieve como convidante en Monseigneur refiere sus impresiones el narrador e investigador Reynaldo González, Premio Nacional de Literatura 2003:

> Yo iba a comer con frecuencia en Monseigneur y Bola de Nieve tenía allí muchas deferencias conmigo, porque había surgido entre nosotros una especie de complicidad, de *liaison dangereuse*, desde que empezamos a coincidir en reuniones o fiestas organizadas por el Consejo Nacional de Cultura, a las cuales asistían funcionarios del sector un poco empacados, solemnes y aburridos. Y Bola —poseedor del gracejo popular que tanto disfruto— hacía unos apartes conmigo en medio de esos *petits comités* para ambos cortarles la leva a aquellos individuos. En tal sentido lo animaba una donosura especial, sin nunca ser hiriente ni vulgar; al contrario, solo trataba de sacarle cierta picardía, cierta alegría de vivir, a ocasiones tan ceremoniales.
> Entonces, al yo ir a Monseigneur, me decía: «Espérate, que ahorita dispongo de un rato de descanso», y enseguida iba hasta mi mesa, en la cual se comportaba muy simpático, me contaba chistes: «¿Qué te parece mi último peinado a la moda?. Viste cómo me hice la raya al medio». Generalmente hacía ese tipo de distanciamiento de su propia persona y siempre —con una gracia muy fina y digna de agradecer— se refería a su gordura, su calvicie, su pequeña estatura, su bemba o el color negro teléfono de su piel... Todo eso lo recuerdo con mucho sentimiento...
> Conocí a Bola luego de trasladarme definitivamente,

---
239. Testimonio que el autor graba a Teresita Fernández en el 2000.

en 1962, de mi natal Ciego de Ávila para La Habana, donde al principio trabajaría de jefe de redacción de la revista *Pueblo y Cultura*, aparte de atender la divulgación de toda la esfera cultural desde el Consejo Nacional de Cultura. De inmediato me di a la tarea de buscar a los que de manera trascendente formaban parte del medio con la finalidad de hacerles reportajes, entrevistas, de que su presencia fuera constante en la publicación. Él era muy amigo del arquitecto Ricardo Porras, quien, al presentármelo, me dijo: «Guajiro —como él me llamaba—, aquí tienes a un grande. No todos los días tengo el chance de presentar a uno que es grande».

Así entré en el círculo de admiradores de Bola de Nieve, un hombre sin una voz excepcional y, sin embargo, qué clase de artista. Es increíble cuando uno lo analiza: poseía las dotes de un buen pianista, seguía la tradición de la pianística cubana con un *donaire* particular y, conociendo sus recursos y debilidades como intérprete, se acompañaba a sí mismo con un gracejo irrepetible.

He visto a mucha gente acompañándose al piano, en ese estilo existen figuras de la talla de un Michel Legrand. Sin embargo, Bola representaba otro tipo de espectáculo, de personalidad, era una síntesis de la nacionalidad cubana. Siendo un negro teléfono, cómo él expresaba, podía cantar, con un ingenio tremendo, hasta muy antiguas canciones castellanas o portuguesas. También nos fascinaba por su sandunga única para reflejar el mundo de la pequeña estampa íntima, de la vida cotidiana, de la vida doméstica que aprendió a amar en la Guanabacoa donde vino al mundo.

Al morir un artista famoso de cualquier nación siempre se manifiesta que es una pérdida irreparable. La desaparición física de Bola de Nieve, igual que ha sucedido con otros grandes de la canción y de la escena en Cuba, nos deja un inmenso espacio aún sin cubrir. A veces pienso que él no se ha ido mientras observo y oigo a determinados cantantes nuestros en quienes asimismo noto la fineza regalada a Cuba por Bola, una fineza tan necesaria para enfrentar la lamentable tendencia a la chabacanería en estos tiempos. En ese refinamiento intrínseco de algunos intérpretes criollos, me doy cuenta de que Bola permanece aquí y veo renacer su gracia cubana, que ninguna relación guarda con lo vulgar ni lo populachero, que no está en la corteza, sino en la raíz de la cubanía.[240]

Solo giras al exterior o momentos de enfermedad, hasta su fallecimiento, impiden la presencia cotidiana de Bola de Nieve en Monseigneur a lo largo de unos seis años. Las habituales disneas asmáticas que cansarán su corazón no obstaculizan su deseo de regalar lo mejor de su arte y conversación al público sentado cada noche en las mesas, integrado —con frecuencia— por amigos intelectuales que le otorgan el rango de símbolo nacional, entre ellos el poeta y ensayista Roberto Fernández Retamar, Premio Nacional de Literatura 1989:

> Cuentan que hace poco, de vuelta de uno de sus muchos viajes, Bola de Nieve se encontró en «Guanabacoa la bella» con un amigo de infancia que le dijo: «Pero Ignacio, muchacho, ¿qué te has hecho? ¿En qué estás trabajando?». Raro privilegio el de ese cubano: ignorar que Ignacio Villa, nacido en Guanabacoa cuando este siglo era todavía nuevo, se había hecho nada menos que Bola de Nieve, y con ese nombre de guerra había recorrido el planeta, dejándolo distinto, más feliz y más triste, tarareando algunas melodías que creía olvidadas o creía recordadas. En cierta forma, envidiamos a ese cubano, como envidiamos a quien todavía no ha leído una página de Carpentier o un verso de Eliseo Diego, o no ha visto un cuadro de Mariano, o no se ha tomado su primer refresco de guanábana: tiene por delante placeres verdaderos y refinados; tiene por delante un mundo. Pero seguramente somos más dignos de envidia nosotros, el resto de los cubanos, que hemos pasado parte de nuestra vida oyendo a Bola de Nieve, oyendo su «voz de persona» hablándonos del amor y de la espuela de plata y del corazón y de la paloma que se

---

240. Testimonio que el autor graba a Reynaldo González en 1998.

equivocó. Hace cuarenta años que Bola forma parte de nuestra vida nacional, como si fuera un atardecer (que regresa siempre lujoso y sencillo) o las palabras que nos repitieron de niños.

Alguna vez he pensado (y he dicho) que él nos consuela un poco de no haber conocido a García Lorca. Con Bola ha entrado en nosotros un pedazo del mundo; y con él Cuba ha estado, está, más en el mundo. [...]. Con un sentido distinto que el de aquel beatífico ignorante, podemos decirte: «¿Qué has hecho, Bola, que ya no podemos concebir nuestra vida sin que en ella aparezca tu voz universal, grande y pequeñita, y nos deje los ojos húmedos y las manos aplaudiendo?»[241]

Con la Orquesta del Teatro Nacional —que dirige Tony Taño—, Bola de Nieve participa en las presentaciones que Josephine Baker inicia en ese coliseo el 6 de enero de 1966 como parte del programa cultural en ocasión de celebrarse en la capital cubana la Conferencia Tricontinental. Y al cumplirse este año el 53 aniversario del Museo Nacional de Bellas Artes, en su sala-teatro realia un concierto el 17 de febrero, en el cual interpreta catorce obras.

Alex Cardini, jr., le extiende otro contrato este año, y en septiembre regresa a México para actuar en Cardini Internacional. En esas semanas canta en programas de televisión y brinda recitales en el Teatro de los Compositores, entre otras plazas. Acerca de la trascendencia del nuevo viaje, José Sabre Marroquín subraya:

> Bola de Nieve ha vuelto a México. Lo que es decir que ha vuelto, desde su hogar cubano, al hogar que tiene, *ad perpetuam*, en este lado del Caribe.
> La noche de su debut, en Cardini, ni uno solo de sus amigos mexicanos faltamos a la cita. Aunque hay que aclarar que, como Bola tiene aquí alrededor de cuarenta millones de amigos fieles —solo se exceptúan uno que otro sordo

---

[241]. Estas notas aparecen en un file del Centro Odilio Urfé destinado a recoger informaciones sobre Bola de Nieve. No se registran la fecha ni la publicación correspondiente. Por las décadas que en ellas se citan con respecto a la labor artística de Ignacio Villa, y el formato del papel en el cual están impresas, puede suponerse que son redactadas por Roberto Fernández Retamar para el programa del concierto de Bola en el Amadeo Roldán el 25 de julio de 1970.

incurable—, no todos alcanzamos mesa... de pista.
Conocemos a Bola desde hace... Bueno, ¿para qué mencionar años? El hecho importante es que lo queremos desde siempre. Y conociéndolo, lo admiramos de veras. Por su voz de rico, original matiz pícaro, melancólico, alegre, dulce, sentimental. Todo de un golpe. Y por su piano, riente unas veces, solemne otras, pero magistral siempre. Un piano que emociona, que enamora, que embruja (ésta es la palabra exacta: que embruja). Y por su entraña de hombre bueno. Y por su espíritu cubanísimo, que es decir espíritu limpio, espíritu gentil.
La noche de su debut, por poco nos amanecemos, ¿quién iba a sentir cansancio? Una canción: una ovación. Otra canción: otra ovación más fuerte. Hasta el delirio. No exageramos. Cada nueva visita de Bola, lo hallamos más cuajado, más consistente, más dueño de su arte único (aunque parezca imposible que a su edad se pueda crecer todavía). Por eso aplaudimos hasta que las manos nos dolieron, gustosamente.
Las noches siguientes, el panorama cambió, es cierto: las ovaciones fueron más nutridas, los aplausos fueron más entusiastas. Esta es la única «bola de nieve» que no va pendiente abajo, sino arriba siempre. Y luego, la televisión, a todo esplendor (para los que no han alcanzado mesa de pista y que, como decimos por acá, «también tienen su corazoncito»). Un triunfo cabal, pues, porque este Ignacio Villa Fernández no tiene en su agenda mexicana otro resultado posible que ese: triunfar.
Cardini tiene buena pupila, oído certero. Por eso, él se frota las manos de contento ante el éxito magnífico de su artista exclusivo, noche a noche, infaliblemente. Nosotros, a pecho abierto, participamos —¿y cómo que no?— de ese contento, noche a noche también.
No hay, sin embargo, felicidad completa: Bola de Nieve ha de regresar a su palmar amado, a su Cuba preciosa. ¡Ni modo, manito! Pero algo nos consuela. Cuando Bola nos dice: «¡Chico, me voy, pero volveré pronto!», nosotros respondemos de inmediato: «¡Anda, toma el avión! Al cabo, tu afecto y tu música, que son de Cuba y son del

mundo, se quedan con nosotros también. ¿No dijo por ahí, hace unos días un columnista, que tú ya perteneces, por derecho propio, a nuestro inventario nacional?».[242]

Desde el 12 de enero de 1967 la cartelera del cabaret del hotel Capri anuncia, por unas semanas, la presencia de Bola de Nieve en un espectáculo que dirige Rogelio París e incluye asimismo a Daysi Granados, quien luego deviene una de las más prestigiosas actrices de la cinematografía criolla.

Cuatro días después, inaugura en la playa de Varadero los recitales que artistas criollos ofrecen en el restaurante Las Américas (antigua residencia Dupont) para el disfrute de unos cuarenta poetas y críticos de América Latina, Estados Unidos de Norteamérica y Europa invitados, hasta el día 21 de ese mes, al Encuentro con Rubén Darío, el cual —en homenaje al centenario del natalicio de este intelectual nicaragüense— auspicia la Casa de las Américas.

Son ostensibles entonces las estrechas relaciones de amistad que unen a Bola con un grupo de poetas de la delegación latinoamericana participante en el foro: César Calvo (Perú), Enrique Lihn (Chile), Roque Dalton (El Salvador) y Thiago de Mello (Brasil).

> Recuerdo la profunda emoción que me provocó la primera vez que vi y oí a Ignacio, mi querido hermano Bola de Nieve. Fue en la sala-teatro de la Universidad de Santiago de Chile, en 1961, cuando yo era el agregado cultural de la representación diplomática de Brasil en Chile. El embajador de Cuba en ese país me envió una invitación para que asistiera al concierto y después me explicó por teléfono que el gran artista quería conocerme, pues era lector de mis poemas y amaba todo lo que se relacionara con mi patria [cuenta el poeta y ensayista Thiago de Mello].
>
> Había comenzado el acto —programado a las once de la mañana—, al yo llegar a la sala y en ese momento él cantaba «Vete de mí». No quise pasar y sentarme en el lugar que me reservaran, sino permanecer parado en la entrada, conmovido por la belleza de su interpretación,

---

242. José Sabre Marroquín: «Bola va y... vuelve». *Bohemia*. La Habana, 16 de septiembre de 1966.

la riqueza de su voz, de la cual parecía salir la armonía que comandaba su piano. Terminó el concierto y me quedé poéticamente fascinado. Han transcurrido varias décadas y desde entonces comprendí que la poesía no solo existe en los textos creados con palabras, sino en diversas manifestaciones artísticas: un concierto de clarinete de Mozart, en las pinturas de Chagall y Renoir... La poesía estaba y está en el arte, el canto y la invención musical de Bola de Nieve.

Nos presentaron y, con la naturalidad que la vida me diera desde niño, le pregunté dónde iba a almorzar. «No sé», me dijo. «Pues vamos a almorzar en mi casa». Yo vivía en La Chascona, la hermosa vivienda que construyera en Santiago de Chile Pablo Neruda, quien me la arrendó a un precio de camaradas los cinco años que permanecí en esa ciudad.

Ese día la cocinera había preparado unas costillas de cerdo, a mi manera, o sea, remojadas en un aliño desde la noche anterior, que a él le encantaron. Y en el postre, acompañado de más conversación, nos pusimos a cantar. Quiso que le interpretara «en brasileño» «Faixa de cetim», de Ary Barroso, para corregir una nota, pues no daba el *si* bemol correspondiente en una sílaba de la pieza. Después, como no tenía un piano en la casa de Neruda, busqué mi guitarra y cantamos obras de Dorival Caymmi.

Pasó el tiempo, yo le mandaba mis libros y recibí cartas de él en Chile, correspondencia que años más tarde destruirían los primates de Pinochet al quemar mi biblioteca, mis papeles... Pero en 1967 vine a Cuba para participar en Varadero en el Encuentro con Rubén Darío, e integrar seguidamente, por primera vez, el jurado de poesía del concurso literario Casa de las Américas.

Llegué, descansé dos días y en el ómnibus que nos trasladaría hacia la playa me puse a leer el programa de las actividades. De repente, oigo la extraordinaria voz de Bola, que dice: «Thiago, ¡qué alegría! ¡¿Seguramente el otro asiento está reservado para mí?!». Me abrazó y se sentó a mi lado. Hablamos, cantamos y nos reimos mucho a lo largo del viaje...

Él dio un maravilloso concierto al iniciarse el Encuentro con Rubén Darío en Varadero y hacia los finales del evento presentó a un grupo musical que por esos días formamos Roque Dalton, César Calvo, Enrique Linh y yo, que era el director, al cual incorporamos a Aida Santamaría[243] y, como figurante, a una negra linda: la poetisa Nancy Morejón. Mi querido Bola de Nieve fue hacia el micrófono y anunció: «Ahora, con ustedes, un famoso conjunto latinoamericano: Los Babosos».

Con una dignidad desconocida por nosotros, salimos ante el público. Roque Dalton dijo: «Aunque muy fatigados de nuestra reciente *tournée* por barrios de Londres, La Habana y Tegucigalpa, vamos a ofrecerles una obra compuesta en la mañana de hoy». Acto seguido cantamos lo siguiente, utilizando la melodía del tango «Volver»:[244]

Rubén, con la lira marchita,
llegaste a la cita
cien años después.
Rubén, que cien años es mucho,
ya no queda ni un pucho
del famoso Parnaso
que hiciste una cama
abreviando, muchacho.
Rubén, ya nos diste la lata,
no metas la pata
cien años después.

No hubo aplausos. Pero la inolvidable Haydée Santamaría, presidenta de la Casa de las Américas, se levantó del asiento y empezó a aplaudir. Nos dio respaldo oficial y, de inmediato, todo el mundo se paró y la imitó. Fortalecido por esa reacción, expresé mi agradecimiento a los presentes, hice un gesto de saludo a mis hermanos cantores y, con solemnidad y gentileza, expliqué que interpretaríamos una segunda obra. Con la melodía de

---
243. Haydée Santamaría, presidenta, durante varios años, Casa de las Américas.
244. «Volver», tango con letra de Alfredo Lepera y música de Carlos Gardel.

«Adiós muchachos»,[245] cantamos:

*Adiós muchachos,
compañeros de congreso,
mañana mismo
cortamos caña.
Pobres muchachos,
no sabemos comportarnos,.
mi cuerpo entero
no resiste más.*

*Siete días de congreso
nos han desconflautado.
Siete días de congreso
fastidian hasta un buey.
Por eso les decimos
que nos perdonen,
y si nos tiran algo
que sea una mujer.*

La ovación resultó unánime. Bola se rio con sumo placer y elogió mi musicalidad. «¡Oye, qué buena afinación tienes!», me dijo al finalizar la actuación de Los Babosos. Y al regresar a La Habana, terminadas mis tareas en el jurado del premio Casa de las Américas, me invitó a una comida en la cual también participaron Roque Dalton, César Calvo, Julio Cortázar y su compañera, la escritora Ugné Karvelis, Marcia Leiseca[246] y Chiqui.[247] Cuando finalizó nos dijo: «Ahora tengo que trabajar en Monseigneur», y todos lo seguimos a ese restaurante, en el que hizo una genial audición, aún me parece escucharlo allí interpretando «Ay, amor».

Aquella noche, al despedirnos en el hotel Nacional, me preguntó cuántos días me quedaban en La Habana.

---
245. «Adios muchachos», tango con letra de César Vadani y música de Julio César Sanders.
246. Marcia Leiseca ha ocupado distintos cargos en el sector de la cultura. En la actualidad es la vicepresidenta de la Casa de las Américas.
247. Durante varios años María Luisa Salsamendi (Chiqui) dirige el Departamento de Prensa de la Casa de las Américas.

Le precisé la cantidad, eran cuatro o cinco. «Entonces, páselos conmigo para que me enseñe la canción «Esta fazendo um ano e meio, amor», de Ary Barroso, de la que aún no me sé toda la música y la letra». Acepté su propuesta. Repasamos la canción —la cual llegó a interpretar mejor que muchos artistas brasileños— y quedó tan complacido con nuestra labor que me confesó: «Esa canción debió hacerla Ary Barroso para mí». Por lo tanto, pienso que si en algo contribuí al arte de mi hermano Ignacio fue con tal pieza de mi coterráneo.

Todos los días Bola iba para la cocina a preparar la cena. ¿Qué quieres comer?», me interrogaba. «Lo que tú desees, pero que sea comida cubana». Él sabía que al atardercer me gustaba tomar un trago de *whisky* y me lo servía. Se sentaba ante su piano y me decía: «¿Qué quieres que te cante?». Yo me emocionaba con esas cosas y disfruté de mucho afecto, disciplina y respeto en su hogar, donde conocí a Pablo Milanés, uno de los grandes compañeros que hoy tengo en la vida.

Me encontraba en el exilio al morir Ignacio en México. Pero él sigue vivo dentro de mí por su amistad, su ternura y la belleza de su arte. Y... ¿cómo lo escucho actualmente?.... Yo vivo a la orilla del río Andirá, un afluente del Amazonas, donde tengo una linda casa proyectada por el maestro Lúcio Costa. Allí, por lo menos dos veces a la semana, muy temprano en la mañana o al atardecer, pongo sus grabaciones en mi equipo de sonido, le subo el volumen y me voy lejos para que su voz se expanda en aquella floresta y me llegue, filtrada por el viento, entre el rumor de las ramas de los árboles, como si ellos participaran del arte de Bola de Nieve.[248]

El 7 de abril de 1967 Bola de Nieve parte hacia México ante la solicitud para actuar durante otra temporada en Cardini Internacional, a lo cual se añaden presentaciones en la televisión y conciertos, entre los cuales se destaca el correspondiente al 18 de julio en el centro cultural Coyoacán, del Distrito Federal, bajo el patrocinio del Instituto Mexicano-Cubano de Relaciones Culturales

---

248. Testimonio que el autor graba a Thiago de Mello en el 2005.

José Martí. Allí son ovacionadas sus interpretaciones de «Se equivocó la paloma» (Guastavino-Alberti), «El caballero de Olmedo» (Solano-Ochaíta-Valerio), «Tu ausencia» (María Grever), «Me contaron de ti» (Touzet), «La flor de la canela» (Chabuca Granda), «Chivo que rompe tambó» (Simons) y «Balada», texto de Guillén que musicaliza Ignacio Villa:

«*La poesía estaba y está en el arte, el canto y la invención musical de Bola de Nieve*»

Thiago de Mello

Ay, venga, paloma, venga
y cuénteme usted su pena.

—Pasar he visto a dos hombres
armados y con banderas;
el uno en caballo moro,
el otro en potranca negra.
Dejaran casa y mujer,
partieran a lueñes tierras;
el odio los acompaña,
la muerte en las manos llevan.
¿A dónde vais?, preguntéles,
y ambos a dos respondieran:
Vamos andando, paloma,
andando para la guerra.
Así dicen, y después
con ocho pezuñas vuelan,
vestidos de polvo y sol,

armados y con banderas,
el uno en caballo moro,
el otro en potranca negra.

Ay, venga, paloma, venga
y cuénteme usted su pena.

—Pasar he visto a dos viudas
como jamás antes viera,
pues que de una misma lágrima
estatuas parecen hechas.
¿A dónde vais, mis señoras?,
pregunté a las dos al verlas.
Vamos por nuestros maridos,
paloma, me respondieran.
De su partida y llegada
tenemos amargas nuevas;
tendidos están y muertos,
muertos los dos en la hierba,
gusanos ya sobre el vientre
y buitres en la cabeza,
sin fuego las armas mudas
y sin aire las banderas;
se espantó el caballo moro,
huyó la potranca negra.

Ay, venga, paloma, venga
y cuénteme usted su pena.

Unos días más tarde Bola de Nieve viaja de Ciudad de México hacia Canadá para completar la embajada artística que, del 22 al 26 de julio, representa a la isla caribeña en la Semana de Cuba en la Expo 67 de Montreal. Según el programa, actúa en el espectáculo Fiesta Cubana, en el teatro Maisonneuve. A su paso por el bar-restaurante Caney, del pabellón cubano, lo saludan varias personalidades, entre otras, Miriam Makeba, la primera cantante sudafricana en alcanzar reconocimiento internacional.

La Expo 67 resultó impresionante a causa de los numerosos pabellones de países de todo el mundo que se dieron cita en Montreal. Yo fui al frente de la delegación artística cubana enviada por el Consejo Nacional de Cultura, la cual integraron ciento seis prestigiosos artistas de distintas manifestaciones, con los que partimos directamente desde La Habana hacia Canadá a bordo de un avión Britania. El número ciento siete fue Bola de Nieve, quien, al encontrarse contratado en México, viajó por su cuenta para unirse a nosotros [cuenta el escritor José Matías Maragoto].

Formaron parte del grupo, entre muchos otros, Elena Burke, el cuarteto Los Modernistas, la Orquesta Cubana de Música Moderna, con instrumentistas de la categoría de Chucho Valdés, la Orquesta de Enrique Jorrín, Los Papines, el cuerpo de baile del teatro Musical de La Habana, la actriz Daisy Granados y el director del espectáculo fue Rogelio París.

Cuando se supo la fecha y hora de la llegada de Bola fuimos a esperarlo al aeropuerto, y enseguida se integró maravillosamente a la delegación. Como se hiciera con cada artista del colectivo, le entregamos una cantidad de dólares para sus gastos diarios. Pero sucedió que en una oportunidad coincidímos en una cafetería próxima al teatro Maisonneuve y lo veo tomándose una sopa de tomate. Le pregunté por qué no había pedido otro plato más y me contestó que se le había acabado el dinero.

Aquello me dio mucha pena y rápidamente le di otra suma de dinero. Terminadas las funciones en Montreal, en pleno vuelo del avión que nos traía de regreso a La Habana, Bola se me acercó y entregó un sobre que no abrí de inmediato, sino unos minutos después, en su ausencia. Al hacerlo, estaban las dos cantidades de dinero que se le dieran, no usó un centavo, sus gastos corrieron de su bolsillo, lo cual, ante mis ojos, siempre ha sido un ejemplo de su desinterés material. Porque debo aclarar que en esos años sesenta casi todos los dólares que Ignacio Villa ganó en el extranjero los cambiaba por dinero nacional al volver a La Habana. Era una especie de ofrenda, de contribución con su patria, que siempre habló muy a favor de su persona.

Entre las anécdotas que guardo de él en la Expo 67 de Montreal, recuerdo que Bola no actuó en la primera presentación del espectáculo artístico cubano, sino en la segunda jornada. Estaba en el programa, el público lo esperó, pero los espectadores canadienses no le tributaron los aplausos que siempre recibía al salir a escena en Cuba en medio del ímpetu que lo caracterizaba al dirigirse hasta el piano. Era un público frío y no acogió, como él pensó, su obra escogida para comenzar: «Mesié Julián». Al terminar, el público lo aplaudió normalmente, igual que a los demás, sin la ovación que se merecía y esperábamos.

Al segundo día hizo lo mismo y, al reiterarse la reacción del auditorio, algunos le recordamos que cómo, «La vida en rosa» era un himno en Francia, debía empezar su otra presentación con esa pieza dada la fuerte influencia del sentir francés en Canadá. Así lo hizo y, efectivamente, tan solo al escucharse los primeros acordes de la canción en el piano, a todos los del público se les inflamaron los corazones, se desbordaron de emoción y lo aclamaron de pie.

Los cubanos que estábamos en el teatro también nos emocionamos extraordinariamente, y tal hecho pasó a ser en mi vida un recuerdo inolvidable, tan inolvidable que años después lo reflejé en un texto de mi poemario *Arlequín en las alturas*. Es una evocación de ese momento… un homenaje a un hombre ejemplar y a un artista que estará siempre entre nuestros grandes.[249]

La vie en rose

Si Québec sufría de añoranza
por el vivir francés
y Montreal agonizaba
por hablar en su idioma,
¿cómo reaccionaría con
con su pieza triunfal?

---

249. Testimonio que el autor graba a José Matías Maragoto en el 2005.

Con ovación cerrada,
todos puestos de pie,
¿cómo se explica entonces
que igual reacción provocara
en quienes no somos quebecanos?

Su versión es única,
querido amigo:
«chansonier de nuestro siglo».

De vuelta a La Habana reanuda su quehacer en Monseigneur; el 11 de agosto ofrece un concierto en la Gran Logia de Cuba y el 30 de septiembre actúa en el Amadeo Roldán durante un espectáculo en el cual participa la orquesta de Enrique Jorrín.

Bola recibe el honor de inaugurar el Primer Festival Internacional de la Canción Popular que —del 1° al 16 de diciembre de 1967— se celebra en Varadero con la presencia de más de treinta cantantes de diecinueve países. Bajo el auspicio del Consejo Nacional de Cultura, por primera vez se organiza en Cuba un evento de tal tipo y en su nómina de invitados extranjeros aparecen los nombres de Massiel (España), Sergio Endrigo y Jenny Luna (Italia), Jose Bartel e Isabelle Aubret (Francia) July Shóguely (Unión Soviética), Ewa Demarczyk (Polonia), Margareta Pâslaru (Rumania), Yordanka Hristova y Margarita Radinska (Bulgaria), Zsuzsa Koncz (Hungría) y Eva Pilarová (Checoslovaquia), entre otros.

En la lista de los intérpretes cubanos se destacan los nombres de Rosita Fornés, Elena Burke, Omara Portuondo, Maggie Carlés, Miriam Ramos, Armando Pico, María Remolá, Jorge País, los cuartetos Modernistas, Bucaneros, de Meme Solís y D' Aida, el Coro del ICR —Instituto Cubano de Radiodifusión— y la Orquesta Cubana de Música Moderna que, con la conducción de Tony Taño y Rafael Somavilla, acompaña a todas las figuras y colectivos vocales.

Bola concede una entrevista a Raúl Palazuelos, del periódico *El Mundo*, en la cual comenta sus emociones por tener la reponsabilidad de inaugurar el evento, luego de la presentación que le hará Rosita Fornés:

—Yo al Festival he venido como siempre. A los festivales va por lo regular gente nueva, que necesita cartel, y yo he venido como una «ejemplarización» —que se entienda que no quiero decir como «ejemplo», sino como lo típico-específico de algo— en este caso de la cosa cubana pura.

—Mi participación ha sido en plan de exhibir que los cubanos no nos hemos olvidado del «cinquillo» —porque de canción, no puedo hacer más de lo que hago yo, a quien ha tocado en suerte ser el único que se dedica a cultivar el género de «decir la canción», de decir lo que tienen por dentro las canciones, además de acompañármelas al piano.

[...]

—La idea del Festival me parece muy buena, para ver si se avivan los compositores cubanos en reencender, en revitalizar la hoguera del estilo cubano auténtico, porque todo lo que hay hoy por hoy está en 12 por 8. En verdad, tenemos ganas los que hemos cumplido más de veinte años de que salga un bolerista que le cante a las palmas, a las cañas, a la luz de este país. Vea, no pido tanto como el indiscutible *Arrullo de palmas*, de Lecuona, que creo que fue la última canción cubana que salió de la auténtica música de este país, pero sí algo que tenga aquel espíritu vibrante de cubanía.[250]

Miriam Ramos, que da sus primeros pasos en el canto como solista poco antes del Festival Internacional de la Canción Popular Varadero 67, evoca esos días:

> En mi infancia conocí a Bola de Nieve a través de la pantalla del televisor de mi casa y, sobre todo, por la emoción que despertaba en mi padre, era su artista favorito. Dada mi edad, no comprendía lo que él hacía, pero mirando a mi papá, mientras Bola actuaba, esa fascinación paterna, ese momento mágico, fue como una herencia que agradezco muchísimo.
> Cuando me inicié en los caminos de la música y pude comprender su propuesta artística recurrí mucho a sus

---

250. Recorte de prensa perteneciente al archivo del autor, sin identificarse la publicación ni la fecha. Nada más se especifica que el periodista Raúl Palazuelos integra la redacción de *El Mundo*.

grabaciones discográficas y perseguía sus actuaciones hasta que en una ocasión la vida quiso ser bondadosa conmigo y tuve la oportunidad de compartir con Bola de Nieve en el escenario del Amadeo Roldán durante un espectáculo mixto y un elenco de consagrados, en el que yo era la única debutante como solista. Ahí tuve la experiencia de que al concluir mi actuación en el ensayo general bajé a la platea, en la cual estaban el director, algunos técnicos, músicos e intérpretes, y —con suma ingenuidad— les pregunté: «¿Qué tal estuve?».

Todos me contestaron, excepto Bola, que me miro muy serio. Poco después, se levantó de su asiento y me dijo: «¡Ven acá!». Fuimos hasta uno de los pasillos de la entrada a la platea del teatro y, con el dedo índice de una de sus manos, moviéndolo sobre mi rostro, me alertó en tono sentencioso: «Nunca más hagas esa pregunta. ¡La única persona que puede saber cómo estuviste eres tú misma!». En aquel instante permanecí muda; el regaño, si bien fue dulce, era fuerte a la vez, para comprenderlo en su dimensión real faltaría su gestualidad.

Durante la función de la noche mi intervención resultó exitosa. Aún resonaban los aplausos cuando comencé a bajar unos escalones que terminaban detrás de las cortinas de uno de los laterales del escenario, donde Bola de Nieve se situó muy sonriente y los brazos cruzados sobre el pecho. Necesariamente estaba obligada a pasar por ese punto, a enfrentarme con él, y al llegar, en gesto de caballerosidad, extendió una de sus manos. Aún sujetándome con ella, me miró a los ojos y preguntó: «¿Qué tal estuviste?», y exigió una respuesta. Eso sería una enseñanza inolvidable, aunque tan solo el hecho de integrar el público de Bola, de verlo en la escena, era más que suficiente para mí.

Después coincidimos en la delegación cubana al Primer Festival Internacional de la Canción Popular Varadero 67, en la cual estaba otra artista que admiré mucho: Elena Burke. Yo me sentía fuera del grupo; todavía no era solista propiamente, estaba haciendo mis pinitos en ese sentido, pero seguía en el Coro Nacional. Sin embargo, lo tomé muy en serio, aprendí muchísimo y recibí demasiados honores al formar parte de un grupo en que él se encontraba.

No era uno la misma persona, y mucho menos el mismo artista, después de encontrarse con Bola de Nieve. Este hombre era capaz de demostrar a cualquiera que la profunda belleza del alma humana crece en la medida exacta en que se es capaz de entregarla. Y él fue maestro en este arte de entregar belleza aun cuando la falta de atributos físicos convencionales parecería, al más ciego, poder mutilarle esa capacidad.

Al pasar los años, su magia —lejos de disminuir— ha aumentado en mí, pues he ido analizándolo más y más. He comprendido cuán difícil es de lograr lo que él hizo con tanta maestría. Fue un artista con mayúscula, dada su condición de gran actor. Bola sería la primera persona en quien concienticé cómo cantar a partir de distintos personajes. Porque el de «Chivo que rompe tambó» no era igual al de «Mamá Perfecta» y mucho menos al de «La vida en rosa». También me asombra su talento al componer. No se le puede juzgar superficialmente en tal aspecto. Siempre había una profundidad en sus criterios, en su vida, que asimismo dejó plasmada en sus obras. Hay textos de su autoría aparentemente simples, pero todas las palabras son expresadas con la sagrada simpleza de lo sabio. Para resumir sus virtudes profesionales no sé si resulte pequeña esta frase: un genio de la música cubana.[251]

Bola de Nieve participa en actos artísticos que se organizan en la capital cubana al celebrarse —del 4 al 11 de enero de 1968— el Congreso Cultural de la Habana, a cuyas jornadas asisten cerca de quinientos intelectuales de más de sesenta países. El día 23 de ese mes brinda un recital en el Liceo de Guanabacoa, y el 10 y 11 de agosto de ese año asume la dirección de la orquesta, en el Amadeo Roldán, durante un espectáculo de música tradicional criolla con la participación de Zoila Gálvez, Esther Borja, Barbarito Diez, Luis Carbonell, María Cervantes, Ramón Calzadilla, Huberal Herrera,

---

251. Testimonio que el autor graba a Miriam Ramos en 1998.

Alba Marina, Marta Jean Claude, Esther Valdés, Mariana Ramírez Corría, Gustavo Lázaro y las Hermanas Lago.

Con Carlos Puebla, compositor, guitarrista y cantante

Vuelve a México —en octubre de 1968— como miembro de la embajada cultural que actúa en el desarrollo de los XIX Juegos Olímpicos, los cuales se realizan en el Distrito Federal del 12 al 27 de tal mes. Posteriormente acepta un nuevo contrato en Cardini Internacional, en cuya cartelera lo identifican «La voz con alma». La prensa también cita su presencia en el Auditórium Municipal, de Ciudad de México; y en conciertos suyos en el teatro Degollado, de Guadalajara; y el Instituto Mexicano-Cubano de Intercambio Cultural, en Mérida, Yucatán.

A consecuencia de un viejo padecimiento, la diabetes, en enero de 1969 Ignacio Villa sufre una cardiopatía arterioesclerótica que lo obliga a mantener un estricto reposo varias semanas. Una vez restablecido, se incorpora a sus actividades cotidianas e, incluso, realiza una extensa y exitosa gira que abarca Holanda, Austria, Suiza, Dinamarca, Inglaterra, Italia, Francia y España. A mediados de abril retorna a La Habana y declara a la prensa:

—Si uno pudiera morirse de satisfacción, yo me hubiera muerto en Madrid. Cuando el público se levantó y empezó a dar vivas a Cuba. Fue un momento que nunca podré olvidar.

—[...] en Holanda actué en un bello castillo y en Viena fui filmado para la televisión. Los austríacos se desvivían por hablar español. En Londres, también fue muy interesante. [...]. Berna y Copenhague fueron exquisitos. En Roma fui gentilmente atendido por Don Tommaso del Pelo Pardi y por Sergio Endrigo; ambos se interesaron mucho por la marcha de los acontecimientos en nuestro país.

—París fue como siempre: frívolo, pero delicioso. Y al final del viaje: Madrid. Fue la más grata impresión. Yo no iba a España hacia años. Es tremenda la admiración que sienten allá por los cubanos [...].[252]

Bola de Nieve y tres notables artistas cubanos: la pianista Ivette Hernández, (a la izquierda), la soprano Iris Burguet y el compositor y director de orquesta Gilberto Valdés

El 10 de mayo reaparece en el Amadeo Roldán en un concierto que patrocina el Consejo Nacional de Cultura. Entre ese mes y noviembre actúa en la sala del Museo Nacional de Bellas Artes, en el Sauto, de Matanzas, y en los orientales centros urbanos de Holguín, Bayamo y Santiago de Cuba. Los días 26, 27 y 28 de diciembre de 1969 Bola de Nieve comparte con María Cervantes y Zenaida Manfugás durante unos recitales en la sala Federico García Lorca, del teatro Nacional.

---

252. *Granma*. La Habana, 19 de abril de 1969.

Además de sus compromisos en el interior de Cuba y La Habana, en el segundo semestre de 1970 hace su penúltimo viaje a México, donde llega a sentirse bastante enfermo. Tal y como está vestido —en pantuflas y *pullover*— toma el primer avión que le resulta posible y, desde el aeropuerto de Rancho Boyeros, llama por teléfono a Raquel Villa: «¡Oye!, habla Ignacito, ¿cómo están?».[253] Pensando que aún se encuentra en la capital mexicana, su hermana le da un recado para unos amigos de allá. Enseguida le aclara: «Oye, yo no estoy en México. Estoy aquí en el aeropuerto, ven a buscarme que me siento muy mal».[254]

Un infarto cardiaco daña la salud del artista. No ignora la difícil situación que entonces atraviesa y, a modo de confesión, expresa a Raquel: «Creí que me moría y tuve que salir corriendo para Cuba. Quiero que me entierren en Guanabacoa cuando me muera».[255] Los dos meses que permanece en el hospital Manuel Fajardo no disminuyen la firme voluntad que lo anima para seguir prodigando su arte. Con su característico gracejo comenta: «Los trastornos que me está ocasionando la diabetes no me incapacitan para continuar martirizando al piano y a mi público».[256]

Si bien durante tantos años logra soportar el asma padecida desde niño y luego la diabetes que lo obliga a bajar de peso, Bola no concibe en 1970 aquellas afectaciones en el funcionamiento de su corazón. Ni Raquel Villa, ni sus restantes hermanos, ni sus amigos logran impedir su deseo de reemprender las faenas derivadas de su profesión al experimentar cierta mejoría.

Vuelve a su ritual de levantarse bien temprano e iniciar el ensayo diario de tres o cuatro horas, a recitales en La Habana u otras ciudades cubanas y a deleitar a los comensales en Monseigneur, derrochando la misma seguridad que siempre le transmitieran su voz y sus manos. Por esos días formula interesantes observaciones sobre el estado de la cancionística nacional:

> ¿Hay alguna cosa que pueda compararse a *Flor de Yumurí*, de Jorge Anckermann, a *Siboney*, de Lecuona, a

---

253. Antonio Conte: «Bola: déjame que te cuente». *Cuba Internacional*. La Habana, enero de 1972, p. 67.
254. Ibídem.
255. Ibídem.
256. Reinaldo Peñalver Moral: «Y fue su último viaje...». *Bohemia*. La Habana, 15 de octubre de 1971, p. 39.

La bella cubana, de White? Ningún músico actual logra dar lo cubano en sus canciones. De ahí el estancamiento de mi repertorio cubano. No hay actualmente nada que sepa a Cuba. Poetas los hay; pero músicos no veo por ningún lado. Nadie tiene valor para ponerle música a un poema de Guillén, de Retamar, de Pita Rodríguez, de otro poeta. Yo tampoco puedo hacerlo, pues no me considero compositor.

Me preocupa mucho que hoy no se haga música cubana, y que todos nuestros compositores crean que son poetas. Obligatoriamente tengo que reforzar mis programas con canciones que no son cubanas.

Las cosas negras cubanas, para las cuales se ha creado el término acomodaticio de afrocubano, no son tales. A lo cubano, que nace con personalidad propia, le debemos llamar mulato, puesto que esta isla está hecha por negros y blancos. Esa es la belleza que tiene nuestro país: la mitad de la sangre de cada esquina.

Lo que interesaría más para escuchar fuera de Cuba serían canciones que no fueran solo ritmo (que toda la América lo tiene, por algo es un continente nuevo y lo seguirá siendo eternamente) sino poesía dentro de ese ritmo. Máxime hoy que políticamente lideramos en el mundo, buena falta nos haría movernos más literalmente dentro de la música. Parece que los compositores no tienen idea de que eso hace falta.

De lo que hacen los jóvenes en la actualidad, me gustaría señalar los nombres de Pablo Milanés y Silvio Rodríguez. Silvio es un poeta, un compositor capaz de hacer poesía con las cosas menos poéticas sin abandonar la época que está viviendo. Hablo de esto para significar su construcción musical, el andamiaje que usa.

¿Definirme? Me ha dado por creer que soy un neoclásico de la canción popular.[257]

Al comenzar la segunda mitad de 1971 se informa a Bola de Nieve la próxima llegada de un contrato para ofrecer dieciséis conciertos en Perú, en cuya capital, Lima, sus admiradores —incluida Chabuca

---

257. Ciro Bianchi Ross: Art. cit.

Granda— le organizarían un homenaje. El viaje —que contempla una escala en Ciudad de México— lo entusiasma en extremo y, al recibir la propuesta, afirma: «¡Ya estoy haciendo las maletas!».[258]

Como hay tiempo suficiente cumple con algunos compromisos personales y artísticos. En el Amadeo Roldán participa el 20 de agosto en una función de gala dedicada a Rita Montaner; el 11 de septiembre festeja —rodeado de muchos de sus afectos— su sexagésimo cumpleaños, lo cual, según su opiniones, se trata de «una media rueda más una sexta parte de media rueda, [...] aunque Joséphine Baker trate de simplificar las cosas diciendo que son nada más que tres veces 20».[259] Al siguiente día, asiste al programa Álbum de Cuba, en el que realiza su última presentación televisiva ante los cubanos.

Tras oír cantar a Pablo Milanés en una velada que preparan personas amigas, asegura: «[...] me di cuenta que la música cubana no se muere con los viejos. Que los jóvenes han recogido la bandera y la mantienen pura sin sectarismos. Ya me puedo morir tranquilo, porque sé que la música cubana no morirá. La música popular cubana, que es lo mío. Que en eso he estado toda la vida».[260] Y, a mediados de septiembre, concede su última entrevista, la cual graba en un estudio de Radio Habana Cuba el periodista y director de programas Orlando Castellanos:

> [...]
> —Voy a tener el gusto de volver a Perú, donde he tenido un gran éxito siempre que he ido, y ojalá no me vaya mal esta vez, porque siempre tengo uno de los más grandes recuerdos de América en Perú. Déjame decirte que me siento eminentemente latinoamericano. Me siento tan latinoamericano que me parece que no tengo nacionalidad cuando se trata de este continente, o sea, que pertenezco a todo el continente.
> —*Bola, ¿cuál es tu recuerdo más grato?*
> —Con la cantidad de años que llevo en este trabajo, si te cuento cuáles han sido las anécdotas gratas no tendría para cuando acabar. Como no he tenido casi

---
258. Reinaldo Peñalver: Artc. cit.
259. *Bohemia*. La Habana, 8 de octubre de 1971, p. 50.
260. Marta D. Solís: Art. cit.

ningún recuerdo ingrato, me parece que toda la vida de trabajo, con la música que me gusta hacer, ha sido muy agradable.

—¿*Tu mayor satisfacción?*

El entenderme con mi pueblo. Desde el día que debuté no he recibido ni un reproche del público de mi país e igual ha sido en México, en Chile, en el Perú, en Brasil, en Francia, en los Estados Unidos, en Argentina, en fin, en todos los lugares donde he actuado.

—Me parece que la vida es una maravilla con los sinsabores que tiene en ciertos momentos, porque estos sinsabores son el contrapeso a los momentos gratos. No creo que haya habido un momento tan dulce, capaz de embriagarme, ni tan amargo como para aburrirme de la vida. Todo es bueno en la vida cuando uno cree o se engaña creyendo que está haciendo arte. [...][261]

En medio de las tensiones de los preparativos del viaje, una madrugada Ignacio Jacinto se despierta, estremecido, luego de soñar su fallecimiento en Ciudad de México, cómo lo colocan en un lujoso ataúd, la aflicción de sus amigos de allá mientras lo velan, el traslado de su cadáver a La Habana en una nave aérea y la reunión de incontables personas en la funeraria Rivero.

Dada la confianza existente entre ambos, solo narra ciertos pasajes de esa premonición a su cardiólogo en el hospital Manuel Fajardo, el doctor Muñoz, quien, al solicitarle Bola su criterio con respecto al viaje, le aconseja hacer el mayor reposo posible y cancelar la gira, teniendo en cuenta que siempre afectan la salud del visitante extranjero los 2 240 metros de altitud de la capital azteca sobre el nivel del mar.

Aunque tal presagio lo incita, además, a consultar los orishas —que también le indican permanecer en Cuba—, determina mantener el viaje. En definitivas, de hacerse realidad lo soñado, nada mejor si la muerte lo sorprenda en la tierra donde treinta y ocho años atrás nace, con sentido profesional, su personaje Bola de Nieve.

---

261. Orlando Castellanos: Ob. cit., pp. 40-41,

México es para mí lo más grande [...]. Yo no sé vivir sin México, sin el tequila, sin los chiles, sin las tortillas, sin Sabre, sin la «Güera»,[262] [...], sin Medina,[263] [...], sin los que amo allá. Yo no sé vivir sin eso. Hasta la revista *Siempre* me hace falta... Yo amo a Cuba. Yo soy lo que soy porque soy cubano. Pero [...] cuando en Cuba nadie me conocía, en México me aplaudían y me pagaban por cantar y tocar el piano. Y yo llenaba lugares. El público mexicano me hizo. Allí me dieron el empujón [...].[264]

Luis Medina, uno de los más queridos amigos mexicanos de Ignacio Villa

Acompañándose en su Steinway, el miércoles 29 de septiembre canta en la sala de su apartamento —ante un grupo de íntimos— obras de su repertorio incluidas en sus programas para el público peruano, entre las cuales figura el estreno de «Otro silencio», con letra de de Ramiro Garza y música de Adolfo Guzmán:

Para el instante que soñé contigo/ tengo el recuerdo de la eternidad./ Nadie ha de verme sollozar tu olvido,/ nadie sabrá;/ para los besos que jamás me diste/ guardo la angustia del quererte amar.// Nadie ha de verme recordar tus ojos,/ nadie sabrá;/ para la muerte que el amor alcanza/ tengo la solución más celestial./ Nadie ha de verme bendecir tu sombra.// Nadie sabrá...

---

262. Así llamarían a la esposa de Sabre Marroquín.
263. Se trata del ingeniero Luis Medina, en cuya casa del Distrito Federal Bola se hospeda con frecuencia.
264. Marta D. Solís: Art. cit.

En horas de la tarde del jueves 30 de septiembre prepara sus maletas ante Raquel Villa, Rafael López, su entrenador en el piano, y la periodista mexicana Marta Solís, a la que jocosamente manifiesta:

[...] he de llevar mis trapitos, en la maleta. Y mis camisitas viejas. Y déjame esa maleta vieja, que me gusta que parezca que viajo mucho. No me gusta ir con maletas nuevas y bonitas. Quiero maletas con chichones de otras maletas. Solo Rockefeller, que no trabaja y que tiene sirvientes que le llevan sus maletas por los aeropuertos del mundo, anda con maletas nuevas, aunque viaja mucho. Pero es que él no va a trabajar [...] es el símbolo de la holgazanería... Otros trabajan para él... Yo, Bola de Nieve, como, porque trabajo.[265]

Poco antes del mediodía, el viernes Primero de octubre de 1971 Ignacio Villa arriba, por vía aérea, a la capital azteca, en la que debe permanecer unas treinta y seis horas, pues la partida hacia Lima está fijada en la noche del sábado. Al describir el instante de la llegada, un periodista afirma: «Traía su sonrisa de siempre y nadie podría percatarse de que no vería el sábado mexicano, ni actuaría el domingo en Lima, ni jamás miraría a su Cuba, ni cantaría a su Habana...».[266]

Tras alojarse en la residencia del ingeniero Luis Medina, empieza a recibir, por conducto telefónico, invitaciones de amistades allegadas para organizarle un almuerzo al siguiente día. Acepta el agasajo, y se apresta a pasear por una considerable área de la urbe. En la Zona Rosa comprueba cómo conoce todas las ciudades que nominan las calles: Nápoles, Havre, Niza, Copenhague, Génova, Amberes, Florencia, Praga, Londres... Va a otros sitios del Distrito Federal que asimismo le son agradables, hace algunas visitas y, exhausto, retorna al atardecer a la casa de Medina.

Durante las primeras horas de la noche recibe nuevas llamadas telefónicas y a numerosos amigos, artistas y admiradores deseosos de saludarlo. Su alegría es explícita: ríe, bromea, cuenta anécdotas, chistes y, si bien rechaza referirse a sus planes, porque quien los

---

265. Ibídem.
266. Reinaldo Peñalver Moral: Art. cit.

hace «[...] se decepciona y le da dolor al corazón»,[267] habla sobre los conciertos en Perú y determinados proyectos en Cuba.

Durante una de sus últimas visitas a la capital de México

Después de marcharse todos, a las 10: 00 p. m se retira a su habitación. «Mañana quiero levantarme bien temprano pues me espera un día de mucha actividad»,[268] expresa al despedirse de sus anfitriones. Muy temprano en la mañana del sábado, el ingeniero Medina y su esposa mandan a preparar el desayuno para su huésped, que entonces rompe con su costumbre de despertarse en las primeras horas del amanecer. Atribuyendo tal cambio en sus hábitos a la fatigosa jornada anterior, determinan dejarlo descansar un rato más.

A las 10 00 a. m. empiezan a preocuparse. Medina toca suavemente en la puerta del dormitorio que ocupa Bola. Al no recibir respuesta, sus golpes serán más fuertes. Un silencio absoluto lo decide a entrar en el interior de la habitación y, próximo al lecho, observa cómo, en apariencias, duerme profundamente. Pero al sacudirlo por los hombros, en un intento de despertarlo, nota que su amigo no respira y una total rigidez invade su cuerpo... Para completar un ciclo de su leyenda, en la madrugada del 2 de octubre de 1971 Bola de Nieve moría en la amada ciudad donde aclamaran sus primeros pasos en el arte.

---

267. Ada Oramas: Art. cit.
268. Reinaldo Peñalver Moral: Art. cit.

Tan pronto se repone un poco y tranquiliza a su familia, Luis Medina informa el fallecimiento de Ignacio Villa a la embajada cubana, cuyos funcionarios proceden a los trámites de las exequias, que —en espera del posterior traslado del cadáver hacia La Habana— se efectúan en la funeraria de Félix Cuevas. Luciendo su impecable frac, los restos mortales del artista son expuestos en un fastuoso ataúd, forrado con seda, el cual cubren ofrendas florales ordenadas por los más altos dirigentes del gobierno de Cuba e instituciones de la isla caribeña.

Aquel día y el siguiente, Bola recibe allí el último homenaje de admiradores y amigos mexicanos, entre estos últimos, José Sabre Marroquín, Ofelia Medina, Amparo Montes, Teté Cuevas, Alex Phillips, Alex Cardini, José María Lozano, José Antonio Zorrilla, Judy Ponte, Jorge Fernández, José Luis Caballero... A su vez radioemisoras y canales de televisión difunden en todo el país la voz del *chansonnier* criollo que recorriera el orbe con sus canciones. El poeta Efraín Huerta escribe en el *Diario de México*:

> Lo vi por la vez última aquí, en la embajada cubana; pero antes, en la Plaza de la Catedral, en La Habana, en un soberbio festival nocturno en honor de los delegados del Congreso Cultural de enero de 1969 (sic);[269] el mismo 69 (sic), en un almuerzo que nos ofrecieron Julio Le Riverend y su compañera Mercedes Morales. Fue aquí donde Bola me hizo la misma jugada que, en Moscú y mucho antes, me hiciera Aram Jachaturian: quedarse con mis cerillos, porque no concebían que en una cajita cupieran un cuadro de Goya, el Partenón, la Venus de Milo y una locomotora...
>
> Esa tarde [...] Bola de Nieve se despidió temprano. ¿Y para qué creen? Pues para ir a ensayar, él, que ya lo sabía todo, y para quien el piano era un juguete, un instrumento hermano, un otro yo, una especie de —prolongación suya— estructura nevada propicia al artista más gracioso y generoso del mundo. [...].
>
> El nocturno público del cabaret Monseigneur, de allí frente al Hotel Nacional, donde él repetía *Mesié Julián, El Caballero de Olmedo, Bito Manué, tú no sabe inglé,*

---

269. El congreso, como precisamos antes, se celebra en enero de 1968.

> *Drume negrita, Babalú* y aquella fragante *Flor de la Canela* que ignoro si alguna vez le escuchó Chabuca Granda, pero que se la hubiera escuchado allí mismo, en Lima, de no haber sucedido en México lo que sucedió en forma tan desgarradora.
> Duerma, negrito alegre, duerma ya en su isla de ciudades con frescos ventanales. Duerma bien, hechicero de la gracia y del encantamiento de toda Cuba.
> Duerma, *drume*, sueña en su claridad celestial, Bola de Nieve.[270]

El lunes 4 de octubre llega al aeropuerto de Rancho Boyeros el féretro de Ignacio Villa en una nave de Cubana de Aviación. Llevado de inmediato a la funeraria Rivero, en una de sus salas se reúnen familiares, amigos, colegas y gente del pueblo para dar su último adiós a Bola de Nieve quien, dormido para siempre, regresa de su segunda patria a La Habana.

> Cuando trajeron de México el cadáver de Bola fui con Felito Ayón y otros amigos para el aeropuerto. Vi cómo sacaban del avión el enorme y lujoso sarcófago en que lo colocaran; no había visto antes uno similar. Quizás, por adorarlo, los mexicanos lo consideraron merecedor de un ataúd con tales características. Eso me sorprendió mucho, aparte de parecerme imposible que una persona de tan pequeña estatura pudiese estar metida dentro de una caja tan grande [expone Miguel Barnet].
> Mientras lo esperábamos, le narré a Felito que un tiempo atrás había dedicado a Bola un poema, el cual le leí una noche en Monseigneur, y cómo al terminar me dijo: «Esos son mis pellejos, mis carnes, soy yo. El día que me muera, Miguel, quiero que me entierren con el poema». En esa ocasión le insistí en que se llevara una copia mecanografiada: «Toma este papel, el poema es para ti». Pero no la quiso coger. Entonces, Felito Ayón me comentó: «Tienes que cumplir con su voluntad y ponérselo en la tumba».

---

270. Efraín Huerta: «Recuerdo de Bola». *Diario de México*. Ciudad de México, 8 de octubre de 1971.

Luego de permanecer varias horas en la funeraria Rivero, fui al cementerio de Guanabacoa, en el que Nicolás Guillèn pronunciaría sus hermosas palabras en la despedida del duelo, las cuales tuve el privilegio de verle escribir en la Uneac, donde nos las leyó a la escritora Nancy Morejón y a mí sin aún haberlo hecho públicamente. Después de él finalizar, me aproximé discretamente a la tumba y, antes de que la sellaran, dejé caer sobre el ataúd un papel con el *Oriki para Bola de Nieve*, mi modesto homenaje a un artista genial, a un hombre lleno de una gracia única y al que siempre recuerdo como algo muy vivo...[271]

Caballero de Olmedo,
juglar herido por la flecha de Ochosi, el cazador,
ven en tu trineo de yaguas
y enciende las calabazas

Dueño de la fragua y del colmillo de jabalí
sumérgete en la espuma de las cinco palanganas de Ochún

Entra con tus calderos de cobre,
al monte carulé,
apaga los grillos,
estruja las esponjas,
que aquí estamos flautas, arcángeles,
péndulos silbantes
para oír cómo crujen tus viejos caracoles

Vamos, despréndete de los cascos,
salta estremecido del Puente a la Alameda
y déjanos tu capa de lagarto raída,
tu ronquera ancestral,
tu canto antiguo.

Zumba la curiganga,
mi negro,
¡Zumba!
Zumba la curiganga,
mi negro,
¡Zumba!

---

271. Testimonio que el autor graba a Miguel Barnet en 1998.

Un vacío difícil de llenar en la historia de la música cubana provoca el adiós definitivo de Ignacio Jacinto Villa Fernández. Una ausencia solo atenuada por el legado de sus grabaciones discográficas, tan sorprendentes ahora para aquellos que las descubren. Ellas evidencian la imposibilidad de un sustituto —hoy y mañana—, son un valioso testimonio de un irrepetible ambiente poético y sonoro, de un estilo especial de cantarle a un país e indican, a todo artista, la importancia de partir de la raíz nacional con la finalidad de trascender a la universalidad.

Aún en ambos hemisferios del planeta la voz de Bola sigue la ruta de su vocación de incansable viajero de Moscú a Pekín, de París a Nueva York, de Madrid a Londres, de Santiago de Chile a Roma, de Buenos Aires al Perú... Mas desde cualquier punto geográfico del orbe, siempre retorna a La Habana que el destino une a Ciudad de México para propiciar un doble nacimiento de nuestro *chansonnier*: la primera lo recibe al venir al mundo; la otra le sirve de escenario en su iniciación profesional..

Perpetuamente debemos recordar la alegría que él transmite a hombres y mujeres de su patria y otras latitudes. Cerremos los ojos, reconstruyamos su silueta y permitámosle recorrer tanto sitio habanero donde se anida el eco de sus cantos y de su piano. Pensemos que está en Monseigneur, en la pista de Tropicana, en un estudio de la televisión, en la pequeña sala-teatro del Museo Nacional de Bellas Artes, en el tablado del Amadeo Roldán...

Pero nunca obviemos a su Guanabacoa de indios y colonizadores, de negros y criollos, de tambores y guitarras, de viejas iglesias y casonas, de orishas y de la virgen de la Asunción... Imaginemos cómo Bola de Nieve cruza las centenarias calles de esa Villa en busca de su Mamá Inés y Domingo, de nuevo toca el piano que Mamaquica le regala en los años infantiles y, con los brazos extendidos hacia la inmortalidad, reitera su única profecía:

«¡Cantaré hasta la eternidad!».[272]

Bola de Nieve

---

272. *Hoy*. La Habana, 6 de septiembre de 1964.

En la penumbra del Monseigneur
todas las noches tocaba
sentado al piano del lindo room,
de tarde hasta la mañana.
Bola de Nieve,
negro ya no más,
una voz rajada
ya de tanto trasnochar.

En la penumbra del Monseigneur
la gente escuchaba al Bola
cantando con un traje de lord
como su piano de cola.
Bola de Nieve,
negro ya no más,
con la voz rajada
ya de tanto trasnochar.

Un día el Bola no regresó
y no se supo más nada,
solo que tuvo un extraño amor
oculto en la madrugada.
Bola de Nieve,
negro ya no más,
con la voz rajada
ya de tanto trasnochar.
Y cuando cierran el Monseigneur
dicen que pasa algo raro:
por las paredes se oye una voz
y tocan solas las teclas del piano.

Carlos Varela

(texto de su canción dedicada a Bola de Nieve)

ACERCA DEL AUTOR

Ramón Fajardo Estrada

Ramón Fajardo Estrada. Nacido en Bayamo, egresó de la Escuela de Periodismo de la Universidad de La Habana en 1976. En tal año empezó a trabajar en la emisora Radio Habana Cuba, donde se mantuvo más de tres décadas en la realización de programas culturales. Como resultado de esa labor, recibiría cincuenta premios y reconocimientos, entre ellos la Distinción por la Cultura Nacional y el Micrófono de la Radio Cubana.

Es autor de los libros *Rita Montaner* (Letras Cubana, 1993), *Rita Montaner: testimonio de una época* (Premio Casa de las Américas y Premio Nacional de la Crítica 1997, el cual se editó este año, en 1998 y el 2014); *Yo seré la tentación: María de los Ángeles Santana* (Plaza Mayor, Puerto Rico, 2003 y Letras Cubanas, 2013 y 2016): *Déjame que recuente de Bola* (Ediciones Unión 2005 y Editorial Oriente, 2011) y *Ernesto Lecuona: cartas* (Ediciones Boloña, 2012 y Editorial Oriente, 2014). En la actualidad colabora en la emisora Habana Radio, de la Oficina del Historiador de La Habana y prepara una extensa biografía del maestro Ernesto Lecuona.

Bibliografía

Ballagas, Emilio: *Antología de la poesía negra hispanoamericana.* Ediciones Aguilar, Madrid, 1935.

Barnet, Miguel: «Bola de Nieve: su universal cubanía». *Bohemia.* La Habana, 29 de septiembre de 1978.

Bianchi Ross, Ciro: «Con Bola de Nieve». *La Gaceta de Cuba.* La Habana, diciembre de 1970.

Bueno, Salvador: «Sobre una música oída». *El Mundo.* La Habana, 25 de febrero de 1964.

Campoamor, Fernando G.: «Bola de Nieve o la Sinfonía de Guanabacoa». *Bohemia.* La Habana, 15 de octubre de 1971.

Castellanos, Orlando: *Palabras grabadas.* Editorial Letras Cubanas, La Habana, 1996.

Conte, Antonio: «Bola: déjame que te cuente». *Cuba Internacional.* La Habana, enero de 1972.

Depestre, Leonardo: *Cuatro Músicos de una Villa.* Editorial Letras Cubanas, La Habana, 1990.

Fajardo, Ramón: *Rita Montaner: testimonio de una época.* Editorial Casa de las Américas, La Habana, 1998.

--------------------: *Yo seré la tentación: María de los Ángeles Santana.* Editorial Plaza Mayor, San Juan, Puerto Rico, 2004.

Giro, Radamés: *Nicolás Guillén en la música cubana.* Editorial Letras Cubanas, La Habana, 1992.

Guillén, Nicolás: *Obra poética 1920-1972.* II Tomos, Editorial Letras Cubanas, La Habana, 1974.

LEÓN, Argeliers: Del canto y el tiempo. Editorial Letras Cubanas, La Habana, 1984.

LE RIVEREND, Julio: «Bola de Nieve: nuevo y permanente». La Gaceta de Cuba, La Habana, octubre de 1971.

LÓPEZ Morales, Eduardo: «Bola de Nieve: un verdadero creador». Juventud Rebelde, La Habana, 3 de octubre de 1971.

LÓPEZ Salas, María : «Nuestro Bola en La Habana». El Mundo, La Habana, 22 de febrero de 1965.

MARTÍNEZ, Orlando: Ernesto Lecuona. Editorial Unión, La Habana, 1989.

MARTÍNEZ, Raúl: Ignacio Villa y Fernández. Bola de Nieve. Museo Nacional de la Música, La Habana, 1986.

MARRERO, Luis: «Chez Bola. Una entrevista en casa de Bola». Bohemia, La Habana, 20 de agosto de 1965.

MOREJÓN, Nancy : «Bola de Nieve. UIn mundo sonoro y poético». El Habanero, La Habana, 23 de septiembre de 1990.

NASS, Raúl: «El fabuloo Bola de Nieve». La Prensa, Nueva York, 9 de septiembre de 1956.

OJEDA, Miguelito: Bola de Nieve (Selección de textos, anexos y notas). Editorial Letras Cubanas, La Habana, 1998.

ORAMAS, Ada: «Bola de Nieve». Cuba, La Habana, 30 de noviembre de 1965.

OROVIO, Helio: *Diccionario de la música cubana*. Editorial Letras Cubanas. La Habana, 1981.

ORTIZ, Fernando: «Los factores humanos de la cubanidad». Revista *Bimestre Cubana*. La Habana, marzo-abril de 1940.

PEÑALVER Moral, Reinaldo: «Y fue su último viaje...». Bohemia, La Habana, 15 de octubre de 1971.

QUEVEDO, Antonio: «Bola y piano». Información, La Habana, 18 de agosto de 1960.

RODRÍGUEZ Sosa, Fernando: «Bola con su sonrisa y su canción». Revolución y Cultura, La Habana, agosto de 1981.

SABAS Alomá, Mariblanca: «Bola de Nieve. Adiós a un corazón sonoro». Romances, La Habana, noviembre de 1971.

SARTEUR, Ramiro: «Una personalidad sorprendente. Bola de Nieve». Carteles, 14 de agosto de 1949..

SOLÍS, Marta D. : «¡Bola era así!». Siempre, Ciudad de México, 27 de octubre de 1971.

VALDÉS Rodríguez, José Manuel : «Bola de Nieve: artista de genio, uno y diverso». Cinema, La Habana, 10 de julio de 1960.

OTROS TÍTULOS

Escrito con la perspectiva de un periodista que dedicó cinco años de rigurosa investigación acerca de la vida y obra del notable músico Ray Barretto, conocido internacionalmente como Manos Duras, considerado un ícono de la percusión; su autor recrea la trayectoria musical del percusionista newyorican, su comienzo a partir del jazz y trayectoria en la Salsa, que le valió más de diez nominaciones al premio Grammy.

Con admirable fluidez y amenidad, Robert Téllez va intercalando abundantes y sustanciosos fragmentos de entrevistas realizadas en distintas épocas con músicos y cantantes que trabajaron con Ray, así mismo con el testimonio de su viuda nos entrega la otra dimensión humana y la Fuerza de un Gigante con la que superó las adversidades que enfrentó en diferentes momentos de su carrera.

Robert Téllez Moreno, Bogotá, Colombia, 1973. Graduado en Locución y Producción de Medios Audiovisuales. Se ha desempeñado como programador de distintas estaciones radiales musicales de su país desde 1998. Fundador y director general de la revista *Sonfonía*, investigador musical incansable, que lo ha llevado a visitar varios países como: Estados Unidos, Cuba, Puerto Rico, Perú, Panamá y Venezuela. Como investigador de la música afroantillana ha participado en numerosos eventos internacionales. Sus conceptos han quedado registrados en las notas de producciones discográficas como *Para Gozar Y Bailar* publicado por Santiago All Stars; y *Dónde Están?* de Guasábara Combo.

Desde 2012 forma parte del equipo musical de la Radio Nacional de Colombia. Allí dirige y conduce el programa *Conversando La Salsa* y participa en el equipo del programa *Son de la Música*.

FRANKIE RUIZ

Han pasado veinte años de la muy temprana desaparición física de Frankie Ruiz, un hombre que con un genuino estilo, carisma, voz cálida y dulce, nos dejó un gran legado musical. La figura de Frankie surgió en un momento trascendental para la industria, justamente en uno de los periodos de mayor dificultad para la promoción de la música salsa. Su influencia marcó una pauta que aún perdura en muchas generaciones de artistas.

Sólo contaba 40 años al morir, pero su vida y obra merecen ser contadas. Sin duda, Frankie fue el primer cantante líder del movimiento de salsa romántica y el inspirador para otras figuras que luego alcanzaron el éxito. Su particular estilo cargado de swing y su personalidad arrolladora, lo convirtieron en ese ícono que representa una salsa con letras que enamoran, acopladas espléndidamente mediante arreglos musicales cadenciosos y muy bailables, una fórmula ganadora que hoy sigue dando resultados.

Los autores de este libro, Robert Téllez (colombiano) y Félix Fojo, (cubano) rememoran de una manera agradable, novelada, la vida y trayectoria musical de este ídolo del pueblo que fue Frankie Ruiz.

Es también un homenaje al Puerto Rico querido de Frankie: la bella Isla del Encanto, a sus paisajes, música y su gente. Al Papá de la salsa, su carrera, su público, fans en muchas partes del mundo, a los músicos, a los compositores, arreglistas y productores, a los manejadores, a su familia, en fin, a todos aquellos que hicieron posible que un talento tan natural como el de Frankie Ruiz, pudiera alcanzar el lugar en la historia de la música que merecía.

Es para Frankie, como, Volver a nacer.

LUIS MARQUETTI
GIGANTE DEL BOLERO
EL HOMBRE SIN ROSTRO

LUIS CÉSAR NÚÑEZ GONZÁLEZ

LUIS MARQUETTI

Desde Luis Marquetti, es decir bolero. Marquetti fue anotado un compositor de boleros, de grandes boleros; de algunos de los más bellos boleros de la historia. Aunque compuso guajiras, congas, sones, guarachas y pregones, lo suyo fue el bolero. Las letras que escribió, y que puso en música de las más destacadas intérpretes de su época, que lo llevaron a la inmortalidad y a discurrir el abril que hoy ocupa entre uno de los más importantes compositores de boleros de todos los tiempos. En esta nueva oferta, ampliada y corregida, el lector no solamente encontrará información biográfica que no había de los autores de la vida cotidiana del compositor y de las condiciones objetivas en las que realizaba sus numerosas creaciones, sino de la calidad de algunos de sus trabajos, fotos y testimonios de quienes lo conocieron personalmente y compartieron con él en ambientes tan distintos como la vida musical, los medios televisivos, la radio, la sociedad de autores, capítulos de sus hermanos, colegas de magisterio, exalumnos y vecinos de Arquitez.

Julio Grijalba Raza

No hace falta mencionar mucho, prácticamente todos los boleros compuestos por el maestro compositor e intérprete de todo el continente. Desde aquel irreconocible encuentro con Pedro Vargas, y el estreno inicial de «Deudas», Luis Marquetti devino referencia obligada en el mundo del bolero. Hoy día, cuando diferentes planos historiográficos hacen hincapié en la vigencia misma del género —nación en Cuba y desarrollado hasta la saciedad en otros lares americanos y europeos—, y el nombre de este modesto, estudioso y febrado autor constituye un verdadero hito esencial. Cuando la celebridad y la fama de muchos boleros se hizo en el inofensivo retorno a las consecuencias de la infidelidad abierta, el regresar ontológico crítico o, incluso, la invitación a la violencia como única forma de salvar el maniquillado honor, Luis se las ingenió para conseguir un... personal, bisagra de sí mismo en versos de los textos concebidos por él guardar actor desde el respeto a la elegancia y, a veces, hasta el sostenimiento a los recursos de la literatura no decimonónica no apega a las formas costumbres, aun en las circunstancias más adversas desatadas por un circunstante.

Guapo Merino

UNOS & OTROS
EDICIONES

Dulce Sotolongo conoció de forma casual a Leopoldo Ulloa, le propuso entrevistarlo para hacer un libro y surgió una inquebrantable amistad. La autora hace un recorrido por la vida del compositor a través de sus canciones e intérpretes logrando un rico testimonio de la música cubana, entre los artistas que cantaron sus composiciones están: Celia Cruz, José Tejedor, Tirso Guerrero, Celio González, Caíto, Lino Borges, Wilfredo Mendi, Moraima Secada, Roberto Sánchez, Clara y Mario, Los Papines, Pío Leyva. *En el balcón aquel* es un libro que te atrapa desde la primera línea, no permitirá que dejes de leer hasta su final.

Para los amantes de la música cubana de todos los tiempos, esta será una edición muy especial porque rinde honor a quien honor merece, a un grande del bolero: Leopoldo Ulloa.

Eduardo Rosillo Heredia

Autodidacta, creador absolutamente intuitivo, un día compuso «Como nave sin rumbo». Luego surgió una larga fila moruna: «Destino marcado», «Me equivoqué», «Perdido en la multitud», grabados por Frank Fernández; «Te me alejas», «Es triste decir adiós», «No extraño tu amor», «Adiós me dices ya»; y el representativo «Por unos ojos morunos». Esta producción sitúa a Leopoldo Ulloa, como el más sostenido y consecuente creador de la línea del bolero moruno.

Helio Orovio

EN EL BALCÓN AQUEL

LEOPOLDO ULLOA, EL BOLERO MÁS LARGO: SU VIDA

DULCE SOTOLONGO

EL LARGO Y TORTUOSO CAMINO DE LOS BEATLES

Joao Pablo Fariñas González

Los Beatles, el grupo más admirado de la década del 60 y uno de los mejores de todos los tiempos, iniciaron una revolución cultural que trascendió más allá de la música. Es por eso por lo que ni las generaciones actuales quedan indiferentes a sus letras, ritmos e historia. *El largo y tortuoso camino de los Beatles* es un recorrido por la trayectoria de los *Cuatro Fantásticos*, desde sus inicios hasta la disolución del grupo. Sus seguidores, así como cualquiera que quiera descubrir la magia de los chicos de Liverpool, podrán disfrutar en este libro de entrevistas, reseñas de álbumes y canciones, y estadísticas de sus posiciones en la revista *Billboard*. Asimismo, su autor, Joao Pablo Fariñas González, nos invita a seguir la huella de estos músicos tras su separación, recorriendo sus carreras y vidas en solitario, para completar la historia y leyenda de este famoso grupo. Al concluir, el lector solo corre un riesgo: convertirse en un fanático de los Beatles —si es novel—, o disfrutar con pasión de la continuación de la *Beatlemanía*.

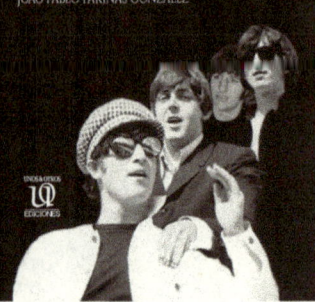

FÉLIX FOJO
MUERTES OSCURAS

Félix J. Fojo

La Habana, Cuba, 1946. Es médico, divulgador científico y apasionado de la historia. Exprofesor de la Cátedra de Cirugía de la Universidad de La Habana. Desde hace muchos años reside entre Florida, EE.UU. y Puerto Rico. Es editor de la revista *Galenus*, importante revista para médicos de Puerto Rico.
Ha publicado artículos de opinión y divulgación en diferentes medios periodísticos de EE UU y Europa.

Entre sus libros publicados: *Cuos, leyes raras y otras historias de la Ciencia* (Ed. Palibrio, 2013), *De médicos, poetas, locos...y los otros* (Ed. Palibrio, 2014), *De Venus a Botero* (Ed. Unos&OtrosEdiciones, 2017); *No preguntes por ella* (Unos&OtrosEdiciones, 2017).

La muerte no siempre llega tan plácida y dignamente como nos gustaría. Tanto para las personas comunes y corrientes como para aquellas elegidas que han llevado una vida relevante: guerreros, políticos, dictadores, científicos, artistas, músicos. La muerte es siempre un evento digno de atención. Y cuando la miramos de cerca, a veces encontramos circunstancias extrañas, sospechosas, sus explicaciones claras y definidas, no concordantes a anómalas, en dos palabras, muertes oscuras. Y de esas muertes oscuras está llena la azarosa historia de la medicina que no es más que la historia de la humanidad.
El autor no intenta un estudio puramente paleopatográfico, esa especialidad forense relativamente nueva que investiga *in situ*, y con tecnología de avanzada, exámenes, momias y tumbas con el fin de diagnosticar, como se haría en un hospital ultramoderno, las más recónditas enfermedades y causas de muerte de los finados que yacen bajo los microscopios y aparatos de resonancia magnética. Sus expectativas son mucho más modestas, pero se alimentan del mismo entusiasmo por ir un poco más lejos en el diagnóstico, la clave médica por excelencia, y así ofrecer una nueva visión de ciertos eventos terminales, por ahondar e investigar más allá de la muerte, por encontrar un detalle o una posible explicación que se ha pasado por alto anteriormente o que pueda tentar a un investigador en ciernes a una pesquisa histórica más detallada.

UNA MIRADA CURIOSA A LA HISTORIA CLÍNICA DE FAMOSOS

HISTORIA DE LA SANTERÍA CUBANA

Historia de la santería cubana, no es un libro más de los muchos que, desde la década de los 90, se han publicado en Cuba y el resto del mundo sobre el tema. Se trata de un estudio que aborda las formas tradicionales de la santería con las variantes asumidas en la sociedad cubana desde su introducción en la isla hasta nuestros días. Aplicando el análisis que vincula aspectos de diferentes disciplinas como la antropología y la sociología, el autor reflexiona en temas como la instauración del imperio yoruba, el proceso ritual de iniciación personal, el código ético e identitario de la Regla de Ocha, definición de Oricha, orígenes del sistema oracular del Ifá, entre otros, para ofrecernos en este trece ensayos, una variedad de puntos de vista sobre un fenómeno tan consustancial a la idiosincrasia cubana como son las tradiciones afro-religiosas.

Nelson Aboy Domingo (Cuba, 1948). Lic. Teología. Instituto Superior de Estudios Bíblicos y Teológicos, ha cursado numerosos diplomados en Antropología y Etnología. Sus estudios se han enfocado, principalmente, en las religiones afrocubanas. En este campo destacan títulos como *Nuestra América Negra, Teritario y Voces de la Interculturalidad Afrodescendientes.*

Es miembro de la Unión de Historiadores de Cuba y colaborador de disímiles instituciones culturales, Presidente del Consejo Científico de La Casa Museo de África adjunto a la Oficina del Historiador de la Ciudad de La Habana, Miembro Permanente de The Nacional African Religión Congress Philadelphia, California, EE.UU.

HISTORIA DE LA SANTERÍA CUBANA

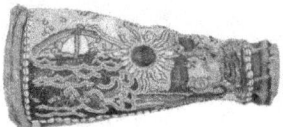

NELSON ABOY DOMINGO

En *Cuentos travestidos*, Ernesto Rojas nos entrega veintidós historias intensas que trascienden el tiempo. Erotismo, confusiones, humor, ironía y sobrecargas emocionales. Cuerpos que fluyen para amar y entregarse con toda la diversidad posible entre los seres humanos. Los personajes desafían las fuerzas de una sociedad homofóbica y patriarcal que insiste en reprimirles el derecho a ser felices. Son historias que se disfrazan de algo que no son, para luego mostrar su verdadera esencia.

Cada cuento ofrece al lector una experiencia interesante, desarrollada con una meticulosidad impecable. Es una lectura fácil y amena con finales inesperados en la que se pueden descubrir, entre otros misterios, aristas de «la vida gay» con características comunes en cualquier región del planeta.

Ernesto Rojas Suárez. La Habana, Cuba, 1968. Desde su infancia mostró inquietudes literarias. En la adolescencia se decidió por las artes escénicas y en especial por la danza. Aunque se profesionalizó como bailarín, coreógrafo, director artístico y guionista en importantes teatros, cabarets y centros nocturnos, siempre encontró en la escritura una manera de canalizar el estrés y ejercitar la imaginación sin llegar a asumirlo como una profesión. Escribir para él, es exorcizar los demonios que lleva dentro.

CUENTOS TRAVESTIDOS

Ernesto Rojas Suárez

Personajes que desafían las fuerzas de una sociedad homofóbica y patriarcal.

FLORES PARA UNA LEYENDA, YARINI EL REY DE SAN ISIDRO

MIGUEL SABATER REYES

Ochenta años después de la muerte del proxeneta Alberto Yarini, ocurrida por motivos pasionales en 1910, en el barrio de San Isidro, un joven historiador visita la tumba del legendario chulo para cumplir una promesa contraída con un amigo. Un misterioso búcaro que siempre tendrá flores frescas sobre el sepulcro del proxeneta, le estimula a emprender una investigación en la que afloran vivencias de la vida del protagonista Luis Fernández Figueroa y su relación con el mítico personaje.

Miguel Ángel Sabater Reyes (La Habana, 1960), Licenciado en Filología en la Facultad de Artes y Letras de la Universidad de La Habana. Ha publicado *Cuentos Orichas* (Extramuros), de la Editorial Unos&Otros los títulos, *Crónicas Humorísticas cubanas* (2014), *Los últimos días de Jaime Partagás* (2013), *La Virgen de Regla y Yemayá* (2014).

Su novela es en verdad apasionante, y se estructura de [...]
El Nuevo Herald | Olga Connor

Escrita por un historiador e investigador sagaz, la novela nos deja una admiración contenida que alimenta la llama de un mito que el tiempo no podrá apagar, a pesar de inútiles y continuas explicaciones.
Eusebio Leal Spengler, Historiador de La Habana.

OBISPO DE ESPADA

Antonio Arroyo

Obispo de Espada es una apasionante novela de ficción-histórica acerca de Juan José Díaz de Espada y Fernández de Landa, obispo de La Habana entre los años 1802-1832, un español que —a decir de su alumno José de la Luz y Caballero— "Fue uno de los hombres que más ardientemente deseó y promovió la felicidad de nuestra Isla».

Espada se entrenó, para tales propósitos, a las esferas de poder, desde el papado hasta los grandes hacendados; y es en este diario batallar que se inspiraría el dramaturgo Antonio Arroyo para escribir sobre la vida de un hombre que fue acusado de hereje, masón, jansenista, ateo, independentista, deísta, constitucionalista y hasta de depravado. Fue además llamado por algunas figuras importantes del Vaticano «lobo de sus ovejas» y la Corona lo intentaría apresar en 1824.

Una fascinante novela de traiciones y lealtades, de bravura y cobardía, de pasiones al límite que nos recrea La Habana de principios de siglo XIX y el empeño del Obispo de Espada para transformar la sanidad pública, a levantar los altos estudios, a combatir la ignorancia popular, a tutelar el arte, a modificar las costumbres, a hacer durante un tercio de siglo, del corrompido ambiente de una factoría colonial, una sociedad capaz de triunfar de sus propias miserias.

¿Benefactor o tirano? Es una interrogante difícil de responder. Usted lector más que juzgar podrá atesorar la vida de «aquel obispo español que llevamos en el corazón todos los cubanos».

BRINDIS POR VIRGILIO

UN LIBRO QUE TE ATRAPA DESDE SUS PRIMERAS LÍNEAS HASTA SU FINAL

Una joven es seducida por un poeta alcohólico y nace una intensa relación amorosa, pero también su dependencia al alcohol que la lleva a los niveles más bajos de degradación física, psíquica, moral y espiritual.

Una historia donde convergen el erotismo, el amor de madre, el bajo mundo y las esperanzas.

«La idea de la novela surgió durante la visita a un grupo de Alcohólicos Anónimos donde conoció a una mujer que le contó la intensa relación amorosa que sostuvo con un poeta alcohólico que se suicidó, y le dejó en herencia la avidez por la bebida». A partir de esta revelación, Alpízar se interesó más por la problemática y comenzó a asistir sistemáticamente a las reuniones del grupo y a compartir experiencias hasta sentirse uno más entre ellos. «Quise rendir homenaje a esos alcohólicos que están enfermos y son conscientes de su enfermedad y se esfuerzan por salir de ella, personas que merecen todo nuestro respeto y ayuda», cuenta el autor.

BRINDIS POR VIRGILIO
RODOLFO ALPÍZAR CASTILLO

CATÁLOGO DE LA LOCURA
LIBRO ILUSTRADO

El erotismo como actor en la mayoría de los relatos, la marginalidad, las carencias materiales y/o espirituales, divergencias políticas, el humor y la sátira, las (des)ilusiones y (des)propósitos frenados por el drama psicológico interno de los personajes, que los lleva a guiar sus historias con ritmos y perspectivas desafinados, absurdos o erráticos, componen este volumen de cuentos, donde la locura goza de su atractivo *sui géneris* al desorganizar, con caprichoso juego de emociones en pugna, la funcionalidad existencial de cada protagonista. En *Catálogo de la locura* el autor, apoyándose en sus conocimientos como psicoterapeuta y escritor avezado construye, con caligrafía singular de *character driven*, un tentador y contradictorio universo que hará que los lectores, ante los cuales se exhiban estos textos, comprendan por qué la locura, siempre la locura, sigue celebrando sus naufragios, incertidumbres, la inagotable fuente del presagio.

DULCE SOTOLONGO CARRINGTON

REYNALDO DURET SOTOMAYOR

www.unosotrosculturalproject
infoeditorialunosotros@gmail.com

UNOS & OTROS
EDICIONES

www.ingramcontent.com/pod-product-compliance
Lightning Source LLC
Chambersburg PA
CBHW051749040426
42446CB00007B/280